VIA DESIGN 3.0

© Éditions du Centre Pompidou, Paris 2009
ISBN : 978-2-84426-434-3 / N° d'éditeur : 1388

© VIA, Paris
ISBN : 978-2-9524628-7-7 / EAN : 9782952462877

VIA

Valorisation de l'Innovation dans l'Ameublement
Valorisation of Innovation in Furnishing
29-35, avenue Daumesnil - 75012 Paris - France
T. + 33 (0)1 46 28 11 11 - F. + 33 (0)1 46 28 13 13
via@mobilier.com - www.via.fr

SOUS LE COMMISSARIAT DE VALÉRIE GUILLAUME POUR
LE CENTRE POMPIDOU ET DE GÉRARD LAIZÉ POUR LE VIA
CURATED BY VALÉRIE GUILLAUME FOR THE CENTRE POMPIDOU
AND GÉRARD LAIZÉ FOR THE VIA

EXPOSITION PRÉSENTÉE AU CENTRE POMPIDOU, FORUM –1,
DU 16 DÉCEMBRE 2009 AU 1ER FÉVRIER 2010
EXHIBITION HELD AT THE CENTRE POMPIDOU, FORUM –1,
FROM 16 DECEMBER 2009 TO 1 FEBRUARY 2010

VIADESIGN3.0
1979–2009
30 ANS DE CRÉATION DE MOBILIER
30 YEARS OF FURNITURE DESIGN

VIA
Valorisation
de l'Innovation
dans l'Ameublement

749.09 VAL

CODIFAB

Industries Françaises de l'Ameublement

Liberté · Égalité · Fraternité
RÉPUBLIQUE FRANÇAISE

MINISTÈRE DE L'ÉCONOMIE
DE L'INDUSTRIE ET DE L'EMPLOI

Liberté · Égalité · Fraternité
RÉPUBLIQUE FRANÇAISE

Ministère
Culture
Communication

FCBA
INSTITUT
TECHNOLOGIQUE

INNOVATION
ÉCO-GÉNÉRATION
CENTRE FRANCILIEN DE L'INNOVATION

dgcis
direction générale de la compétitivité
de l'industrie et des services

La célébration du trentenaire du VIA est l'occasion de la production de l'exposition « VIA Design 3.0/1979-2009. 30 ans de création de mobilier », de la publication de cet ouvrage, d'un don du VIA au Musée national d'art moderne, de l'organisation d'un colloque et du lancement de *Design au banc*, première revue critique du design. L'ensemble de ces événements est coproduit par le Centre Pompidou et le VIA.

The VIA is marking its thirtieth anniversary with the launch of a new exhibition, "VIA Design 3.0/ 1979-2009. 30 years of furniture design," the publication of the present book, its gift to the Musée national d'art moderne, the organisation of a symposium and the creation of *Design au banc*, the first critical design review.
All these events are co-produced by the Centre Pompidou and the VIA.

Remerciements *Acknowledgements*

Nous tenons tout d'abord à remercier les designers pour leur contribution aux recherches documentaires et iconographiques de l'exposition et de cet ouvrage First and foremost we wish to thank the designers for their contribution in researching the documentary and iconographic material for the exhibition and this book.

Abdelkader Abdi, François Azambourg, Pascal Bauer, Jean-Louis Berthet, Marc Berthier, Saleem Bhatri, Mattia Bonetti, Ronan et Erwan Bouroullec, François Brument, René-Jean Caillette, Marie Compagnon, Philippe Corentin, Matali Crasset, Philippe Daney, Delo Lindo, Thibault Desombre, Sylvain Dubuisson, Ammar Eloueini, Elsa Francès, Antoine Fritsch, Élizabeth Garouste, Jean-Paul Gaultier, Kristian Gavoille, le collectif Grapus (Jean-Paul Bachollet, Pierre Bernard, Alex Jordan, François Miehe et Gérard Paris-Clavel), Marc Held, Patrick Jouin, Éric Jourdan, L Design (Arik Lévy et Pippo Lionni), Mathieu Lehanneur, Jean-Marie Massaud, Xavier Matégot, Pascal Mourgue, Philippe Nigro, Nodesign/Jean-Louis Frechin et Uros Petrevski, Jean Nouvel, Gaetano Pesce, Olivier Peyricot, Jean-Michel Policar, Andrée Putman, Radi Designers (Claudio Colucci, Florence Doléac, Laurent Massaloux, Olivier Sidet, Robert Stadler), Philippe Rahm, Adrien Rovero, Frédéric Ruyant, Inga Sempé, Matt Sindall, Philippe Starck, Marie-Aurore Stiker-Metral, Martin Szekely, Jean-Michel Wilmotte.

Nos remerciements particuliers à Our special thanks go to:
Georges Cambour, Paul Cuchet, Michel Dauzats, Dominique Feintrenie, Aline Fouquet, Chantal Hamaide, Philippe Jarniat, Paul Jordery, Jean-Claude Maugirard, Jean Moncaut, Rémy Vriz.

Aux musées, institutions, personnalités et sociétés qui ont aimablement accordé le prêt de leurs œuvres To the museums, institutions, individuals and companies who have kindly agreed to lend their works
Centre national d'art contemporain, département du Fonds national d'art contemporain, Puteaux, France
FRAC Île-de-France,
Abdelkader Abdi, Marc Berthier, Kristian Gavoille, Xavier Matégot, Olivier Peyricot, Maurice Renoma
Fermob, Ligne Roset.
ainsi qu'à toutes les personnes qui ont contribué à la réussite de l'exposition et qui ont souhaité rester dans l'anonymat as well as all those who contributed towards the success of this exhibition, but prefer to remain anonymous.

Au ministère de l'Industrie et à la Direction générale de la compétitivité de l'industrie et des services To the Ministry of Industry and the General Management for Competitiveness in the Industry and Services
Jean-André Bouchand, Évelyne Elary, Caroline Leboucher, Yves Robin, Sylvain Roques, Luc Rousseau, Jean-François Serre.

À l'Institut technologique FCBA To the Technological Institute FCBA
Jean-Marc Barbier, Daniel Guinard.

Au Centre francilien de l'innovation To the Centre for Innovation for the Région Île-de-France
René-Jacques Bahu, Sabine Enjalbert, Michel Rolin, Ronan Sobaga.

À celles et ceux qui, à titres divers, ont participé à la réalisation de ce projet To all those who in their various ways contributed towards making this project a reality
Cédric Alban, Quitterie Amiel, Hélène Babille, Julia Capp, Ronald Corlette-Theuil, Alexis Coussement, Louis Daboussy, Alexandre Durand, Laetitia Fritsch, Mélanie Gauthier, Amandine Gleyzes, Valérie Goin, Valéry-Pierre Hameau, Martine Hervy-Boudet, Anna Hiddleston, Augustin Le Coutour, Murielle Le Guyader, Chantal Melotto, Boris Memmi, Marie-Cécile Pinson, Anne-Laure Rennesson, Nicolas Rieux, Danièle Schirman, Marion Thory, Sophie Virton-Achir.
À tous les designers, agences de design, prototypistes, éditeurs et fabricants ainsi qu'à leurs collaborateurs, avec qui nous avons été en relation tout au long de nos recherches The staff of the many designers, design agencies, prototypists and manufacturers who accompanied us throughout this project.

Aux entreprises partenaires de ce projet To our partner-companies
Intramuros, Modem, One Events, TV Only

Aux prototypistes pour leur indispensable ingéniosité To the prototypists for their invaluable ingenuity

Aux anciens collaborateurs du VIA pour leur enthousiasme et leur engagement To former colleagues at the VIA for their enthusiasm and commitment

Aux membres du conseil d'administration pour leur implication bénévole To the members of the Board of Directors for their voluntary involvement
Christian Biecher, Yves Cambier, Henri Griffon, Pascale Hanoka-Boulard, Roger Le Bihan, Daniel Linguanotto, Philippe A. Mayer, Christian Mussy, Hervé Perrin, Jean-Claude Prinz, Bernard Reybier, Pierre Romanet, Michel Roset, Jean-François Stordeur, Daniel Torré.

Aux membres fondateurs du VIA, notre reconnaissance To the founder-members of the VIA, with our gratitude
Edmonde Charles-Roux, présidente d'honneur
Marc Alessandri, Yolande Amic, François Barré, Christian Baudoux, Pierre Bégué, Jean-François Derain, Aline Fouquet, Thierry Gaudin, Bernard Gindre, Solange Gorse, Gérard Guermonprez, Paul Jordery, Marie-Pierre Landry, Claude Lévy-Soussan, Pierre Malaval, Philippe Margerie, Jean-Claude Maugirard, Claude Mollard, Jean-Louis Monzat, Daniel Pigeon, Roland Puyôou, Anick Regairaz, Philippe Roche, Jean Roset, Mathilde Tirard, André Vincent, Jean-Michel Wilmotte.

Nous sommes particulièrement reconnaissants à Geneviève Munier du soin et de l'attention qu'elle a apportés à la réalisation du présent ouvrage. Qu'elle en soit ici vivement remerciée, ainsi qu'Elsa Rigaux qui l'a accompagnée avec efficacité et dévouement / We are particularly grateful to Geneviève Munier for the care and attention she brought to the present book. We extend our heartfelt thanks to her and to Elsa Rigaux, who assisted her with efficiency and dedication.

Sommaire Contents

The objects created by the best designers often remind me of the absolute poetry of Mallarmé. Through their use of line and color, they are able to seize the quintessence of pure form, to draw links between the decors of today and tomorrow and thereby transfigure our interior landscapes.

For thirty years now, the VIA has provided unwavering support for creation by enabling many talented French designers to blossom, creators whose influence often extends beyond our borders and who contribute to the vitality of our culture. This exhibition will enable us to rediscover the earliest pieces of furniture designed by Jean-Paul Gaultier and Philippe Starck, and those of many other rising young artists.

"Valorisation de l'Innovation dans l'Ameublement" [Valorisation of Innovation in Furnishing]: the VIA understands how to open the way towards the most amazing forms of modernity and give them all the recognition they require. From the place Sainte-Opportune to the Cour du Commerce Saint-André and, now at the Viaduc des Arts, the various addresses it has called home trace a sort of symbolic itinerary across Paris, a bit like the "Names of countries" dear to Marcel Proust.

The choice of the Centre Pompidou as the location for this show is of course emblematic. The Centre, which two years ago celebrated its own thirtieth anniversary, has always played a vital role in highlighting the innovative works of the 20th century and is now fully engaged in the adventures of the 21st century. Its collections, which already hold over 3,600 pieces signed by more than four hundred designers, will be lastingly enriched by a great number of prototypes donated by the VIA, to which I extend my warmest thanks for this gesture. It is also a strong sign of the importance the Ministry of Culture and Communication places on design, its creation and its promotion among all publics. The Ministry's attention also manifests itself in the crucial area of the transmission of skills and knowledge, whether through the institutions of higher learning under its responsibility or through its support of the Cité du Design in Saint-Étienne, which I had the pleasure to inaugurate in October 2009, and in the field of diffusion as well, thanks in particular to a design portal soon to be put online via the Ministry's Web site. I am convinced that the establishment of a new General Directorate of Creation with a greater emphasis given to the domain of the Plastic Arts will further enhance the dynamism of our design.

On the occasion of this magnificent exhibition, of which this book is a testimonial and a continuation, I am delighted that the VIA and the Centre Pompidou have joined in their efforts to encourage the creation and wider awareness of one of the major arts of our times, one which enables the continual invention and reinvention of the poetry of our everyday lives.

Frédéric Mitterrand
Minister of Culture and Communication

Les objets créés par les meilleurs designers me font souvent penser à la poésie absolue de Mallarmé. Par les lignes, les couleurs, ils savent en saisir la quintessence de la forme pure et dessiner des passerelles entre le décor d'aujourd'hui et celui de demain, transfigurer le paysage de nos intérieurs.

Depuis tout juste trente ans, le VIA a, sans relâche, soutenu la création et permis l'éclosion de nombreux talents français, qui souvent rayonnent aussi hors de nos frontières et contribuent à la vitalité de notre culture. Cette exposition permettra de redécouvrir les premières pièces de mobiliers de Jean-Paul Gaultier et de Philippe Starck, comme celles de nombreux jeunes artistes aujourd'hui en plein essor.

« Valorisation de l'Innovation dans l'Ameublement » : le VIA sait ouvrir la voie vers les formes les plus étonnantes de la modernité et leur offrir toute la reconnaissance dont elles ont besoin. De la place Sainte-Opportune à la Cour du Commerce Saint-André et, désormais, au Viaduc des Arts, les différentes adresses qui ont été les siennes tracent une sorte d'itinéraire symbolique à travers Paris, un peu à la manière de ces « Noms de pays » chers à Marcel Proust.

Le choix du Centre Pompidou pour présenter cette exposition est bien sûr emblématique : le Centre qui a fêté, voilà deux ans, ses trente années d'existence a toujours joué un rôle primordial dans la mise en valeur des œuvres novatrices du XXᵉ siècle et se trouve pleinement engagé dans les aventures du XXIᵉ siècle. Ses collections, qui comptaient déjà plus de 3 600 œuvres signées par plus de quatre cents designers, vont se trouver durablement enrichies d'un grand nombre de prototypes donnés par le VIA, que je remercie chaleureusement pour ce geste. C'est aussi un signe fort de l'importance que le ministère de la Culture et de la Communication accorde au design, à sa création et à sa valorisation auprès de tous les publics. Son attention se manifeste également dans le domaine crucial de la transmission, que ce soit dans les écoles supérieures dont il a la responsabilité ou par le soutien apporté à la Cité du Design de Saint-Étienne, que j'ai eu le plaisir d'inaugurer en octobre 2009, et dans le champ de la diffusion, en particulier grâce à un portail du design prochainement mis en ligne sur le site Internet du ministère. La mise en place d'une nouvelle Direction générale de la création avec un secteur Arts plastiques renforcé contribuera, j'en suis persuadé, au dynamisme de notre design.

Je me réjouis de voir, à l'occasion de cette magnifique exposition dont cet ouvrage est le témoignage et le prolongement, se conjuguer les efforts du VIA et du Centre Pompidou pour encourager la création et la diffusion d'un art majeur de notre temps, qui sait inventer et réinventer sans cesse la poésie de notre vie de tous les jours.

Frédéric Mitterrand
Ministre de la Culture et de la Communication

L'exposition et l'ouvrage « VIA Design 3.0 » témoignent de ce qui inspire l'action du VIA depuis trente ans dans le secteur de l'ameublement, et qui apparaît aujourd'hui comme une nécessité absolue pour l'ensemble des secteurs de notre industrie : « valoriser l'innovation ».

L'innovation non-technologique est aujourd'hui le levier essentiel de notre croissance industrielle. Depuis la création et la conception jusqu'à la production et la commercialisation des produits, elle est la réalité d'une économie développée, dans une société de l'immatériel. Valoriser l'innovation pour défendre la spécificité de notre offre et la compétitivité de nos entreprises est notre carte à jouer. Cela est vrai dans une économie mondialisée et fortement concurrentielle ; plus vrai encore dans une économie en crise.

Le VIA crée les conditions de l'innovation. Il est une plateforme d'échanges entre les acteurs de la filière et un outil fédérateur de tous les talents. La présence aujourd'hui du ministère de la Culture, de l'UNIFA, du VIA et de nous-mêmes autour d'un même projet m'en semble la juste expression. Il est ensuite une vitrine emblématique de la créativité, des savoir-faire et du design français, que mon ministère soutient et encourage pour développer les performances des entreprises françaises.

L'action du VIA permet enfin de prolonger dans le temps la notoriété française historique dans le domaine des arts décoratifs, part importante de notre patrimoine industriel et culturel.

Je remercie le ministre de la Culture, le Centre Pompidou, les acteurs de la filière du meuble et tous ceux qui ont concouru à la célébration du trentième anniversaire du VIA. Ils illustrent la conviction que, là où la France est reconnue et attendue, elle doit répondre par la surprise et l'innovation.

The "VIA Design 3.0" exhibition and book testify to what has inspired VIA's actions over the past thirty years in the furnishing sector, and which today appears to be an absolute necessity for all the sectors of our industry: "Increasing the value of innovation."

Non-technological innovation is today the key lever in our industrial growth. From creation and design to production and marketing of the products, it is the reality of a developed economy, in an immaterial society. Increasing the value of innovation to defend the specific nature of our offer and the competitiveness of our enterprises is the card we play. It is true of a globalised and fiercely competitive economy; truer still of an economy in crisis.

The VIA creates the right conditions for innovation. It is a platform for exchanges between protagonists from the industry and a tool which unifies all talents. The presence today of the Ministry of Culture, UNIFA, VIA and ourselves, in the same project, appears to me to be the right expression. Next it is an emblematic showcase of creativity, expertise and French design that our Ministry supports and encourages in a bid to assist the performance of French businesses.

Finally the action of the VIA enables the notoriety of France to continue in the domain of decorative arts, which is an important part of our industrial and cultural heritage.

I would like to thank the Minister of Culture, the Centre Pompidou, the protagonists of the furniture industry and all those who have contributed towards the celebration of the VIA's thirtieth anniversary. They illustrate the conviction that, where France is recognised and awaited, it must respond by creating surprise and innovation.

Christian Estrosi
Ministre auprès de la ministre de l'Économie,
de l'Industrie et de l'Emploi, chargé de l'Industrie
Minister to the Minister of Finance, Industry and Employment,
in charge of Industry

L'exposition-anniversaire du VIA donne une nouvelle fois l'occasion au Centre Pompidou de mettre en valeur le lien qui unit la création et l'industrie, les arts et le design. Laboratoire d'innovations, le Centre Pompidou a, depuis l'origine, voulu mettre en relation le mouvement de la création avec les évolutions de la société. Cette ambition fondatrice est au centre du projet stratégique que nous mettons en œuvre depuis deux ans. Le design y tient à l'évidence une place essentielle car cette source de vitalité créative irrigue l'ensemble de la société et s'introduit au cœur même de notre quotidien.

Les relations d'amitié et de complicité nouées avec le VIA sont, dans cette perspective, très précieuses. Car le VIA, lieu d'élaboration de prototypes, lieu de convergence des acteurs de la création et de l'entreprise mais également plateforme de débats sociétaux, participe à la concrétisation de l'esprit d'invention du design français et, depuis plus de trente ans, soutient et défend les créateurs dans une démarche aussi engagée qu'exemplaire.

En revenant sur ces trente dernières années, l'exposition dresse un panorama éloquent de la création contemporaine appliquée au cadre de vie. À travers des pièces parmi les toutes premières de Philippe Starck, Martin Szekely, Jean-Paul Gaultier, Matali Crasset, Mathieu Lehanneur, c'est aussi toute la vitalité du design français qui se révèle, car ce domaine est bien l'un de ceux où les créateurs de ce pays excellent tout particulièrement depuis plusieurs années.

Le VIA a également souhaité marquer son trentième anniversaire par un geste généreux envers les collections du Centre Pompidou. Je remercie très chaleureusement son président, Philippe A. Mayer, et son directeur général, Gérard Laizé, qui assure le commissariat de l'exposition avec Valérie Guillaume, conservatrice en chef au Musée national d'art moderne-Centre de création industrielle.

The VIA anniversary exhibition provides the Centre Pompidou with a new opportunity to highlight the connection between creation and industry, the arts and design. A laboratory of innovation, the Centre Pompidou has since its inception sought to link creative movement with the evolution of society. This founding ambition is at the core of the strategic project we have been implementing for two years now. Design obviously occupies an essential place because this source of creative vitality benefits society as a whole and reaches into the very heart of our daily life.

The close ties of friendship developed with the VIA are, from this perspective, very precious. Because the VIA, a place for developing prototypes, a place of convergence for those involved in creation and production and a forum for debate on social issues as well, participates in the materialisation of French design's spirit of invention and, for over thirty years, has been revealing, supporting and defending its creators through its engaged and exemplary approach.

This exhibition provides a panoramic overview of contemporary creation applied to environments for living in the past thirty years. Through pieces from among the earliest creations by Philippe Starck, Martin Szekely, Jean-Paul Gaultier, Matali Crasset, Mathieu Lehanneur, all the vitality of French design is celebrated, for this domain in particular is among those in which this country's creators have excelled for many years.

The VIA also wished to mark its thirtieth anniversary with a generous gift to the collections of the Centre Pompidou. I extend my warmest thanks to its President, Philippe A. Mayer, and its Managing Director, Gérard Laizé, the co-curator of the exhibition with Valérie Guillaume, Chief Curator at the Musée national d'art moderne-Centre de création industrielle.

Alain Seban
Président du Centre Pompidou
President of the Centre Pompidou

En pleine lumière au Musée national d'art moderne, la collection des prototypes du VIA depuis trente ans va dorénavant côtoyer l'art, dont Flaubert disait qu'il est « à la recherche de l'inutile ». Aussi est-il bon de rappeler ce que cette collection a aussi de profondément utile.

Le VIA est un outil au service des industriels du secteur de l'aménagement intérieur. Du créateur au distributeur en passant par le producteur, il invite chaque niveau et chaque acteur de la filière à la mise en œuvre d'une stratégie innovante. Il occupe également une fonction centrale dans l'enseignement, grâce à l'attribution d'une bourse d'aide à la création qui est devenue en trente ans une référence internationale. Le prototypage est le point nodal de ce parcours de l'innovation, où le créateur peut être productif, et le producteur créatif.

Le VIA est non seulement au centre mais aussi à la pointe et fonctionne comme un libérateur de freins : tout en s'inscrivant dans une forte tradition, il fait évoluer les mentalités, ouvre et révèle aux industriels de nouveaux enjeux et de nouvelles opportunités de marché nationales et internationales.

L'UNIFA a été précurseur en misant, depuis trois décennies, sur la création et l'économie de l'immatériel. Nous fêtons cet anniversaire aujourd'hui avec l'engagement de continuer, de demeurer au cœur de notre tissu industriel, attentifs aux nouvelles donnes comme à autant de facteurs de renouveau, de dynamisme et de croissance. Depuis un an, dans un contexte de crise, nous éprouvons de mieux en mieux cette utilité car s'en sortir, c'est : proposer, imaginer, innover.

Je remercie monsieur le ministre chargé de l'Industrie pour son soutien infaillible et le Musée national d'art moderne pour son accueil. Mes remerciements très sincères vont enfin, et tout naturellement, à l'ensemble des industriels français de l'ameublement : cette collection exceptionnelle existe pour eux et grâce à eux.

Right in the spotlight at the Musée national d'art moderne, the collection of prototypes at the VIA flirts with art of which Flaubert said that it is "in search of the useless." As such it is a good thing to remind ourselves what there is about this collection which is profoundly useful.

The VIA is a tool at the service of manufacturers from the interior furnishing sector. From the creator to the distributor via the producer, it brings together each level and each protagonist from the industry in the implementation of an innovative strategy. It also has a central function in education, thanks to the awarding of a grant to help with creation, which over the past thirty years has become an international reference. Prototyping is the nodal point of this innovation path, where the creator can be productive and the producer creative.

The VIA is not only at the centre but in the forefront and acts like a liberator of brakes: whilst being part of a strong tradition, it makes people's attitudes evolve, opens and reveals the new issues and new national and international market opportunities to manufacturers.

The UNIFA was the forerunner to this movement by banking since the last three decades on the creation and economy of the immaterial. Today we're celebrating this anniversary with the promise of continuing to remain at the heart of our industrial fabric, mindful of the new order as a factor of renewal, dynamics and growth. For the past year, within a crisis context, we have been increasingly experiencing this usefulness, because getting out of this situation requires: suggestion, imagination, innovation.

I would like to thank the Minister in charge of Industry for his infallible support and the Musée national d'art moderne for its welcome. Finally my very sincere thanks quite naturally go to all the French furniture manufacturers: this exceptional collection is for them and thanks to them.

Henri Griffon
Président de l'UNIFA
President of the UNIFA

Le VIA est fier de présenter, aujourd'hui, ce beau livre qui accompagne l'exposition « VIA Design 3.0 » et d'effectuer un don d'une quarantaine de pièces de son fonds de collection au Musée national d'art moderne.

C'est d'abord l'occasion de nous réjouir de voir l'action du VIA inscrite dans la continuité. Devenu un acteur central du secteur de l'ameublement, le VIA, dans sa régularité, est demeuré fidèle à sa mission : l'aide à l'innovation et à la création, au service de l'industrie de l'ameublement. Cette mission commence par la veille (observation de l'évolution du cadre de vie et des marchés, recherche de nouveaux talents) et se poursuit par le soutien à la création (financement de jeunes talents, présentation en France et à l'étranger de leurs réalisations). Le VIA est ainsi devenu une référence internationale, une vitrine française de la création et, par le financement de prototypes de meubles « à l'échelle 1 », un organisme unique au monde.

Mais cet anniversaire est aussi un nouveau départ et *Design au banc*, la revue critique du design qui voit le jour, sera le témoin de notre action pour les années à venir. Je souhaite que le VIA continue d'apporter des réponses toujours actuelles, toujours nouvelles, et même, comme il l'a souvent fait, avec une longueur d'avance – en s'ouvrant par exemple au cadre de vie et aux loisirs. Toutefois, nous ne devrons pas nous satisfaire d'être en avance sur les autres ; mieux vaut espérer ne pas être trop en retard sur les évolutions du temps, « le plus grand des innovateurs », selon Francis Bacon. Car ces innovations du temps deviennent souvent des impératifs ! Aujourd'hui, en concentrant nos efforts sur l'observation des modes de vie, l'éco-conception et les adaptations indispensables pour l'habitat, je crois que nous ouvrons non seulement de belles perspectives aux producteurs – industriels ou artisans – qui concourent à l'aménagement du cadre de vie, mais nous restons aussi fidèles à notre conviction, qui est de mettre l'homme au centre des projets.

Je tiens à remercier monsieur le ministre chargé de l'Industrie, monsieur le ministre de la Culture et de la Communication, le Centre Pompidou, ainsi que tous les collaborateurs du VIA, et surtout le CODIFAB, pour ces beaux succès, passés et à venir.

―――――

The VIA is pleased today to present this fine book which accompanies the "VIA Design 3.0" exhibition and to give about forty pieces from its collection to the Musée national d'art moderne.

First of all, we are delighted that the VIA's actions will be noted down in history. The VIA has become a central protagonist of the furnishing sector. It has remained consistently loyal to its mission: helping innovation and creation, at the service of the furniture industry. This mission first began with monitoring (the observation of developments in the everyday environment and markets, the search for new talents) and then grew to supporting creation (the financing of young talents, presentation in France and overseas of their creations). The VIA has therefore become an international reference, a French showcase of creation and, through the financing of furniture prototypes on a "scale of 1," an organisation which is quite unique.

However, this anniversary is also the chance for a new start and *Design au banc*, the new critical design review, will testify to our activity for years to come. I hope that the VIA continues to provide answers which are always topical, always new, and as has often been the case, even a length ahead (by opening itself up to the everyday environment and leisure for example). Nevertheless we shouldn't content ourselves with being ahead of the others; it would be better to hope that we are not too far behind the developments of the times, "the greatest innovator" according to Francis Bacon. The reason for this is that these innovations in time are often essential requirements! Today, by focusing our efforts on observing ways of life, eco-design and adaptations which are indispensable for housing conditions, I believe that we will not simply create prospects for producers —manufacturers or craftsmen— who contribute to the development of the everyday environment, but that we will also remain true to our conviction, which is to place man at the centre of projects.

I would like to thank the Minister of Industry, the Minister of Culture and Communication, the Centre Pompidou, as well as all the colleagues from the VIA, and above all the CODIFAB (Committee for the development of French furnishing industries), for these marvellous successes, past and future.

―――――

Philippe A. Mayer
Président du VIA
President of the VIA

Entretien et essais Interview and Essays

« 15 À » – VIA : *une remise en jeu permanente*
"15 All" – The VIA: a Winning Combination

Entretien entre Jean-Claude Maugirard et Gérard Laizé, dirigé par Chantal Hamaide. Extraits choisis par Anne Bony. Paris, le 5 septembre 2009

Interview between Jean-Claude Maugirard and Gérard Laizé, moderated by Chantal Hamaide. Excerpts chosen by Anne Bony. Paris, 5 September 2009

Jean-Claude Maugirard- Le démarrage de l'histoire, s'il y a une histoire, c'est l'exposition « Le multiple » au sein de Sigma 3 à Bordeaux, en 1967, dont François Barré, en mission auprès de Jacques Chaban-Delmas, s'est occupé avec succès. Il a choisi Philippe Corentin pour coordonner le graphisme et moi-même pour le secteur du design. Ensemble, nous avons fait une sélection des meilleurs designers et entreprises – Joe Colombo, Enzo Mari, Braun, Knoll, Prisunic... À l'époque, il n'y avait aucun lieu d'exposition dédié au design. Il n'y avait que « Formes Utiles », une section du Salon des arts ménagers. François Mathey, alors conservateur au musée des Arts décoratifs, a remarqué François Barré et lui a demandé de le rejoindre. Ensemble, ils ont fondé le CCI, en 1969. C'était une avancée, mais l'organisme ne développait pas de liens directs entre les créateurs et les industriels. Beaucoup plus tard, en 1979, le ministère de l'Industrie me demande de monter une action en faveur de la création. À l'époque, je suis designer et professeur à l'école des Arts déco... Vient le rapport Monory, défendu à l'Assemblée nationale. Un rapport sur la filière bois, avec une stratégie en plusieurs points : l'industrialisation, la formation des personnels et la création. Ce plan est soutenu par l'augmentation de la taxe parafiscale. Il m'est alors demandé d'organiser un concours dans le cadre du Salon du meuble, avec l'appui du CODIFA [1]. Je refuse l'idée du concours, car le constat était fait que cela ne déboucherait absolument sur rien de valable. Je remets donc une charte qui propose en substance la création d'un organisme pérenne, fondé sur plusieurs actions, notamment l'aide aux écoles et l'aide à la création. Quand j'ai créé l'Atelier mobilier aux Arts déco, en 1977, mon idée était d'enseigner la conception par l'expérimentation, contrairement à l'expérience frustrante que j'avais vécue à l'École Boulle. Il nous fallait de l'argent pour le matériel, les prototypes ; je me suis alors adressé au ministère de l'Industrie et au CODIFA,

Jean-Claude Maugirard - The story – if you can call it that – really began with the 1967 "Sigma" exhibition in Bordeaux, which was very skilfully organised by François Barré, official representative of Jacques Chaban-Delmas at the time. He chose Philippe Corentin to coordinate the graphics and I was put in charge of design. Together we made a shortlist of leading designers, such as Joe Colombo and Enzo Mari. At that time, there was no exhibition venue specifically targeted towards design, only "Formes Utiles", a section of the Salon des arts ménagers [Household Equipment Fair]. François Barré had come to the attention of François Mathey, then curator at the musée des Arts décoratifs, and they joined forces. Together, they founded the CCI, in 1969. This was a step in the right direction but the organisation did not forge any direct links between designers and manufacturers. Much later, in 1977, the Industry Ministry asked me to spearhead a campaign to promote design. At the time I was working as a designer and also teaching at the Arts deco school. The Ministry wanted me to set up a competition within the framework of the Furniture Fair, with the backing of the CODIFA [1]. I refused, because I felt it would lead precisely nowhere. It was just after the Monory report that was argued before the National Assembly. This was a report on the wood-related sector, structured around several measures: industrial development, training and design. Then the Industry Ministry, by increasing the special tax levy on turnover from 0.3 to 0.6%, provided us with the means to put a plan into action. I therefore put forward a charter which in essence mooted the creation of a permanent body, encompassing several spheres of activity, not least of which was aid for schools. When I launched the Atelier mobilier [furniture workshop] at the Arts deco in 1977, my intention was to make the course both practical and experimental, unlike the appalling experience I had undergone at the Boulle school. We needed to raise money for equipment and prototypes and I therefore turned to the CODIFA and its general secretary Paul Jordery, who could not have been more helpful.

The Arts deco was a real hub of commitment. In 1969 its teachers were discovering a culture emanating from the United States, a new approach involving renewable energy and vernacular architecture. It was incredibly stimulating. The school also witnessed some opposing currents, encapsulated by Jean Widmer, representing Swiss graphics, and Grapus. My modus operandi was based on this strategy of breaking down boundaries. After that, it is history that makes the choices.

I set up the organisation absolutely determined that we should exist in our own right. To start with, we were in the UNIFA premises. Aline Fouquet, who as head of the CREAC[2] was very familiar with the union's background, joined the team at this point. Despite my impressive letter from the Ministry I had no means and for two years I worked on a voluntary basis, with a non-existent operating budget. We were looking for new premises, we found a place at Place Sainte-Opportune. We immediately sought to make our mark in the trade fairs, and started with the Paris Furniture Fair, although we very soon set out sights on Milan. We created the Cartes Blanches and "Permanent Call" schemes with a view to achieving recognition for French design. To feature in the Milan Furniture Fair, I first contacted the GEM[3]. This was tricky, as the manufacturers did not want anything to do with the VIA. We then rang the Armellini (Tito and his son), who ran the Fair, and they offered us 4305 sq.ft. The Italians had understood that French design did exist and that it should be showcased in Milan. In 1985 we created VIA Diffusion and the Club des éditeurs to enable us to feature in trade fairs and demonstrated our sense of judgment by opening a pilot sales outlet in the Place Sainte-Opportune, which was a fantastic success.

Chantal Hamaide - French manufacturers have failed to show much interest in design issues. Why are they so blinkered, even today?

JCM - Ettore Sottsass summed up the reason in one of his conferences: "We were unbelievably lucky, we lost the war." Following the war, here in France we started an endless rebuilding programme, while in the realm of furniture we returned to mass-producing diamond-cut, neo-Louis XV and rustic models. And while all this was going on the Italians were busy setting out to conquer the world. With what? Rustic furniture? Of course not.

Gérard Laizé - This was the crux of it. Following the war, the watchword was to win 1% of the world market. This far

dont le secrétaire général, Paul Jordery, m'a réservé un accueil très positif et nous a octroyé une bourse annuelle pour la fabrication de prototypes.

Les Arts déco étaient un lieu d'engagement très fort. En 1969, les enseignants découvraient une culture qui venait des États-Unis, une approche nouvelle : les énergies renouvelables, l'architecture vernaculaire... C'était très stimulant. Par ailleurs, il y avait dans l'école des courants assez opposés : Jean Widmer, représentant du graphisme suisse, et le collectif Grapus... Mon action s'est fondée sur cette philosophie : la stratégie d'ouverture. L'histoire fera ses choix.

J'ai mis en place l'association avec une volonté farouche d'exister par nous-mêmes. Au début, nous étions dans les locaux de l'UNIFA. Aline Fouquet nous a rejoints ; elle connaissait bien l'histoire du syndicat en tant que secrétaire du CREAC[2]. J'avais une belle lettre de mission du ministère, mais aucun moyen. Pendant deux ans, j'ai été bénévole, avec un budget de fonctionnement quasi inexistant. Il nous fallait un lieu d'expression ; ce fut place Sainte-Opportune. Nous avons tout de suite souhaité exposer dans les salons : le Salon du meuble de Paris, tout d'abord, puis très vite l'objectif a été Milan. Nous avions créé les Cartes blanches et les Appels permanents : il fallait que la création française soit reconnue. Pour aller à Milan, je me suis d'abord adressé au GEM[3]. Ce fut difficile, car les industriels avaient des préoccupations différentes de celles du VIA. Nous avons alors téléphoné à Tito Armellini et son fils – les organisateurs du salon –, qui nous ont proposé 400 m² et le ministère de la Culture a apporté son soutien financier. Les Italiens avaient compris qu'il y avait une création française et que Milan se devait d'en être l'écho. En 1985, nous avons créé VIA Diffusion et le Club des éditeurs pour pouvoir être présent dans les salons. Ce fut le début d'une longue série d'expositions à travers le monde. Dans le même temps, et afin de démontrer la valeur de ses choix, le VIA a ouvert, place Sainte-Opportune, un point de vente pilote qui a formidablement bien marché.

Chantal Hamaide - Les industriels français ne s'intéressent pas suffisamment à la question de la création. Pourquoi ce blocage encore aujourd'hui ?

JCM - Ettore Sottsass avait donné la clé lors d'une conférence : « Nous, on a une chance inouïe, on a perdu la guerre. » En France, après la guerre, on s'est mis à reconstruire des immeubles à n'en plus finir et dans le domaine du meuble, on a refait en masse des modèles à pointe de diamant, du néo-Louis XV, du rustique... Alors que dans le même temps les Italiens se fixaient comme objectif de conquérir le monde. Avec quoi ? Avec du rustique ? Non, bien sûr.

Gérard Laizé - C'est fondamental. Il y a eu un mot d'ordre après la guerre en Italie : gagner 1 % du marché mondial. C'est bien plus que le marché national et ils y ont mis les moyens et les idées. Ils ont en particulier mis en relation des fabricants, quelle que soit leur taille, non pas avec des designers – ils n'existaient pas à l'époque – mais avec des architectes. En Italie, le soutien financier venait des régions, plutôt que de l'État. Une politique qui perdure d'ailleurs avec un encouragement constant pour l'exportation, permettant une présence dans le monde entier.

JCM - Sottsass avait rajouté une autre phrase clef : « Lorsque vous formez les élites de la nation, chez vous, elles vont dans les administrations. Chez nous, elles vont dans l'industrie. »
La première fois que nous sommes allés au Japon, nous avons visité l'immeuble AXIS à Tokyo. Les Italiens y étaient présents avec Flos et Cassina. Ils travaillaient au Japon avec une vingtaine de commerciaux depuis quinze ans pour l'ensemble de l'industrie.
Lorsque, en 1983, le VIA a répondu à l'appel des grands magasins Bloomingdale's pour la « Fête de France » à New York, nous avons saisi l'opportunité. Mais nos actions étaient contestées : la profession avait décrété que la création n'était pas un moteur d'expansion.

CH - Les Italiens font toujours appel à la création. Cela doit remonter à cette idée de construction et non de reconstruction.

GL - Après les deux dernières guerres, avec le développement du logement social et de la classe moyenne, nous n'avons pas tué le mythe aristocratique car, pour toute personne vivant le phénomène de transfert social, le référent statutaire reste le modèle bourgeois, lui-même inspiré du siècle des Lumières. Chose paradoxale que de découvrir à cette époque des produits *mass market* de style Louis ou rustique ? Dans le même temps, on avait tué les grands décorateurs, moyennant quoi on manquait d'exemplarité. Dans la mode, cela n'a pas été le cas. Je pleure l'exemplarité du « luxe » pour notre secteur. On commence à reconquérir cela avec des projets d'hôtels de luxe et de restaurants. Cette exemplarité et la pédagogie passent aussi par les vitrines du centre ville. Imaginez que Ligne Roset ouvre un show-room aux Champs-Élysées.

JCM - En Italie, il y avait aussi une certaine stagnation. Je me souviens d'un salon à Milan où il n'y avait que du rustique, du bois doré. Rien de contemporain. C'est Gio Ponti qui a tout révolutionné en 1971 en créant Eurodomus, à Gênes puis à Turin, avec une sélection uniquement contemporaine. Cela n'a duré que trois ans, avant d'être repris par le salon de Milan. Enfin, il existait des entreprises qui faisaient le pari du design.

GL - Aujourd'hui, en France, cela commence à bouger. Grâce à la présence du VIA à Milan, les designers français travaillent avec les plus grandes marques italiennes. Ce sont les fabricants italiens qui amènent les créateurs français aux distributeurs français. C'est un comble.

exceeded the national market and to achieve it they put plenty of means and ideas at their disposal. In particular they brought together manufacturers, whatever their size, and architects – as opposed to designers, who didn't exist at the time. In Italy, financial backing came from the regions rather than the State. This is an ongoing policy, in fact, with strong support for export even today.

JCM - Sottsass added another key comment: "When you train the nation's intellectuals, in your case they enter the government services. Over here they go into industry."
When we went to Japan for the first time, we visited the AXIS building in Tokyo. The Italians were showcased over with Flos and Cassina. They had been working in Japan with twenty salespeople for fifteen years for the all the industries.
When the VIA responded to the tender from Bloomingdale's department store in New York, for their "Fête de France", we leaped at the opportunity. But our approach was challenged: the profession had decreed that design was not a driving force for expansion.

CH - The Italians still look towards designers and creation. This must stem from the idea of building, as opposed to rebuilding.

GL - In the wake of the last two world wars, which has seen the expansion of social housing and the middle-class, we have not in fact destroyed the aristocratic myth because, for anyone experiencing the social transfer phenomenon, the statutory referent remains the bourgeois, itself inspired by the Age of Enlightenment. So was it paradoxical to discover during this period mass market Louis XV or rustic products? We had after all got rid of all the major decorators, which had led to a lack of role models. We're now beginning to come through the other side, with projects for luxury hotels and restaurants. But role models and education also need to be showcased in the city centres. On this score, I am waiting for Ligne Roset to open a showroom on the Champs Élysées.

JCM - In Italy there was also a certain degree of stagnation. I recall a trade fair in Milan where there was only rustic, gold-plated wood. Nothing contemporary at all. It was Gio Ponti who revolutionalised all that in 1972 by launching Eurodomus, in Genoa then Turin, with a contemporary furniture selection. It only lasted three years but it was terrific. And major companies were also taking up the design challenge.

GL - Things are beginning to change in France. Thanks to the VIA's presence in Milan, French designers are now working with leading Italian names. And to cap it all, Italian manufacturers are now introducing French designers to distributors in France!

JCM - When the VIA started out, we collaborated with Conforama, working to extremely precise specifications. The results on show at the Furniture Fair, for instance, featured among others a sideboard designed by Pascal Mourgue. And yet we were still being asked if it would sell.

GL - The problem is that we are still faced with buyers who have remained in a "Fifties time warp". My background is in distribution so I've seen this firsthand. It's a problem of structure. The problem with buyers is that they work in terms of product rather than field.

CH - Which is something Terence Conran grasped?

GL - Yes. When I was marketing director at Habitat, it took me two years to change the mentality of the structure and turn the buyers into across the board product managers.

CH - Wouldn't it be possible to come up with a producer-distributor who could design a collection alongside the VIA, working to precise specifications? A kind of H&M of furniture and decoration, in other words?

GL - It is beginning to happen. Surveys the world over have shown that lifestyle and interior design carry huge appeal. The main handicap creating market stagnation is that, as I explained earlier, we no longer have attractive showcases for design in the city centres. Distributors may well claim that there's no market but unless you trigger it with an appealing offer, consumption is simply not going to happen. France is unique in terms of its distribution structure because as the main outlets are situated outside the city centres, 60% of the volume of furniture sold in our country corresponds to low-cost items, in white melamine, kit form, pre-cut panels. Then there are the flea markets, which represent 17%. That doesn't leave much room for a slightly more up-market offer, either in the classic or contemporary design sector. In order to develop it, we need to turn to fashion and create decorative ensembles inspired by particular style options which combine furniture and accessories. Furthermore, we should copy the Italians and work first on the prescription market before turning to the mass retail sector.

JCM - Yes, that's definitely the way to go.

GL - Little by little, it all works through capillarity.

JCM - And this is where the VIA's Club des tendances [Trend Club], which was devised with Nelly Rodi, comes in. We went on to create Les Villages within the Furniture Fair itself, in order to encapsulate this decorative approach and give it a modern slant. Along the same lines, we came up with

JCM - Au début de l'existence du VIA, nous avons collaboré avec Conforama sur la base d'un cahier des charges très précis ; les résultats exposés au Salon du meuble présentaient notamment un bahut dessiné par Pascal Mourgue. Pourtant on nous demandait encore : est-ce que cela va se vendre ?

GL - Le problème est que l'on a encore en face de nous des acheteurs « esprit 1950 ». Je viens de la distribution, donc je connais bien ce phénomène. C'est un problème de structure. Le problème des acheteurs est qu'ils raisonnent par produit et non par univers.

CH - Ce qu'a compris Terence Conran ?

GL - Oui. Chez Habitat, en tant que directeur marketing, il m'a fallu deux ans pour changer la mentalité de la structure et faire muter les acheteurs en chefs de produit univers.

CH - Ne pourrait-on pas imaginer un éditeur-distributeur pour faire avec le VIA une collection selon un cahier des charges précis, un H&M du meuble et de la décoration ?

GL - Cela commence à se faire. Toutes les études du monde confirment le fort engouement du public pour la décoration. Le principal handicap qui fait que notre marché stagne, c'est que, comme je l'expliquais plus tôt, nous n'avons plus de vitrines attractives au cœur des villes. Les distributeurs ont beau jeu de dire qu'il n'y a pas de marché. Si tu ne le provoques pas par une offre alléchante, il n'y a pas de consommation possible. La France est un cas unique en termes de structure de distribution. Du fait de l'installation majoritaire des points de ventes à la périphérie des villes, 60 % des meubles vendus dans notre pays (en volume) sont des produits à bas prix, en mélaminé blanc, en kit, ou de la planche découpée. D'un autre côté, il y a la brocante, qui représente 17 %. Il reste peu de place pour une offre un peu valorisée, que ce soit dans le décoratif classique ou le contemporain. Pour la développer, il faut s'inspirer de la mode et créer des panoplies décoratives suivant divers partis pris stylistiques associant meubles et accessoires. Par ailleurs, nous devrions faire comme les Italiens et travailler d'abord pour le marché de la prescription, avant de travailler pour celui de la grande distribution.

JCM - C'est évident.

GL - Petit à petit, cela se fait par capillarité.

JCM - D'où l'importance de la création du Club des tendances et du secteur du Village par le VIA, au sein du Salon du meuble, pour incarner cette démarche décorative et lui donner un accent de modernité. Dans le même esprit, nous avons imaginé « Habiter », un salon grand public, pour l'ouverture de la Grande

Halle de la Villette. Mais, la profession étant extrêmement critique, cela n'a duré que trois ans. Dommage.

CH - Pourrait-on imaginer que le VIA encourage les designers à travailler pour des univers, comme l'équipementier électrique Legrand ?

GL - L'élargissement est une impérative nécessité. Le meuble ne peut vivre en dehors du contexte spatial dans lequel il s'inscrit et sans les objets qui l'accompagnent. C'est pourquoi, dès mon arrivée, j'ai changé les statuts du VIA pour étendre son objet à l'aménagement intérieur. Ce qui m'a intéressé dans le propos de Jean-Claude, c'est qu'il a ouvert le VIA aux sensibilités créatives tandis que je l'ai ouvert au niveau des champs de création. Nous n'avons pas la même culture : je suis un homme de marketing, un analyste, un prospectiviste ; Jean-Claude est un créatif. Mon parcours professionnel m'a facilité l'accès aux différents acteurs en leur démontrant les bénéfices que peut apporter le design au marketing et vice-versa.

CH - Trente ans du VIA. Plus de quatre cents prototypes. Combien de réussites économiques ?

JCM - Ce n'est pas le plus important. La question est avant tout le courant d'idée créé : le succès n'est pas nécessairement économique. L'action du VIA s'inscrit dans un *continuum* historique.

GL - J'ai voulu déplacer le curseur d'appréciation. Auparavant, on avait tendance à ne considérer que le produit. Le VIA « vend » d'abord des talents, des compétences. Le prototype en est un révélateur et le meilleur mode d'entremise entre un créateur et un éditeur éventuel. À la limite, si le projet n'est pas édité, cela nous est égal, du moment que le dialogue s'engage.
D'ailleurs, certains projets trouvent un éditeur bien plus tard. Le dernier exemple en date étant un projet d'Andrée Putman, prototypé en 1990 et édité en 2007 par Poltrona Frau.

CH - Quand un fabricant prend un prototype du VIA, comment cela se passe-t-il ? Rembourse-t-il le VIA ?

JCM - C'est un sujet de débat qui nous a occupés pendant des années. Il y avait une règle du jeu…

GL - Quand il y avait un industriel intéressé, le VIA lui remettait le prototype, moyennant quoi l'éditeur devait rembourser les frais de prototypage avancés par le VIA, afin d'alimenter un fonds d'aide à la création destiné aux jeunes. Les industriels étaient peu nombreux à payer. Le Conseil d'administration nous l'a reproché. Nous avons ensuite décidé de faire contribuer les industriels étrangers qui, eux, ne versent pas la taxe. Finalement, il a été décidé de demander aux fabricants de s'acquitter d'un

"Habiter", a fair aimed at the general public. But the profession was extremely critical and it only lasted three years, which is a shame.

CH - Could one envisage the VIA pointing designers in the direction of sectors such as the Legrand electrical equipment firm?

GL - It is absolutely imperative to broaden our horizons. Furniture cannot exist outside its particular spatial context or without the objects that go with it. This is why, as soon as I arrived at the VIA, I altered the statutes to encompass interior design. What interested me in Jean-Claude's approach was that he raised the VIA's awareness of creative sensibilities, while I on the other hand broadened its creative fields. Our cultures are different: I'm a marketing man, an analyst, a canvasser; Jean-Claude is a creator. My professional background has made it easier for me to reach the key players by showing them the benefits that design can bring to marketing and vice versa.

CH - Thirty years of the VIA. Over four hundred prototypes. How many sales successes?

JCM - That's not what really matters. The issue is first and foremost to create a current of ideas – success doesn't have to be seen in financial terms. The VIA's actions are part and parcel of an historical continuum.

GL - I wanted to move the appreciation cursor along. Before there was a tendency only to consider the product. The VIA first 'sells' talent, skills. The prototype implements this and acts as an excellent mediator between the designer and a possible producer. Indeed, if the project is not produced, it ultimately doesn't matter, as long as a dialogue has been set up.
Some projects, in fact, only find their producer ages afterwards. The most recent example of this was a project by Andrée Putman, prototyped in 1990 and produced in 2007 by Poltrona Frau.

CH - What happens when a manufacturer takes a VIA prototype? Does he reimburse the VIA?

JCM - This was a subject of debate for years. There was a rule to the game…

GL - When a manufacturer was interested, the VIA gave them the prototype and the producer had to reimburse the prototyping expenses advanced by the VIA, in order to fund a scheme aimed at young designers. The manufacturers who paid up were few and far between and the Board of Directors reproached us for this. We then decided to charge foreign manufacturers because no tax was levied on them. Finally, the manufacturers were asked to pay an operating fee but the prototype remained the property of the VIA. This was the beginning of the era of speculation on prototypes. I was unwilling to let the VIA fund the collectors' market to the detriment of the general public and the designers.

CH - The continuum aspect is an interesting one. It is the only scheme in the world to commit itself to a design assistance scheme, year after year and no matter what the circumstances.

JCM - That's right, it isn't like a school of thought.

GL - Absolutely. The VIA is really a kind of free-for-all, and consequently it mirrors each era to perfection.

JCM - Yes, that is crucially important. The contemporary press reviews were hugely critical. They did not understand this desire for eclecticism, which meant you could present Gaetano Pesce, Philippe Starck, Garouste et Bonetti at one and the same time...

GL - To me, what is even more important is to see how design as a discipline evolved through the prototypes. This is quite obvious when one looks at today's Cartes Blanches. The first time we voted, for Mathieu Lehanneur, my heart was in my mouth. But not a single counter-vote was recorded. What we were really aiming for was to transcend the object in order to work on the conceptualisation of space.

JCM - What interests me in the history of the VIA is to understand and measure how the discipline has evolved, gravitating from functional to conceptual issues. That's the whole point of experimentation; these projects would never have seen the light of day without the VIA's help.

GL - I inherited what you built, Jean-Claude, and I am only too aware of your talent. Thank you for having turned the idea of the VIA into a permanent reality, we are extraordinarily lucky.

JCM - I wasn't really conscious of what I was doing.

GL - The VIA has made its mark and has now become a brand name. Its mission continues and it is set to develop even further in the future.

droit d'exploitation, la propriété du prototype restant celle du VIA. À cette époque, on vivait le début de la spéculation sur les prototypes. Je ne voulais pas que le fonds du VIA serve à alimenter le marché des collectionneurs au détriment du grand public et des designers.

CH - Ce qui est intéressant, c'est le *continuum* : c'est la seule expérience au monde qui engage, année après année, et quoi qu'il arrive, une aide à la création.

JCM - Effectivement, ce n'est pas comme une école de pensée.

GL - Absolument. Le VIA est plutôt une auberge espagnole et, de ce fait, reflète parfaitement chaque période.

JCM - C'est extrêmement important en effet. La position de la presse de l'époque était très critique. Elle ne comprenait pas cette volonté d'éclectisme. Présenter en même temps Gaetano Pesce, Philippe Starck, Garouste et Bonetti...

GL - Le plus important pour moi encore est de voir comment, à travers les prototypes, la discipline du design évolue. On le voit bien avec les Cartes blanches d'aujourd'hui. La première fois que l'on a voté la Carte blanche de Mathieu Lehanneur, j'ai eu le trac. Finalement, je n'ai pas enregistré une seule contestation. La volonté pour nous était de dépasser l'objet pour travailler sur la conceptualisation de l'espace.

JCM - Ce qui m'intéresse dans l'histoire du VIA, c'est de comprendre et de mesurer comment la discipline a évolué, passant des problématiques fonctionnelles à des problématiques conceptuelles. C'est l'intérêt de l'expérimentation : ces projets n'auraient jamais existé sans l'aide du VIA.

GL - J'ai hérité de ce que tu as construit, Jean-Claude, je reconnais ton talent et te remercie d'avoir rendu permanente cette idée du VIA. C'est une vraie chance.

JCM - Je n'étais pas très conscient de ce que je faisais.

GL - La notoriété est acquise, le VIA est devenu une marque. Sa mission continue et a vocation à se développer.

1. CODIFA: Comité de développement des industries françaises de l'ameublement.
2. CREAC: Centre de recherche esthétique de l'ameublement contemporain.
3. GEM: Groupement des exportateurs de meubles.

1. CODIFA : Comité de développement des industries françaises de l'ameublement.
2. CREAC : Centre de recherche esthétique de l'ameublement contemporain.
3. GEM : Groupement des exportateurs de meubles.

Design : pour un véritable engagement politique

Design: Towards True Political Commitment

Gérard Laizé
Directeur général du VIA
Executive Director of the VIA

En prenant mes fonctions, j'ai immédiatement perçu le potentiel de développement du VIA : le rôle bénéfique de ses aides à la création, son capital image sur le plan international. Quant à la structure réduite et souple de cet organisme, elle permet d'élargir son champ d'investigation avec une grande capacité d'adaptation aux besoins de l'époque.

Dès lors, il m'est apparu indispensable de capitaliser sur ce qui confère à cette institution son caractère unique, ce que même les Italiens nous envient : le programme d'aide à la création, qui comprend notamment le financement de prototypes. C'est toujours ce qui fonde l'originalité du VIA par rapport à tous les autres organismes publics ou privés qui concourent à la promotion du design partout dans le monde.

Ma première préoccupation a été d'améliorer la qualité des prototypes pour les rendre fonctionnels et donc testables par des éditeurs potentiels. Le résultat fut immédiat au niveau de l'évolution du taux d'édition. La deuxième décision importante a consisté à mieux distinguer les différents outils d'aide à la création. Ainsi, la Carte blanche inviterait désormais les designers lauréats à développer une démarche conceptuelle d'aménagement du cadre de vie liée à un lieu ou à une activité, lorsque les Aides à projet porteraient sur des produits sélectionnés pour leur originalité, leur caractère innovant – quel que soit le champ d'innovation – et leur faculté à être produits de façon artisanale ou industrielle. Depuis maintenant quatre ans et sur la base de son exigence en termes d'innovation, le VIA a inscrit les notions d'éco-conception et de développement durable comme critères supplémentaires de sélection.

Une autre décision importante a consisté à élargir le champ d'intervention du VIA. En effet, j'ai toujours considéré que le meuble ne pouvait vivre seul. Ma dernière expérience chez Habitat m'en avait convaincu et le succès d'IKEA le prouve tous les jours. Je le redis souvent : « les objets et les meubles sont à l'aménagement intérieur ce que les notes sont à la composition musicale ». Suivant ce principe, l'assemblée générale extraordinaire du 22 octobre 1996 a accepté ma proposition de modifier les statuts du VIA pour que, dorénavant, nous nous intéressions non seulement au mobilier mais également à tous les éléments (luminaires, arts de la table, textiles d'ameublement, etc.) qui composent notre cadre de vie, qu'il concerne la maison, le bureau, les cafés, hôtels et restaurants, les terrasses et jardins

When I took up my position, I immediately grasped the development potential of the VIA, encapsulated by the positive impact of its "Design Assistance" scheme and the capital of its image on the international scene. Furthermore, the small, flexible structure of the organisation enables it to broaden its scope and enjoy a remarkable capacity to adapt to the needs of the day.

I was therefore in no doubt that we needed to capitalise on the institution's signature asset, which is the envy of even the Italians: its unique "Design Assistance" programme, which, among other things, provides funding for the creation of prototypes. The originality of this approach is still the VIA's distinguishing feature, as public and private bodies the world over jockey for position to promote design.

My first concern was to improve the quality of the prototypes in order to make them functional and thereby testworthy for potential producers. The spin-off was immediate in terms of the increase in production rate. The second significant decision involved distinguishing more effectively between the various design assistance tools. The brief of the Cartes Blanches was therefore to encourage the award-winners to develop a conceptual approach to tailoring the living environment to a place or activity, while the "Project Assistance" scheme would focus on products selected for their originality, their innovative character – whatever the field of innovation – and their potential for both craft and industrial production. For the last four years, in the context of the VIA's stringent brief regarding innovation, eco-friendly and sustainable development have been added to the selection criteria.

Another important decision involved broadening the VIA's scope. I have always believed that furniture cannot exist on its own. My last experience with Habitat clinched this belief, and the success of IKEA only goes to prove my point. As I often say, "objects and furniture are to interior decoration what notes are to musical composition." In line with this principle, the extraordinary general meeting held on 22 October 1996 accepted my proposal to modify the statutes of the VIA in order to cover not only furniture but all the elements which contribute to our living environment (lighting, tableware, furnishing fabrics, etc.), as applied to the house, the office, cafes, hotels and restaurants, terraces and gardens but also to the city and urban furniture. "La maison des cinq sens", presented at the Paris Furniture Fair in 1996, was already a striking example of the VIA's new positioning.

The relationship between the number of applications received every year – between five hundred and one thousand – and the number of award-winners – between fifteen and twenty – has highlighted the lack of originality, the weakness in terms of innovation and the powerful "inspiration" of many of the projects put before the Commission. It emerged that intuition alone was not enough to produce a creative work, reducing it all too often to an exercise in style, and that complementary elements were needed to encourage more deep-rooted reflection beforehand and to sustain a more conceptual approach. Three tools were then set up to remedy the situation. First of all, the VIA's observation missions mean that every year we cover over twenty-five trade fairs and major international events. Each of these is reported in La Lettre de l'innovation, accessible free of charge on the VIA website. This represents an incomparable source for competitive analysis, not only for the designers but for the manufacturers and distributors too. In 1997, the VIA and the FCBA also created Innovathèque, which collates all the latest innovations relating to materials, technologies and manufacturing processes, rounding it off with an ergonomics study centre. This is an invaluable resource. Do we need reminding that in the history of human production, every innovation has engendered a new creative field? Last but not least, since 2000, the Domovision programme has been encouraging prospective reflection based on research and analysis involving specialists in the human sciences, with the aim of understanding societal developments and their implications in adapting the existing supply and, naturally, in conceiving new products. From this point of view, I believe that the common furniture and objects of our daily lives need to be an extension of our body language.

The second mission of the VIA is to promote the emerging talents it has unearthed. This needs to be done first and foremost in France, whose manufacturers and producers have long been wary of contemporary design. Our reinforced presence in the trade fairs and the VIA gallery's new premises in the Viaduc des arts have provided a better showcase for these new talents, and this has therefore helped promote them. On an international level, exhibiting every year in Milan has unquestionably paved the way for greater contact between French designers and Italian producers. By taking part in events in London, New York, Montreal, Tokyo and Shanghai and setting up meetings for the designers accompanying the delegations, we have also increased awareness of French creative design. Despite the pertinence and effectiveness of these measures, one must recognise that not enough companies use the services of the VIA and relay the projects developed within it. One of the main hindrances is the cultural resistance displayed by a sector still rooted in the concept of heritage. The challenge is

ou encore la ville avec le mobilier urbain. « La Maison des cinq sens » présentée au Salon du meuble de Paris en 1996 exprimait déjà clairement ce nouveau positionnement du VIA.

Le rapport entre le nombre de dossiers reçus chaque année (entre cinq cents et mille) et le nombre de lauréats (entre quinze et vingt) a mis en évidence le manque d'originalité, la faiblesse en termes d'innovation ou la forte « inspiration » de nombreux projets présentés à la commission VIA. Dès lors, il paraissait évident que la seule intuition ne suffisait pas à l'acte créatif, le cantonnant trop souvent à un exercice de style, et que des données complémentaires devaient favoriser la réflexion amont et étayer une démarche plus conceptuelle. Trois outils ont alors été mis en place pour y remédier. Tout d'abord, les Missions d'observation du VIA nous amènent à couvrir chaque année plus de vingt-cinq salons professionnels et rendez-vous internationaux. Chacun fait l'objet d'un compte rendu publié dans la Lettre de l'innovation, accessible gratuitement sur le site du VIA. Cela représente une base d'analyse concurrentielle incomparable tant pour les designers que pour les fabricants et distributeurs. Puis, en 1997, le VIA et le FCBA ont créé l'Innovathèque, qui regroupe les innovations relatives aux matériaux, technologies et procédés de fabrication, en la complétant d'un centre d'étude de l'ergonomie. Une ressource immense. Est-il besoin de rappeler que dans l'histoire de la production humaine, toute innovation a ouvert un nouveau champ créatif ? Enfin, depuis 2000, le programme Domovision propose une réflexion prospective fondée sur des travaux de recherche et des analyses impliquant des spécialistes en sciences humaines – dont l'objet est de comprendre les évolutions sociétales et leurs implications dans l'adaptation de l'offre existante – et, bien sûr, sur la conception de nouveaux produits. De ce point de vue, je considère que les meubles et les objets usuels de notre quotidien doivent être des prolongements de notre gestuelle.

Le deuxième rôle du VIA est d'assurer la promotion des talents émergents qu'il révèle, en premier lieu en France, notamment auprès des industriels et des éditeurs historiquement frileux à l'égard de la création contemporaine. Notre présence renforcée dans les salons professionnels et le transfert de la Galerie VIA au Viaduc des arts leur a conféré une meilleure lisibilité, contribuant ainsi à leur promotion. Sur le plan international, le fait d'exposer tous les ans à Milan a indiscutablement facilité la mise en relation des designers français avec les producteurs italiens. De même, notre participation à des manifestations à Londres, New York, Montréal, Tokyo, Shanghai, etc. et l'organisation de rendez-vous d'affaires pour les designers qui accompagnent ces délégations accroissent la notoriété de la créativité française. Malgré la pertinence et l'efficacité de ce dispositif, constat peut être fait qu'encore trop peu d'entreprises utilisent les services du VIA et relayent les projets développés en son sein. L'une des principales causes réside dans la résistance culturelle d'un secteur fortement ancré dans la notion de patrimoine. L'enjeu consiste à faire évoluer les mentalités en expliquant que l'innovation et la création ont aussi vocation à respecter les valeurs identitaires des entreprises, même si, parfois, elles agissent en rupture. Cela requiert un effort pédagogique particulier. Ainsi, mise en place depuis 2000, l'activité de conseil et de formation destinée aux dirigeants d'entreprise permet un meilleur développement des collaborations avec les créatifs : designers, stylistes, directeurs artistiques… Aujourd'hui, une cinquantaine d'entreprises en bénéficie chaque année – un nombre en constante augmentation.

Alors, après trente ans d'existence pour le VIA et quinze années de direction en ce qui me concerne, quel constat peut-on faire ? Tout d'abord, cet outil formidable est aujourd'hui configuré comme un véritable centre de recherche et de développement tel qu'on en trouve dans les grands groupes industriels. Sa particularité est d'être à la disposition d'un tissu industriel composé en majorité de petites entreprises, qui n'auraient pas les moyens financiers d'intégrer un tel dispositif. Bien que son utilité soit de plus en plus reconnue, il nous faut toujours mieux faire connaître ses services. Le développement du conseil individualisé y contribue largement.

Et demain ? La crise actuelle représente, comme toutes les précédentes, une opportunité indéniable pour la création et l'innovation. Les premières agences d'« esthétique industrielle » sont créées après la crise de 1929 aux États-Unis. C'est la naissance du design en tant que discipline. Aujourd'hui, selon Danielle Rapoport, psychosociologue, les Français modifient leur comportement non seulement pour des raisons de pouvoir d'achat mais aussi parce qu'ils condamnent ce qui ressemble à du gaspillage ou à de l'obsolescence immédiate. Après ces cinquante dernières années de tous les progrès, mais aussi de tous les excès, la pression écologique invite les designers et les producteurs à des pratiques respectant éco-conception et développement durable. C'est un fait, on est appelé à produire mieux plutôt que plus et, comme l'indique le philosophe Edgar Morin, il s'agit désormais de renverser l'hégémonie du quantitatif au profit du qualitatif. On tendra à rejeter le jetable et à préférer le réparable ; une invitation à développer un sens critique sur l'existant pour imaginer de nouveaux paradigmes.

Les professionnels ont, semble-t-il, de plus en plus conscience de l'impérieuse nécessité de miser sur la création et l'innovation, génératrices de valeur ajoutée. Quels que soient les secteurs d'activité, les entreprises qui investissent sur l'innovation connaissent, en effet, une croissance supérieure à la moyenne et exportent plus que leurs concurrentes. Là où l'exemple des précurseurs en la matière ne suffisait pas à convaincre, la situation de crise joue un rôle d'impulsion.

De ce point de vue, le rapport Lévy-Jouyet sur l'économie de l'immatériel, publié en décembre 2006, souligne que « notre capacité à créer, à innover, à inventer va devenir notre principal critère de compétitivité ». Il consacre ainsi le rôle de l'innovation non technologique dans le processus de croissance des économies développées. Dès 2002, Christian Pierret, alors

therefore to change mentalities by explaining that innovation and design are also geared towards respect for a company's identity values, even if they sometimes break free. Teaching this entails a great deal of effort. Since 2001, therefore, a counselling and training programme designed for company executives has been in operation, in order to provide more effective back-up for innovations and improve links with key players such as furniture and fashion designers and artistic directors. Today, over fifty companies already benefit from this scheme every year and the number is steadily increasing.

So what conclusions can be drawn, as the VIA marks its thirtieth anniversary and I clock up fifteen years as its managing director? First and foremost, this extraordinary tool has become a research and development unit on a par with those of the major industrial groups. Its specificity lies in the fact that it is accessible to an industrial network composed in the main by small- and medium-sized firms, who would not normally have the funds to join a scheme of this nature. While its benefits are being increasingly recognised, we still need to continue raising awareness of the wealth of services it provides. The development of individual counselling makes a significant contribution to this.

And what of the future? This period of recession represents, like all its predecessors, an undeniable opportunity for design and innovation. The first "industrial aesthetics" agencies were created in 1929, in the aftermath of the Wall Street Crash, heralding the advent of design as a discipline. Today, according to the psycho-sociologist Danielle Rapoport, the French are modifying their behaviour not only for reasons of purchasing power but because they are refusing to condone anything seen as wasteful or immediately obsolescent. In the wake of these fifty years of all-out progress, but also all-out excess, ecological pressure is making designers and producers turn to processes which respect eco-design and sustainable development. It's a fact that there is now a call for better rather than more and, as the philosopher Edgar Morin points out, the hegemony of the quantitative must now be reversed in favour of the qualitative. We are tending towards a preference for the repairable and a rejection of the disposable, paving the way for an accrued critical sense of the existent to come up with new paradigms.

It would appear that professionals are becoming more and more aware of the imperious necessity to bank on design and innovation, both added value generators. Whatever the business sectors, companies which invest in innovation do indeed show above-average growth and export more than their competitors. Where the example of precursors in this field failed to convince, the recession crisis has acted as a trigger. In this context, the Lévy-Jouet report on the economics of the immaterial, published in December 2006, shows that "our capacity to create, innovate and invent will become our main criterion for competitiveness." It thereby recognises the role of non-technological innovation within the growth process in developed economies. Christian Pierret, Industry Minister at the time, foresaw this back in 2002, when he commissioned Pascal Morand, then managing director of the IFM[1], and myself, to look into the project for "La Cité de la mode et du design".[2] The intention was to give Paris, the international design capital, a permanent showcase for all the professions linked to economic development, a showcase which would also serve as a hub of information for all the players involved in design and innovation. Despite its having been approved by Christian Pierret's successor, Nicole Fontaine, and backed from the outset by the City of Paris and the Île-de-France region, there is no denying that this project is having difficulty getting off the ground.

Incentive measures are being set up, such as the "Programme de développement économique d'Île-de-France : filière des industries créatives", targeting the design industry sector, or the Industry Ministry's tender for new projects, "Appels à projets: innovation, creation, design." The tax credit for companies incurring design fees on new products was set up in 2008. Each of these measures constitutes as many opportunities for companies to jump on the innovation bandwagon. But beyond each individual programme and the commitment of bodies such as the VIA, a political impetus at the highest level is imperative in order to keep up with countries in other parts of the world, who have spearheaded such advances: Italy for the past forty years and now Sweden, the Netherlands and Korea. Such political trailblazing is strategic. It galvanised Italy into modernity at the end of the last war. A speech by Tony Blair, in September 1999, committed the Great Britain to design in all its forms. This has yet to come in France.

When it comes to viewing our leaders as role models, how can we convince our peers not to reproduce the statutory "bourgeois" model, itself inspired by the aristocratic myth, when they see the President's study on television, with its 18th century furniture and gold panelling? Louis XIV's Hall of Mirrors was actually a showroom, designed to impress foreign visitors with the "vast glass panes" produced by the Saint-Gobain factory. More recently, several French Presidents had the private apartments of the Elysée redesigned by Pierre Paulin, Philippe Starck or Jean-Michel Wilmotte. They had grasped that representation was as crucial as industry. Surely the Elysée and our embassies should be our primary showcases for contemporary French design and expertise?

In this context, the role of the VIA is on the cusp of current thinking and its know-how in design assistance is not only an example to be emulated but one that could be reproduced in many other sectors.

ministre de l'Industrie, le pressentait lorsqu'il nous confia, à Pascal Morand – à l'époque directeur général de l'IFM[1] – et à moi-même, l'étude du projet de « La Cité de la mode et du design[2] ». L'intention était de doter Paris, capitale internationale de la création, d'une vitrine permanente de toutes les professions créatives liées au développement économique, vitrine qui serait aussi un lieu d'information pour tous les acteurs concernés par la création et l'innovation. Validé par Nicole Fontaine, qui succéda à Christian Pierret, soutenu dès son origine par la Ville de Paris et la région Île-de-France, force est de constater qu'aujourd'hui ce projet peine à voir le jour.

Des programmes d'incitation se mettent en place, tels le « Programme de développement économique d'Île-de-France : filière des industries créatives » ou les « Appels à projets : innovation, création, design » du ministère de l'Industrie. Le crédit d'impôt pour les entreprises qui engagent des dépenses de conception de nouveaux produits a été mis en place en 2008. Toutes ces mesures contribuent à engager les entreprises dans la voie de l'innovation. Mais au-delà des programmes de chacun et de l'engagement des organismes tels que le VIA, une volonté politique au plus haut niveau de l'État est nécessaire pour rivaliser avec les autres pays du monde qui en font leur fer de lance : l'Italie depuis plus de quarante ans, et maintenant la Suède, la Hollande ou la Corée. Le mot d'ordre politique est stratégique. Il a propulsé l'Italie dans la modernité au sortir de la dernière guerre. Un discours de Tony Blair, en septembre 1999, a engagé la Grande-Bretagne dans la création sous toutes ses formes. Nous l'attendons toujours en France.

Quant à la valeur d'exemple de nos élites, lorsque des reportages montrent le bureau du président de la République avec les mobiliers et les lambris dorés du XVIIIe siècle, comment convaincre nos contemporains de ne pas reproduire le modèle statutaire « bourgeois » lui-même inspiré du mythe aristocratique ? La galerie des Glaces de Louis XIV était un véritable show-room destiné à montrer aux visiteurs internationaux les « grands verres » produits par la manufacture de Saint-Gobain. Plus récemment, plusieurs présidents de la République ont fait aménager les appartements privés de l'Élysée par Pierre Paulin, Philippe Starck ou encore Jean-Michel Wilmotte. Ils avaient compris que la représentation a autant d'importance que l'industrie. L'Élysée et nos ambassades ne devraient-ils pas être nos premières vitrines de la création et des savoir-faire français contemporains ?

Dans ce contexte, le rôle du VIA est on ne peut plus d'actualité et son expertise en matière d'aide à la création a non seulement valeur d'exemple mais pourrait aussi être modélisée dans bien des secteurs.

1. IFM: Institut français de la mode. Pascal Morand has been managing director of ESCP Europe since September 2006.

2. Gérard Laizé and Pascal Morand, "'La Cité de la mode et du design.' La création comme facteur de développement de l'industrie française et de valorisation de l'image France", a report submitted to the Industry Ministry in November 2002.

1. IFM : Institut français de la mode. Pascal Morand est directeur général de l'ESCP Europe depuis septembre 2006.

2. Gérard Laizé et Pascal Morand, « "La Cité de la mode et du design". La création comme facteur de développement de l'industrie française et de valorisation de l'image France », rapport remis au ministère de l'Industrie en novembre 2002.

Du mode d'existence des prototypes
How Prototypes Come Into Being

Valérie Guillaume
Conservatrice en chef du patrimoine, Centre Pompidou
Chief Curator, Centre Pompidou

La récente promotion du prototype ou de l'édition en série limitée à huit, dix ou douze exemplaires nimbe la création design d'une aura singulière. Le récit de l'unicité, l'aventure de la fabrication exhibent un savoir-faire expérimental qui se démarque cependant de l'objectif comme de la capacité du design à être accessible au plus grand nombre. Sur le marché de l'art, le prototype bénéficie d'un taux de TVA moindre, fixé à 5,5 % de sa valeur, alors que les pièces éditées en série sont soumises au taux de 19,6 %. « Modèle parfait » au XVIIe siècle ou encore « premier modèle réel d'un objet » à la fin du XIXe siècle, le prototype trame sa définition de deux concepts, comme l'analyse le philosophe Elie During : « D'un côté le *type*, au sens absolu (*archétype* ou paradigme) ou seulement relatif (*échantillon*, exemplaire le plus parfait ou le plus exact d'une collection) [...]. De l'autre, l'exemplaire premier (*proton*), qui est moins la matérialisation d'un projet (son aboutissement) qu'un projet matérialisé (son moment de vérité), moins une œuvre ouverte qu'un *objet prospectif*[1] ». Pour les besoins de l'analyse, l'objet est ensuite démonté, découpé... et, ironie du sort, termine son existence sur les tables d'opérations des fabricants et des éditeurs !

Porte-drapeaux de l'engagement d'une profession dans la promotion de la création, les prototypes du VIA ont échappé au marché de l'art et un bon nombre d'entre eux intègrent aujourd'hui, par don, la collection du Mnam-CCI. Depuis trente ans, la valeur d'étude du prototype ou de la maquette, notamment d'architecture, a crû considérablement. L'exposition « Idea as Model », élaborée sous les auspices de l'architecte Peter Eisenmann, à New York, en 1976, affirmait déjà que « les maquettes, comme les dessins d'architecture, peuvent avoir une existence conceptuelle ou artistique en soi, indépendamment du projet qu'ils représentent[2] ». La métaphore suggestive de l'échafaudage (*scaffold*) les qualifie[3]. Tels des palimpsestes, ces objets révèlent en creux les mutations des stratégies, des politiques et des processus de conception ou de production industrielle.

Figures transformationnelles

Dès 1979, l'analyse du prototype met en évidence les liens de filiation entre le dessin et sa reproduction en trois dimensions.

The recent promotion of prototypes and editions in limited series of 8, 10 and 12 suffuses creative design in a particular aura. The experimental know-how displayed by the story of uniqueness and the adventure of manufacturing nevertheless stands apart from both the goal and the capacity of design, which is to render it accessible to as many people as possible. In the art market, prototypes benefit from a lower VAT rate, fixed at 5.5% of their value, whereas pieces that are mass-produced are subject to a 19.6% tax. As a "perfect model" in the seventeenth century, or "the first real model of an object" in the late nineteenth century, the prototype weaves its definition from two concepts, as analysed by the philosopher Elie During: "On the one hand the *type*, either in the absolute sense (*archetype* or paradigm) or merely relative (*sample*, the most perfect and/or exact specimen in a collection) [...]. On the other, the primary model (*proton*), which is not so much the materialisation of a project (its culmination) as a project materialised (its moment of truth) – less an open work than an *object in the offing*".[1] For the requirements of analysis, the object is then dismantled, and dissected... and, fatal irony, finishes its existence on the operating tables of manufacturers and publishers!

As standard-bearers of a profession's commitment to the promotion of creative artwork, the VIA prototypes have sidestepped the art market, and many of them have today found their way, through gift, into the collections of the MNAM-CCI [Musée national d'art moderne-Centre de création industrielle]. For the past thirty years, the value of the prototype and maquette in terms of study, in particular in architecture, has grown considerably. The 1976 exhibition "Idea as Model", developed under the auspices of the architect Peter Eisenmann in New York, made the point that "maquettes and models, like architectural drawings, may have a conceptual and artistic existence *per se*, over and above the project they represent".[2] They can be described by the evocative metaphor of scaffolding.[3] Like palimpsests, these objects

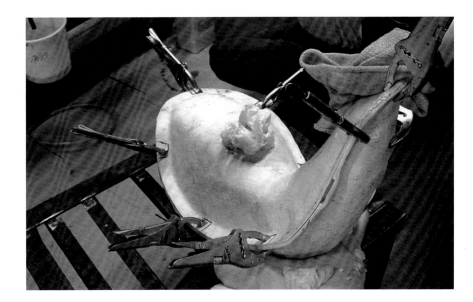

Olivier Peyricot
Cale humaine (technique
de moulage de la mousse
à froid) / Human wedges
(cold-moulded foam
technique), **2002**

reveal, in the negative, changes in strategies, policies and processes of industrial design and production.

Transformational figures

In 1979, prototype analysis highlighted the relationship between the drawing and its three-dimensional reproduction. Jean-Claude Maugirard pinpoints the shortcomings of drawing – "a most imperfect means of representation" [4] – and suggests resolving the difficulty of exchanges between designers and manufacturers by replacing the sketch by the prototype's "volume". The prototype has the twofold advantage of enabling the manufacturer to judge and the designer to make his case.[5] The goal is to produce it not in solid foam rubber or wood, but directly in its component materials, and to make use of techniques which at times already exist and at others are appropriated and developed expressly by designers. Making prototypes thus helps to appraise those aspects which drawing cannot render, such as performance of materials, structural reinforcements and aesthetic qualities. The prototype's logic reveals the process of producing the work as a sequence of associations and transformations, transfers and renderings, which can be identified along two lines. "On the first – the theme of feasibility – a dividing line is ever-present between the possible and the impossible, the achievable and the non-achievable, the programme and the anti-programme, in a nutshell, between project and object [...]. The second represents the modification of the project as it undergoes successive interpretations".[6] As an illustrative example, let us mention the "human wedges", or positioning cushions, made in 2000–2001 by Olivier Peyricot with the help of the Nîmes-based manufacturer Asklé Santé, a specialist in the manufacture of anti-bedsore mattresses. "I made use of Asklé's technology because I was looking for a foam with the same density as flesh", the designer notes. [7] The PU foam prototypes, of differing densities, were made in metal-filled fibreglass moulds, specially funded by the VIA. In 2002, based on this same principle, Edra produced the "Body Prop" series, made of painted PU foam rubber. Not

Jean-Claude Maugirard relève les inconvénients du dessin, « un moyen de représentation très imparfait [4] », et suggère de pallier la difficulté des échanges entre les créateurs et les industriels en substituant au croquis le « volume » du prototype. Le prototype présente le double avantage de permettre à l'industriel de juger et au créateur d'argumenter [5]. L'objectif est de le réaliser non pas en mousse dense ou en bois, mais directement dans ses matériaux constitutifs et de recourir à des techniques tantôt existantes, tantôt détournées ou élaborées tout exprès par les designers. Prototyper sert ainsi à évaluer les aspects que le dessin ne peut rendre : performance des matériaux, renforts de structure, qualités esthétiques, etc. La logique du prototype révèle le processus de production de l'œuvre comme une chaîne d'associations et de transformations, de transferts et de traductions, repérables selon deux axes : « Sur le premier axe, celui de la faisabilité, circule à chaque moment une ligne de front entre le possible et l'impossible, le réalisable et l'irréalisable, le programme et l'antiprogramme, en deux mots, le projet et l'objet [...]. Le second axe est celui de la modification du projet au fil des traductions [6]. » On citera comme exemple les « cales humaines », ou coussins de positionnement, réalisés en 2000-2001 par Olivier Peyricot avec l'aide de l'industriel nîmois Asklé Santé, spécialisé dans la fabrication de matelas anti-escarres. « J'avais retenu la technologie d'Asklé parce que je recherchais une mousse de même densité que la chair », précise le designer [7]. Les prototypes en mousse PU à plusieurs densités ont été réalisés dans des moules en fibre de verre chargée en métal que le VIA a spécialement financés. Edra a édité en 2002, sur ce même principe, la série « Body Props » en mousse PU peinte. Peu après, Darton, une entreprise française de Hong Kong désireuse de diffuser le produit sur le marché asiatique, a étudié un nouveau revêtement en textile technique. L'étude du prototype met ainsi progressivement en relief deux manières d'envisager la recherche et la production de savoir : les enjeux de la recherche privilégient une approche transdisciplinaire d'une part, et ses méthodes développent une recherche-création d'autre part. En complément, Sylvain Dubuisson observe avec acuité les

Gaetano Pesce
Deux bibliothèques /
Two bookcases, **1981**

**Ammar Eloueini
et François Brument**
Chaise Chair #71 /
Chair #71, **2007**

enjeux durables à venir : « Il y a une différence radicale entre les matériaux de la pesanteur, comme le bois, et les nouveaux matériaux de l'apesanteur issus de la recherche et d'une réponse à la question : "Comment aller plus vite et plus loin en consommant moins d'énergie ?" [8] »

Outils prototypes

Les prototypes ne sont pas seulement la traduction en volume d'un dessin mais aussi le résultat d'un outillage ou d'un procédé de fabrication nouveau. Le VIA souligne leur caractère exemplaire relevant de la « recherche fondamentale [9] ». Parce que leur mise au point a été particulièrement malaisée, ils restent peu nombreux. Bénéficiaire de la Carte blanche de 1981, Gaetano Pesce a repris des recherches entreprises dès 1973 sur un procédé de moulage en mousse de polyuréthane rigide. Pour obtenir des bibliothèques différentes à partir du même moule, « [il a] fait varier les points d'injection du matériau constitutif ainsi que l'air résiduel contenu dans le moule et éventuellement l'humidité de l'air introduit et la température ». « L'action sur les diverses conditions de fabrication » a ainsi permis « le moulage d'objets à structure aléatoire [10] ». La fabrication complexe de ce projet a absorbé le VIA pendant plusieurs années. La société parisienne LCL a réalisé les équipements, Synthesia, dans son laboratoire de Pont-Saint-Maxence dans l'Oise, a mis au point le plastique et AGP, à Clermont-Ferrand, a réalisé les prototypes et la fabrication [11]. L'ANVAR (Agence nationale de valorisation de la recherche) a contribué au financement. La commercialisation de la bibliothèque, elle aussi compliquée, a nécessité un accord tripartite entre le VIA, le designer et Écart international, puis avec Avant-Garde Meuble, « une association créée par le VIA pour la commercialisation, dans son local parisien, de produits innovants sans diffusion commerciale traditionnelle structurée [12] ». La fabrication est restée si complexe qu'il a fallu couper le moule en deux parties, en 1983 [13]. Les essais se sont succédé l'année suivante « pour que le remplissage du moule se fasse à 40 ou 50 % », l'objectif étant de 90 %. Seize bibliothèques, soit huit par moule [14], ont alors été prévues.

Un autre développement technique notable concerne le fraisage du panneau multiplis avec des machines à commande numérique. La Carte blanche de Marc Held [15], en 1982, a servi l'ambition de créer « non plus des grandes séries de pièces identiques, mais des séries de modèles tous différents et uniques, déterminés par le jeu infini de paramètres individuels intégrés par l'ordinateur [16] ». Plus récemment encore, en 2007, l'architecte Ammar Eloueini et le designer François Brument ont accéléré la phase prototypale en recourant à la technologie du prototypage rapide [17]. Là, le prototype et le modèle édité ne font alors plus qu'un seul et même objet, usiné dans l'entreprise belge MGX by Materialise.

long afterwards, Darton, a Hong Kong-based French company, keen to distribute the product in the Asian market, studied a new technical textile coating. The prototype study thus gradually introduced two ways of thinking about research and the production of knowledge: the research encouraged a cross-disciplinary approach on the one hand, while, on the other, its methods gave rise to a creative research programme. Complementing this, Sylvain Dubuisson shrewdly took note of the sustainable challenges ahead: "There is a radical difference between materials of gravity, like wood, and new materials of weightlessness stemming from research, and from an answer to the following question: 'How are we to go faster and further while consuming less energy?'."[8]

Prototype tools

Prototypes are not just the volumetric translation of a drawing, but also the outcome of novel manufacturing tools and procedures. The VIA emphasises their exemplary nature in terms of "basic research".[9] They are few and far between, because their development has been particularly fraught. As a beneficiary of the 1981 Carte Blanche award, Gaetano Pesce resumed the research he had undertaken back in 1973, involving a moulding process using rigid polyurethane foam. To make different bookshelves from one and the same mould, "[he] varied the injection points of the component material as well as the residual air contained in the mould and, where relevant, the humidity of the air introduced and the temperature". "The action on the different manufacturing conditions" thus permitted "the moulding of objects with a random structure".[10] The complex manufacture of this project involved the VIA for several years. The Paris-based company LCL made the equipment, Synthesia, in its Pont-Sainte-Maxence laboratory in the Oise, developed the plastic and AGP, in Clermont-Ferrand, produced the prototypes and dealt with the manufacture.[11] The research development agency ANVAR [Agence nationale de valorisation de la recherche] helped towards the funding. The equally complicated marketing of the bookshelves called for a three-way agreement between the VIA, the designer and Écart international, then with Avant-Garde Meuble, "an association set up by the VIA for the marketing, in its Paris premises, of innovative products without any traditional, structured sales distribution".[12] The manufacturing remained so complex that in 1983 the mould had to be cut into two parts.[13] This was followed up the following year by tests "to fill the mould to 40 or 50%", the goal being 90%. Sixteen sets of shelves, i.e. eight per mould,[14] were accordingly planned.

Another noteworthy technical development has to do with the milling of multi-ply board with digitally controlled machines. In 1982, Marc Held's Carte Blanche [15] helped to create "not large series of identical pieces any more, but series of models that are different and unique, determined by the infinite set of individual parameters integrated by the computer".[16] More recently, in 2007, the architect Ammar Eloueini and the designer François Brument speeded up the prototype phase by using fast prototyping technology.[17] Here, the prototype and the model produced became just one and the same object, machined at the Belgian MGX company by Materialise. The techno-digital instrumentation avoids having to make a mould, and permits the production of different models, ad infinitum. Each Chair#71 was thus manufactured in approximately forty hours, in the form of five parts to be assembled, to cut costs. Fast prototyping is thus transforming the mould - and model-making industry at the same time as it is helping to greatly develop research into differentiated series.

Interactive prototypes

The most recent Cartes Blanches reflect the development of know-how in terms of design, in the way it relates to productive activity. "The sociology of science, cognitive anthropology and situated cognition, the evolution of the cognitive sciences striving to place knowledge *in situ,* have all contributed towards the incarnation of the activity of thought and its definition within praxes, in places, in a world of objects".[18] Prototypes which interact as much with the environment as with the user draw up a space-time map which modifies "the objective nature of objects", on the one hand, and "the notion of action", on the other.[19] Prototypes are thus associated with common experiences and scenarios. Elsa Francès and Jean-Michel Policar blazed a trail with their On-Air lamp bowl, lit by simply brushing against it ("Permanent Call", 2001).[20] In 2006, Mathieu Lehanneur came up with five pieces of equipment corresponding to five contemporary therapies. In 2008, Jean-Louis Frechin hybridised everyday objects and new online technologies. In 2009, Philippe Rahm devised an object for the gentle ventilation of the household space, renewing the air, and getting rid of pollutants and humidity... The prototypes of these Cartes Blanches have as their common denominator the formula "Move to get moved", analysed by Caroline Hummels, a university teacher specialising in the study of interactive prototypes.[21]

To conclude (without ending), the number of prototyped projects made at the prompting of the VIA can be reckoned at between 15 and 20 annually. Of these, on average 30-40% are produced in small or not-so-small series. Their funding, like their budget, fluctuates according to each particular project. For Philippe Starck, in 1982, "with zero fees claimed, the prototypes would cost 96,055 francs, inclusive of tax (£12,784 or US$21,360) and concern 13 products, seats and tables".[22] Today, by setting aside about one million Euros per year for their worldwide development, distribution and promotion, Gérard Laizé is still putting prototypes at the very heart of the VIA's brief, outstripping any other country and acknowledging their seminal role in industrial history. These prototypes present

L'instrumentation technonumérique évite la réalisation d'un moule et permet l'édition de modèles différents, à l'infini. Chaque chaise Chair#71 a ainsi été réalisée en quarante heures environ sous la forme de cinq éléments à assembler pour l'économie de fabrication. Le prototypage rapide transforme donc l'industrie des moules et des modèles en même temps qu'il permet d'approfondir les recherches portant sur les séries différenciées.

Prototypes interactifs

Les Cartes blanches les plus récentes reflètent l'évolution de la connaissance en matière de conception dans ses rapports avec l'action productive. Selon Bruno Latour, « La sociologie des sciences, l'anthropologie cognitive et le mouvement des sciences cognitives qui s'attache à mettre en situation la connaissance (*situated cognition*) ont contribué à incarner l'activité de pensée, à la situer dans des pratiques, dans des lieux, dans un monde d'objets [18]. » Les prototypes qui interagissent autant avec l'environnement qu'avec l'utilisateur dressent une carte spatio-temporelle modifiant « la nature objective des objets », d'une part, et « la notion d'action », d'autre part [19]. Les prototypes sont alors associés à des expériences, des scénarios d'usage. Elsa Francès et Jean-Michel Policar ont ouvert la voie avec la lampe vasque On Air qu'un simple effleurement allume (Appel permanent, 2001 [20]). En 2006, Mathieu Lehanneur conçoit cinq équipements correspondant à cinq thérapies contemporaines. En 2008, Jean-Louis Frechin hybride les objets quotidiens et les nouvelles technologies en ligne. En 2009, Philippe Rahm propose un objet pour l'aération douce de l'espace domestique, renouvelant l'air, évacuant les polluants et l'humidité... Les prototypes de ces cartes blanches ont pour dénominateur commun la formule « Move to get moved » (« Mouvoir-émouvoir ») analysée par Caroline Hummels, une universitaire spécialisée dans l'étude des prototypes interactifs [21]. Pour conclure (sans finir), le nombre de projets prototypés réalisés à l'instigation du VIA peut être évalué entre quinze et vingt par an. 30 à 40 % d'entre eux en moyenne sont édités en série, petite ou plus grande. Leur mode de financement, comme leur budget, ont fluctué en fonction de chaque projet.

Pour Philippe Starck, en 1982, « avec zéro honoraires réclamés, les prototypes coûtaient 96 066 F TTC et concerneraient 13 produits, sièges et tables [22] ». Aujourd'hui, Gérard Laizé, en consacrant chaque année environ un million d'euros à leur élaboration, leur diffusion et promotion dans le mon de entier, continue de les placer au cœur même de la mission du VIA, sans comparaison à l'étranger et résolument inscrite dans l'histoire industrielle. Ces prototypes livrent

Elsa Francès et Jean-Michel Policar
Luminaire On Air / On Air lamp, 2001

Mathieu Lehanneur
Diffuseur de bruit blanc dB (ouvert) / dB white noise emitter (open), 2006

une vision des processus de conception et de production. Au service de la promotion de la création française, le VIA a fait éclore une diversité de styles, de langages et de recherches foisonnantes et parfois surprenantes. Désormais trentenaire, il se doit de continuer à oser, à parier et à assumer ses prises de risque.

a vision of design and production processes. For the benefit of the promotion of French design, the VIA has engendered a teeming – and sometimes surprising – range of styles, languages and research projects. Thirty years on, the VIA owes it to itself to carry on meeting challenges, taking risks and defending the audacity of its choices.

1. Elie During, « Du projet au prototype (ou comment éviter d'en faire une œuvre ? », *Panorama 3, Salon du prototype*, cat. expo., 2002, p. 18.

2. Karen Moon, *Modeling Messages. The Architect and the Model*, New York, The Monacelli Press, 2005, p. 19.

3. *Idem*, p. 18.

4. Voir la retranscription du Comité VIA du 16 novembre 1979, Archives VIA, p. 16-17 : « Il nous a semblé intéressant de créer un Atelier central de prototypes [pour] réaliser des protoformes, [ou] des maquettes [vraie] grandeur ». Voir aussi le comité du 19 mars 1982, p. 19 : « Un dessin n'a pas l'impact d'un prototype, cet élément fondamental de la communication ».

5. *Ibid.*, p. 17.

6. Elie During, *op. cit.*, note 1, p. 28.

7. Entretien de l'auteur avec le designer, juillet 2009.

8. Yvonne Brunhammer, *Sylvain Dubuisson*, cat. expo., Paris, Norma, 2006, p. 124.

9. Retranscription du Comité VIA du 5 septembre 1980, Archives VIA, p. 13.

10. Lettre de Ed. Constantin Krauze, ingénieur conseil en propriété industrielle, à Jean-Claude Maugirard, 23 novembre 1981, Archives VIA. Voir aussi Raymond Guidot, « Les matériaux du VIA », *Les Années VIA*, cat. expo., Paris, musée des Arts décoratifs, 1990, p. 47-48.

11. Projet Pesce, VIA, Écart, Synthesia, éléments pour le dossier ANVAR, 26 octobre 1981, Archives VIA.

12. Jean-Claude Maugirard, lettre à Jean Ménard, ANVAR, 27 avril 1983, Archives VIA. Voir aussi la retranscription du Comité VIA du 17 juin 1983, Archives VIA : « Nous avons deux pièces, l'une de 2,05 x 1,50 m (65 kgs) et l'autre de 1,20 x 1,96 m (50 kgs) ; la profondeur a été réduite de 50 à 40 cm ; la quantité de matière injectée dans les dix secondes fatidiques est désormais possible ».

13. Voir la retranscription du Comité VIA du 22 avril 1983, Archives VIA, p. 35.

14. Voir la retranscription du Comité VIA du 18 mai 1984, Archives VIA, p. 34-36.

15. Marc Held fait partie des cinq créateurs appelés pour rénover les appartements privés du premier étage de l'Elysée en 1982. *Plaidoyer pour le mobilier contemporain, l'Atelier de recherche et de création du Mobilier national*, Beauvais, 2001, p. 80.

16. « Meubles et chaises pour l'Élysée. Étude de faisabilité industrielle », décembre 1982-décembre 1983, Centre technique du bois et de l'ameublement, Paris, Archives VIA. Voir aussi Retranscription du Comité VIA du 7 novembre 1984, Archives VIA, p. 21-22 et la retranscription du Comité VIA du 27 avril 1989, Archives VIA, p. 88 : « Nous croyions à cela en 1983 mais cela n'a intéressé personne. Il n'y a en France qu'une seule machine à plusieurs axes, à Pont-à-Mousson. Bernard Cache travaille avec. » Jean-Claude Maugirard.

17. Bilan d'activité VIA, 2007, p. 10. Voir aussi AEDS : *Next/Ammar Eloueini*, Beijing, AADCU, 2008, p. 196.

18. Bruno Latour, « Une sociologie sans objet, remarques sur l'interobjectivité », dans Octave Debary et Laurier Turgeon (dir.), *Objets et Mémoires*, Paris/Québec, Éditions MSH/Presses de l'Université Laval, 2007, p. 37-57.

19. *Ibid.*, p.50

20. « L'aide du CRITT (Centre régional d'innovation et de transfert de technologie) a porté sur le développement de l'interface, un capteur de pression associé à une carte électronique agissant sur la source lumineuse fluo-compacte. » Entretien de l'auteur avec Jean-Michel Policar et Elsa Francès, 14 juillet 2009.

21. Voir Caroline Hummels, *Gestural design tools: prototypes, experiments and scenarios*, thèse de doctorat, Delft University of Technology, 2000. Voir aussi l'article de Ianus Keller et al., « Collecting with Cabinet or how designers organise visual material, researched through an experimental prototype », Delft University of Technology, *Design Studies*, vol. XXX, n° 1, janvier 2009, p. 69-86.

22. Retranscription du Comité VIA du 21 octobre 1982, Archives VIA, p. 13.

1. Elie During, "Du projet au prototype (ou comment éviter d'en faire une œuvre ?)", *Panorama 3. Salon du prototype*, 2002, p. 18.

2. Karen Moon, *Modeling Messages. The Architect and the Model*, (New York: The Monacelli Press, 2005), p. 19.

3. Ibid., p. 18.

4. Transcript of the Via Committee of 16 November 1979, VIA Archives, pp. 16–17: "We were interested in creating a Central Prototype Workshop [to] make protoforms, [and] [life] size maquettes". See also the Committee of 19 March 1982, p. 19: "a drawing does not have the impact of a prototype, that basic ingredient of communication".

5. Ibid., p. 17.

6. Elie During, op. cit., p. 28.

7. Conversation between the author and the designer, July 2009.

8. Yvonne Brunhammer, *Sylvain Dubuisson*, exh.cat., (Paris: Norma, 2006), p. 124.

9. Transcript of the VIA Committee of 5 September 1980, VIA Archives, p. 13.

10. Letter from Ed. Constantin Krauze, consultant engineer in industrial property to Jean-Claude Maugirard, 23 November 1981, VIA Archives. See also Raymond Guidot, "Les matériaux du VIA", *Les années VIA*, exh. cat., Paris, musée des Arts décoratifs, 24 April–26 August 1990, pp. 47-48.

11. Pesce project, VIA, Écart, Synthesia, factors for the ANVAR dossier, 26 October 1981, VIA Archives.

12. Letter from Jean-Claude Maugirard to Jean Ménard, ANVAR, 27 April 1983, VIA Archives. See also the transcript of the VIA Committee of 17 June 1983, VIA Archives : "We have two pieces, one of 2.05 x 1.50 m (65 kgs) and the other of 1.20 x 1.96 m (50 kgs); the depth has been reduced from 50 to 40 cm; the amount of matter injected in the ten fateful seconds is now possible."

13. Transcript of the VIA Committee of 22 April 1983, VIA Archives, p. 35.

14. Transcript of the VIA Committee of 18 May 1984, VIA Archives, pp. 34–36.

15. Marc Held is one of the five designers asked to renovate the private first-floor apartments at the Elysée in 1982, *Plaidoyer pour le mobilier contemporain, l'Atelier de recherche et de création du Mobilier national*, Beauvais, 15 March–15 September 2001, p. 80.

16. "Meubles et chaises pour l'Élysée. Étude de faisabilité industrielle", December 1982–December 1983, Centre technique du bois et de l'ameublement, Paris, VIA Archives. See also the transcript of the VIA Committee of 7 November 1984, VIA Archives, pp. 21–22, and the transcript of the VIA committee of 27 April 1989, VIA Archives, p. 88: "We believed in that in 1983 but no one was interested. In France there is only one machine with several axles, at Pont-à-Mousson. Bernard Cache is working with it." (Jean-Claude Maugirard).

17. VIA report, 2007, p. 10. See also AEDS : *Next/Ammar Eloueini*, (Beijing: AADCU, 2008), p. 196.

18. Bruno Latour, "Une sociologie sans objet, remarques sur l'interobjectivité", in *Objets et mémoires*, Octave Debary and Laurier Turgeon (eds.), (Paris: Éditions MSH, Quebec: Presses de l'Université Laval, 2007), pp. 37-57.

19. Ibid., p. 50.

20. "The help from the CRITT [Centre régional d'innovation et de transfert de technologie] focused on the development of the interface, a pressure sensor associated with an electronic card acting on the fluo-compact light source", conversation between the author and Jean-Michel Policar and Elsa Francès, 14 July 2009.

21. Caroline Hummels, *Gestural design tools: prototypes, experiments and scenarios*, doctoral thesis, Delft University of Technology, 2000. See also the article by Ianus Keller et al., "Collecting with Cabinet or how designers organise visual material, researched through an experimental prototype", Delft University of Technology , *Design Studies*, vol. 30, no.1, January 2009, pp. 69–86.

22. VIA Archives, Committee of 21 October 1982, p. 13.

Recherche et création : nouveaux paradigmes

Research and Design: New Paradigms

Michel Bouisson
Responsable des aides à la création VIA et des relations avec les écoles de design
Head of the VIA Creation Assistance program and relations with design schools

« Qui parle, qui agit ? – c'est toujours une multiplicité... » Gilles Deleuze [1]

"Who's talking, who's doing something? – There's always a multiplicity..." Gilles Deleuze [1]

Ever since the VIA came into being, it has been focusing on individual creative work to achieve the goals planned for it. It has accordingly contributed, in France at least, to the figure of the artist-cum-designer. At the time, this figure was not self-evident. It resulted from a lengthy historical process of emancipation, peculiar to Western societies, which encouraged individual over group values, and finally found its rightful place in the post-war economic model. A few years ago, Roger Tallon told us how surprised he was to find himself suddenly in the limelight when he was embarking on a well staked-out career as an industrial designer. The values linked with the creative act, coming from distinctive personal qualities, were then taking pride of place over all the others. As if, in the inexorable rationality that informs all industrial production, it was a matter of incorporating an originality-guaranteed subjectivity, and a signature opening up something beyond meaning.

This model is now undergoing a crisis. The responsibility of human activities in the ever-increasing deterioration of our environment and the resulting imbalance in all vital life systems is challenging design as a discipline, at the very heart of its mission: the design of goods and services. Torn between the immediate responses expected by its clients, keen to make a mark in globalised competitive markets, and its original brief as an agent of necessary and desirable changes in the world, this discipline is attempting to reconcile everyday activities, ethics, and conceptual approaches.

But the facts are there: 80% of the environmental impact of goods, services, and infrastructures results from decisions taken during the design process.[2] What is more, the forecasting capacities of scientific knowledge are being outflanked by

Dès sa naissance, le VIA a misé sur la création individuelle pour atteindre les objectifs qui lui ont été assignés. Il a ainsi contribué à l'émergence, du moins en France, de la figure du « designer-artiste ». Cette figure n'allait alors pas de soi. Elle résultait d'un long processus historique d'émancipation, propre aux sociétés occidentales, qui a privilégié les valeurs de l'individu face à celles du groupe, pour finalement trouver son ancrage dans le modèle économique né après guerre. Il y a quelques années, Roger Tallon nous avouait combien il fut surpris de se retrouver soudainement sous les feux de la rampe alors qu'il s'engageait dans une carrière dûment balisée de concepteur en création industrielle. Les valeurs liées à l'acte créatif, issues de la singularité de l'individu, devenaient prépondérantes sur toutes les autres. Comme si, dans l'implacable rationalité qui détermine toute production industrielle, il s'agissait d'incorporer une subjectivité garante d'originalité, une signature qui ouvre un au-delà du sens.

Ce modèle est désormais en crise. La responsabilité des activités humaines sur la dégradation croissante de notre environnement et le déséquilibre de l'ensemble des systèmes vitaux qui en résulte remettent en cause le design en tant que discipline, en bousculant le cœur même de sa mission : la conception de produits et de services. Écartelée entre les réponses immédiates attendues par ses clients qui souhaitent se différencier sur des marchés concurrentiels globalisés, et sa vocation originelle d'être l'agent des transformations nécessaires et souhaitables du monde, cette discipline tente de concilier pratiques quotidiennes, éthique et démarches conceptuelles.

Mais les faits sont là : 80 % de l'impact environnemental des produits, services et infrastructures résultent des décisions prises durant le processus de conception en design [2]. Par ailleurs, les capacités de prévision du savoir scientifique se trouvent débordées par la croissance des incertitudes quant aux effets à plus ou moins long terme des interventions technoscientifiques, potentiellement catastrophiques pour l'environnement. Dès lors, il semble que la complexité des réponses à apporter dépasse les capacités d'un individu, fût-il doté des compétences les plus étendues.

Comment projeter l'avenir pour s'inscrire au plus juste dans le présent ? Face à un tel défi, la communauté du design doit inventer les pratiques, les outils, les dispositifs d'un monde en mutation. Actrices privilégiées, les écoles inventent et expérimentent de nouveaux modèles. Ateliers de recherche, workshops, échanges internationaux permettent de lutter contre le « gavage » et le « repliement » narcissique. À propos du projet collectif « Métal et Création contemporaine » organisé par l'École des beaux-arts de Valenciennes, Christiane Vollaire [3] constatait que ce travail a obligé « les étudiants à penser leur activité artistique comme un échange incessant avec le monde dont ils sont construits [...], comme la confrontation à une histoire commune dont ils ont à se ressaisir pour produire leur propre singularité ». Dans ce cas, il s'agissait non seulement de se familiariser avec une technologie et son histoire locale, à l'échelle industrielle, mais aussi de produire des objets *in situ* : du mobilier urbain pour la ville de Valenciennes. Un impact réel. Une responsabilité.

Ainsi, la création ne s'appréhende plus de l'extérieur, de manière distanciée, abstraite, décontextualisée – ce que certains nomment en architecture le « syndrome Google » – mais, à l'inverse, depuis l'intérieur, immergé dans une situation qu'il va falloir préalablement décrire, dans une unité spatio-temporelle qui donne à la fois la nature et l'ampleur des paramètres à prendre en considération. Les initiatives sont nombreuses. Ainsi le CIRECA (Centre de recherche et d'éducation culturelle et agricole), en coopération avec le Vitra Design Museum (Weil am Rhein, Allemagne) et le Centre Pompidou, organise depuis quelques années une académie d'été internationale dans le vaste domaine de Bois-Buchet, près de Limoges. Animés par des designers professionnels, ces ateliers réunissent autour d'un sujet des étudiants du monde entier pour leur donner un aperçu des processus de design et des défis que celui-ci lance à la pensée rationnelle, à l'imagination et à la dextérité des participants. Le programme met l'accent sur la notion d'échanges mais insiste particulièrement sur le travail pratique de création.

Cette importance accordée à l'expérimentation des techniques et de la matière, au « faire », s'affirme à la suite d'une période dominée par la dimension conceptuelle du design, comme si la force de l'esprit permettait de faire l'économie d'une confrontation avec le monde matériel, comme si du geste ne pouvait advenir de la conscience. C'est d'ailleurs sur le geste, sa puissance, qu'est né le CIAV (Centre international des arts verriers) à Meisenthal, dans les Vosges du Nord, sur le site d'une ancienne verrerie. Lieu exceptionnel de mémoire et de recherche contemporaine sur les techniques du verre, ce

growing uncertainty about the more or less long-term effects of techno-scientific and potentially catastrophic phenomena. It would seem, at this stage, that the complexity of the responses to be made is beyond the capacities of any individual, even one endowed with the most comprehensive of skills.

How is the future to be planned to make it part of the present, in the most fitting way possible? In the face of such a challenge, the design community must invent practices, tools and systems for a changing world. Schools, with their special involvement, are inventing and testing new models. Research units, workshops and international exchanges are helping in the fight against 'force-feeding' and narcissistic 'withdrawal'. Referring to the collective project "Métal et Création contemporaine" organised by the Valenciennes School of Fine Arts, Christiane Vollaire [3] noted that this programme made "students think of their artistic activity as a never-ending exchange with the world from which they are made [...], like confronting a shared history with which they must get to grips in order to produce their own speciality". What was involved, in this instance, was not only becoming conversant with a technology and its local history, on an industrial scale, but also producing objects *in situ*: urban fixtures and fittings for the city of Valenciennes. A real impact. A responsibility.

So creative design is no longer learnt from without, in a remote, abstract, decontextualised way – called by some in architecture the "Google syndrome" – but, conversely, from within, plunged in a context and a situation which will have to be described in advance, in a space-time unity which sets both the nature and scope of the parameters to be taken into account. There are many projects. For some years, the CIRECA [Centre de recherche et d'éducation culturelle et agricole], in cooperation with the Vitra Design Museum (Weil am Rhein, Germany) and the Centre Pompidou have been organising an international summer academy at the huge Bois-Buchet estate near Limoges. Run by professional designers, these workshops bring together, around specific topics, students from all over the world, to give them an overview of design processes and the challenges they throw up at rational thought, the imagination, and participants' dexterity. The programme emphasises the notion of exchange, with a special stress on practical design work.

The significance thus attached to experimenting with techniques and matter – with 'making', in a nutshell – is coming to the fore in the wake of a period dominated by design's conceptual dimension, as if force of mind would help to spare a confrontation with the material world, as if awareness could not come from gesture. The foundation of the CIAV [Centre international des arts verriers] glasswork centre at Meisenthal, in the northern Vosges, on the site of an old glass factory, was based on the physical activity of glassblowing – its essential strength. As an outstanding centre combining memory and contemporary research into glass-making techniques, the CIAV regularly offers residencies to students from all over Europe, and designers who, in association with a dozen technicians, re-interpret the various areas of know-how and expertise, and come up with new avenues of development.

If being modern tended to encourage the 'clean slate' and get rid of context, the contemporary challenge henceforth involves devising changes within the fabric of something that is *already here*. Paradoxically, concern for the world is ushering in a distance from the general and a focus on the detail. At the same time as the creative act is being re-contextualised, it is becoming rooted in places, and finding its way once again into the territory through many different entrances: social memory, economy, resources, know-how, scale, climate, and adaptation skills. Evidence of this is the Greater Paris International Consultation for Research and Development. Multi-disciplinary teams have focused on the city no longer to offer the umpteenth answers aimed at improving major urban functions (transport, economic activity, housing, leisure, and the like), but to pre-evaluate the porosity of each of these functions, and they way they are dovetailed in a global system.

This notion of territory might also be summoned when it comes to conceiving housing as a complex system of functions, permeated by ebbs and flows, and inseparable from a given climate, and even from a given geography.[4] Just a few years back, the VIA opted for this direction with the backing of various designers and experts to appraise the object environment ((re)furbishment, systems, furniture, etc.) and explore the new typologies being introduced by the activities, concerns and aspirations of our contemporaries. To do this, without calling its organisational methods into question, the VIA altered the spirit of some of its tasks, in particular those to do with "Design Assistance" programmes and relations with the world of industry.

The Cartes Blanches programme, first and foremost. At the beginning of the 21st century, the manner of awarding Cartes Blanches was changed. From now on, the designers submitted by the VIA Committee are invited to argue their case before a selection committee which then authorises them to submit a project proposal. The relevance of this project –which must deal with an issue connected with the development of the living environment linked to a place or an activity – determines whether a Carte Blanche will or will not be definitely awarded. In the ensuing development phase, the Carte Blanche winner must present reasons for, and explain, his project. So the Cartes Blanches are not only an honorary distinction underscoring a promising early career and establishing a reputation. They have become the equivalent of a contract focused on knowledge exchange and sharing with, as key, the manufacture of prototypes

centre accueille régulièrement en résidence des étudiants de toute l'Europe et des designers, qui, associés à une douzaine de techniciens, réinterprètent les savoir-faire et envisagent de nouvelles perspectives de développement.

Si être moderne tendait à privilégier la *tabula rasa* et à s'affranchir du contexte, le défi contemporain consiste désormais à penser les transformations dans l'épaisseur d'un *déjà-là*. Paradoxalement, le souci du monde invite à s'éloigner du général pour se focaliser sur le particulier. En même temps qu'il se recontextualise, l'acte créatif s'ancre dans des lieux, pénètre à nouveau le territoire par ses multiples entrées : sa mémoire sociale, son économie, ses ressources, ses savoir-faire, son échelle, son climat, ses capacités d'adaptation. La Consultation internationale de recherche et de développement sur le Grand Paris en témoigne. Des équipes pluridisciplinaires se sont penchées sur la ville non plus pour apporter les énièmes réponses visant à améliorer les grandes fonctions urbaines (transports, activité économique, habitat, loisirs, etc.), mais pour évaluer préalablement la porosité de chacune d'elles, leurs imbrications dans un système global.

Cette notion de territoire pourrait être également convoquée pour penser l'habitat en tant que système complexe de fonctions, traversé par des flux et indissociable d'un climat, voire d'une géographie[4]. Voici quelques années, le VIA a choisi cette orientation avec l'appui de différents designers et experts pour évaluer l'environnement des objets (aménagement, dispositif, mobilier, etc.) et explorer les nouvelles typologies induites par les pratiques, préoccupations et aspirations de nos contemporains. Pour ce faire, sans remettre en cause son mode d'organisation, le VIA a modifié l'esprit de certaines de ses missions, notamment celles concernant les aides à la création ou les relations avec le monde industriel.

La Carte blanche tout d'abord. Au tournant des années 2000, son mode d'attribution a été modifié. Les designers proposés par le Comité VIA sont invités à défendre leur candidature devant une commission de sélection qui les autorise à soumettre une proposition de projet. Sur la pertinence de ce projet – qui doit traiter d'une question relative à l'aménagement du cadre de vie lié à un lieu ou à une activité, dans une dimension prospective – sera ou non confirmée l'attribution définitive de la Carte blanche. Durant la phase de développement qui suit, le lauréat est tenu d'argumenter et de justifier son cheminement. Ainsi, cette Carte blanche n'est plus seulement une distinction honorifique venant souligner un début de carrière prometteur et asseoir une notoriété naissante. Elle est devenue l'équivalent d'un contrat qui mise sur l'échange et le partage de connaissances avec, à la clef, la réalisation de prototypes qui doivent permettre de vérifier des hypothèses, ouvrir des perspectives et favoriser le dialogue avec le monde industriel.

Les projets collectifs ensuite. Grâce à l'appui des délégations régionales de l'UNIFA se sont développées des opérations visant à fédérer industriels de l'ameublement inscrits dans un territoire et designers autour de projets de valorisation de natures diverses : valorisation des savoir-faire (les chaisiers de Lorraine), des ressources (le chêne de Bourgogne), d'un bassin de compétence (Pays-de-Loire) ou de l'éco-conception (Rhône-Alpes). La prise en compte du territoire, ici essentielle, questionne la singularité d'une histoire et sa prégnance sur l'actualité et le devenir de celui-ci. Lors de l'Appel spécifique de 2008 « Cuisine, usages, espace et nouvelles représentations », dix industriels du mobilier de cuisine et dix écoles de design (soit plus de deux cent cinquante personnes, dont deux cents étudiants) se sont mobilisées pour se questionner sur la cuisine en tant qu'activité et espace spécifique au sein de l'habitat. Un site internet créé pour cette occasion a permis de faire état, en temps réel, de l'avancée des réflexions devant l'ensemble de la communauté concernée. Au-delà des contingences du marché, il s'agissait de mettre en perspective cette activité et le lieu dans lequel elle se pratique, en prenant en compte l'ensemble des facteurs qui l'influencent : réalité sociale et pratiques sociétales, contextes économiques, contraintes architecturales, avancées technologiques et problématiques environnementales, sans oublier la dimension anthropologique, capable de situer le temps présent dans l'étendue de l'aventure humaine, à la fois historique et géographique.

Comment ces tâtonnements remettant en cause certains déterminismes socio-économiques peuvent-ils accéder au rang de modèles ? Selon John Thackara : « Nous travaillons à l'intérieur de communautés quasiment fermées sans que puissent circuler ni se juxtaposer les savoirs spécifiques propres à chacune d'entre elles. C'est ainsi que nous perpétuons un modèle de société pyramidal dans lequel les savoirs et les connaissances n'arrivent pas à pénétrer des contextes où ils pourraient être utilement employés [5]. » Les enjeux du temps nous obligent à sortir de nos univers clos pour adopter des démarches holistiques. Dans cette reconfiguration des rôles, cette remise à plat des méthodes et cet agencement de nouveaux dispositifs, le designer s'affirme comme intercesseur. Pour le VIA, tout reste toujours à inventer.

which must help to check out hypotheses, open up new avenues, and encourage dialogue with the industrial world.

Next, group projects. Thanks to support from the regional delegations of the UNIFA, operations have been developed which aim to encompass furniture manufacturers in a given territory and designers around various kinds of promotional projects: know-how and expertise (the chair makers of Lorraine), resources (Burgundian oak), pools of special skills (the Loire region) and eco-design (Rhône-Alpes). The fact of taking territory into account – an essential consideration here – challenges the specific nature of a history and its significance in terms of its current situation and its future. For the 2008 "Specific Calls", "Cuisine, usages, espace et nouvelles representations" [Kitchen, Uses, Space and New Representations], ten kitchen furniture manufacturers and ten design schools (i.e. more than 250 people, including 200 students) were involved in questioning the kitchen, or cuisine, as a specific activity and space within the home. A website created for the occasion helped to record, in real time, the progress of various lines of thought in relation to the whole of the community concerned. Over and above market contingencies, it was a matter of putting this activity into perspective, along with the place where it is conducted, taking into account all the concomitant factors: social reality and societal practices, economic contexts, architectural restrictions, technological advances and environmental issues, not forgetting the anthropological dimension, capable of situating present time in the vastness of the human adventure, both historical and geographical.

How can these tentative advances, challenging certain forms of socio-economic determinism, become models? "We are working within almost closed communities, where the knowledge specific to each one of them is unable to circulate or be compared. This is how we perpetuate a pyramidal model of society in which knowledge and know-how fail to penetrate contexts where they might be usefully deployed." [5] The challenges of time are forcing us to leave our closed worlds and adopt holistic approaches. In this recasting of roles, this review of methods, and this arrangement of new systems, the designer is coming across as an intercessor. For the VIA, everything is always to be invented.

1. « M. Foucault, les intellectuels et le pouvoir », dans Michel Foucault, *Dits et Écrits*, t. II : 1970-1975, Gallimard, coll. « Bibliothèque des Sciences humaines », 1994.
2. John Thackara, *In the Bubble : de la complexité au design durable*, Saint-Étienne, Cité du Design Éditions/Université de Saint-Étienne, 2008.
3. Voir *Les Langages de l'espace*, Valenciennes, École des beaux-arts/Ville de Valenciennes, 2009.
4. Au sujet de la Carte blanche 2009 attribuée à Philippe Rahm, voir *Les Aides à la création VIA*, catalogue, 2009, p. 13-44.
5. John Thackara, *op. cit.*

1. "M. Foucault, les intellectuels et le pouvoir", in Michel Foucault, *Dits et Écrits*, vol. 2: 1970–1975, (Paris: Éditions Gallimard, NRF, 1994).
2. John Thackara, *In the Bubble: de la complexité au design durable*, (Saint-Étienne: Cité du Design Éditions/Université de Saint-Étienne, 2008).
3. *Les langages de l'espace*, Édition École des beaux-arts et Ville de Valenciennes, 2009.
4. On the 2009 Carte Blanche 2009 awarded to Philippe Rahm, see *Les Aides à la création VIA*, catalogue, 2009.
5. John Thackara, op. cit.

Le VIA, une évolution stylistique
The VIA: A Development of Style

Patrick Favardin
Historien de l'art
Art Historian PhD

Since the VIA came into being, thirty years ago, it has been part and parcel of the history of design, acting as a huge laboratory of ideas and formal proposals, whose diverse range has established a special relationship with the definition of international and democratic design that had held sway for several decades.

From the Carte Blanche programme to the "Permanent Calls", a theoretical world has swiftly taken shape, under the aegis of interdisciplinarity and cultural relativism. This open-minded approach is not, *per se*, a victory of design over the seemingly restrictive logics of economic and mercantile mechanisms, but one of the effects of postmodern society. The same society which, in moving away from all notions of progress and universality, notes the end of history, the end of great utopias, and a design taking already existing aesthetic signs once more into account.

Such, indeed, is the approach to which the VIA's founders immediately laid claim. In the thick of arguments between post- and neo-moderns, the latter opted for a considered break with uniquely functionalist design resulting from a linear and progressive vision of art, and advocated a widespread freedom corresponding to a patchwork of cultural groups all claiming their differences of style and thought, and operating, to borrow François Barré's terminology, "within the scattered territories of networks and small communities, affinity-based or tribal, of encounters and expectations."[1]

In 1990, the exhibition "Les années VIA : 1980-1990" at the musée des Arts décoratifs offered a chance to draw up an initial report of the association's activities. In the interview he gave to the magazine *Intramuros* in 1990,[2] Jean-Claude Maugirard drew attention to the basic postulates for the promotion of a sector that, up until then, had been as costly as it was poorly disseminated. His intent was to replace the one-off work earmarked for an ideologically unified market by a diversity attuned to a market split up into so many pockets of designers and buyers. Thus it was that for the year 1982 alone, the VIA offered a Carte Blanche to Philippe Starck, who designed fourteen items of furniture which became as

Dès sa création, il y a trente ans, le VIA s'est inscrit dans l'histoire du design comme un vaste laboratoire d'idées et de propositions formelles, dont la diversité a établi un rapport singulier avec la définition du design international et démocratique qui prévalait depuis plusieurs décennies.

De la Carte blanche aux Appels permanents s'est affirmé d'emblée un univers théorique, placé sous le signe de l'interdisciplinarité et d'un relativisme culturel revendiqué. Cette démarche d'ouverture, n'est pas en soi une victoire de la création sur les logiques censément restrictives des mécanismes économiques et marchands, mais l'un des effets de la société postmoderne. Celle-là même qui, s'écartant de toute notion de progrès et d'universalité, constate la fin de l'histoire, la fin des grandes utopies et une création qui prend à nouveau en compte les signes esthétiques préexistants.

Telle est bien la démarche revendiquée par les fondateurs du VIA. En pleine période de polémiques entre post et néomodernes, ils optent pour une rupture réfléchie avec le design uniquement fonctionnaliste relevant d'une vision linéaire et progressiste de l'art, et prônent une liberté profuse correspondant à une mosaïque de groupes culturels revendiquant leurs différences de style et de pensée, et fonctionnant, selon la terminologie de François Barré, « dans les territoires épars des réseaux et des petites communautés, affinitaires ou tribales, de rencontre et d'attente[1]. »

En 1990, l'exposition « Les Années VIA : 1980-1990 » du musée des Arts décoratifs est l'occasion de dresser un premier bilan de l'activité de l'association. Dans l'interview qu'il accorde à la revue *Intramuros* en 1990[2], Jean-Claude Maugirard rappelle les postulats fondamentaux de la valorisation d'un secteur jusqu'alors aussi coûteux que faiblement diffusé. À l'œuvre unique destinée à un marché idéologiquement unifié, il entend substituer une diversité, en phase avec un marché fractionné en autant d'îlots de créateurs et d'acheteurs. C'est ainsi que pour la seule année 1982, le VIA offre une Carte blanche à Philippe Starck, qui dessine quatorze meubles devenant autant de prototypes (tous connaîtront un succès mondial). En 1982 sont exposés les travaux de Totem et Nemo, deux groupes ins-pirés du design italien d'avant-garde. Peu après, le show-room VIA de la place Sainte-Opportune ouvre ses portes avec une exposition retentissante de Garouste et Bonetti.

Preuve s'il en est de son ancrage postmoderne, le VIA se lance en 1984 avec ReCréation dans une stratégie qui ne consiste pas à rééditer mais bien à créer, tant il est vrai que la notion de recréation suppose une réinterprétation et une adaptation aux contraintes industrielles et commerciales comme aux aspirations du public. Le mouvement moderne n'avait pas ignoré cette démarche, mais il l'avait limitée aux traditions vernaculaires du mobilier. Ici, le panel des modèles est immense, à la (dé)mesure de l'histoire, mais d'une histoire privée de linéarité : le classique y côtoie le contemporain, le minimalisme le spectaculaire. Tous les pays et tous les âges sont conviés à la fête dans une profusion de styles et de matériaux où chacun puisera selon ses moyens et ses affinités.

Dans le domaine de la création, il est difficile de classer les objets produits par le VIA selon une typologie classique, moins en raison de leur diversité que d'un réel syncrétisme. Pour autant, les matériaux utilisés, leur mise en œuvre et leurs qualités esthétiques débouchent, comme l'écrit joliment Anne Cauquelin, sur des « bouquets de création » qui se réfèrent aux univers contrastés de la couture et de l'ethnologie, jusqu'à se situer parfois, avec dérision, dans le néo-fonctionnalisme, ou, avec plus de conviction, dans une métamorphose parodique du baroque. Il ne faudrait pas négliger, mais comme autant d'îlots parmi d'autres, d'authentiques créateurs modernes qui conservent toute leur liberté formelle, tels Olivier Mourgue ou Marc Held, créateurs confirmés des années 1960-1970, ou encore Jean-René Caillette - pour qui sera organisée une exposition rétrospective en 1991, « Quarante années de mobilier ». Sans oublier non plus des architectes de renom comme Jean Nouvel et Paul Chemetov, qui s'essayaient avec succès au design d'ameublement.

Néanmoins, le baroque est un âge et un lieu de prédilection du créateur postmoderne, surtout si on lui adjoint, au prix de quelques distorsions historiques, ce qu'il est convenu d'appeler le kitsch. Se trouvent ainsi satisfait un goût pour le second degré et le paradoxe, une transgression des codes traditionnels et – il faut bien le dire – une certaine complaisance égotiste en phase avec l'individualisme triomphant des années 1980.

Dans cette mouvance s'inscrivent assurément Garouste et Bonetti, couple emblématique de la période, promis à un immense succès international. S'ils symbolisent ce nouvel âge d'or de la décoration française, on ne saurait oublier Kristian Gavoille, Sylvain Dubuisson, Anne Liberati ou Sylvia Corrette. Plus posées et mâtinées de références ethniques sont les réalisations d'un Olivier Gagnère ou d'un Christian Astuguevieille. Toutefois, ces classifications sont plus commodes que réellement fondées. Outre qu'elles font côtoyer le bon et le moins

many prototypes (all of which would duly enjoy worldwide success). The year 1982 saw the exhibition of the works of Totem and Nemo, two groups inspired by avant-garde Italian design. Shortly thereafter, the VIA showroom on Place Saint-Opportune opened its doors with a resoundingly successful exhibition of Garouste and Bonetti.

In 1984, as proof, if ever there was, of its postmodern stance, the VIA plunged, with ReCréation, into a strategy which did not consist in re-producing, but in creating, it being a fact that the notion of re-creation presupposes a re-interpretation and an adaptation to industrial and commercial constraints as well as to the public's aspirations. The modern movement had not ignored this approach, but had restricted it to the vernacular traditions of furniture. Here, the array of models was immense, on a par with history, and then some, but a history without linearity: the classical rubbed shoulders with the contemporary, minimalism with the spectacular. All countries and all ages were invited to the party in a riot of styles and materials, where everyone would draw on their own wherewithal and their affinities.

In the field of design, it is hard to pigeonhole the objects produced by the VIA on the basis of any classical typology, less because of their diversity and their hybrid character than because of a real syncretism. Yet the materials used, their application and their aesthetic qualities led, as Anne Cauquelin so neatly puts it, to "clusters of design", referring to the contrasting worlds of fashion design and ethnology, even

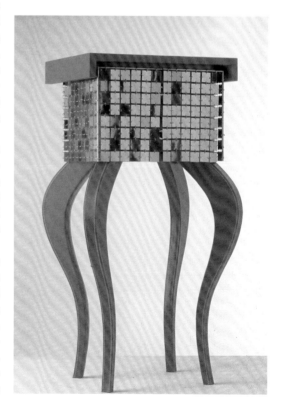

situated at times, derisively, in neo-functionalism, or, more convincingly, in a parodic metamorphosis of the Baroque. Not forgetting, but like so many pockets among others, authentic modern designers who have retained all their formal freedom, like Olivier Mourgue and Marc Held, experienced designers of the 1960s and 1970s, and Jean-René Caillette, whose retrospective, "Quarante années de mobilier", was held in 1991. Not forgetting, either, renowned architects like Jean Nouvel and Paul Chemetov, who have successfully tried their hands at furniture design.

But the Baroque is a favourite age and place for the postmodern designer, especially if we attach to it, at the risk of making the odd historical distortion, what is conventionally known as kitsch. Satisfaction is thus extended to a liking for the tongue-in-cheek and the paradox, a transgression of traditional codes and, let it be said too, a certain self-centred complacency aligned with the triumphant individualism of the 1980s.

This movement certainly embraced Garouste and Bonetti, an emblematic couple of the period, earmarked for huge international success. Although they symbolised the new golden age of French decoration, credit should also go to Kristian Gavoille, Sylvain Dubuisson, Anne Liberati and Sylvia Corrette. The works of designers like Olivier Gagnère and Christian Astuguevieille were more self-possessed and redolent of ethnic references. These classifications, however, are really more convenient than based on any real foundation. Apart from the fact that they mix the good with the not-so-good, they do not describe the complexity of the creative approach of the most gifted, aiming less at 'making' things postmodern than at giving the best of themselves on a resolutely contemporary path, though one imbued with references to the past. There was another stumbling-block, probably a more serious one, too: it would seem that in the early 1990s, despite undeniable successes – first and foremost among them a growing reputation for French design abroad – the VIA, in an ecumenical spirit, stepped up the number of Cartes Blanches and "Permanent Calls", now awarded not only to fully-fledged professionals, but also to delightful autodidacts. From this profusion issued special promotions in keeping with such a stance, but not always justified, and as a result quickly forgotten.

Without turning its back on its basic eclecticism, the VIA put an end to this casualness and linked back up with modernity which, under the name of neo-modernism, reflected the challenges tossed into the ring by postmodernism. The VIA had never actually disguised modern design, but what was involved here was, indeed, a shift from the postmodern to the neo-modern, encouraged by a change of direction and a generational renewal. The preface written by Gérard Laizé for the catalogue of the latest 2009 "Design Assistance" programme is enlightening in this respect. It makes a

bon, elles ne rendent pas compte de la complexité de la démarche créative des plus doués, qui visent moins à « faire » du postmoderne qu'à donner le meilleur d'eux-mêmes dans une voie résolument contemporaine, bien qu'empreinte de références au passé. Autre écueil, et sans doute plus grave : il semble qu'au début des années 1990, malgré d'indéniables réussites – au premier rang desquelles une notoriété accrue de la création française à l'étranger –, le VIA s'adonne par œcuménisme à une inflation des Cartes blanches et des Appels permanents, dont bénéficient véritables professionnels mais aussi sympathiques autodidactes. De cette profusion découlent des promotions révélatrices de cet état d'esprit mais pas toujours justifiées, et de ce fait vite oubliées. Sans renier son éclectisme fondateur, le VIA met un terme à ce laisser-aller

Sylvain Dubuisson
Fauteuil Aéro / *Aéro
armchair,* **1989**

et renoue avec une modernité qui, sous le nom de néo-modernisme, réfléchit aux défis lancés par le postmodernisme. En fait, le VIA n'avait jamais occulté le design moderne, mais c'est bien d'un basculement du postmoderne au néomoderne dont il s'agit, favorisé par un changement de direction et par un renouvellement générationnel. La préface écrite par Gérard Laizé pour le catalogue des dernières Aides à la création de 2009 est instructive à cet égard. Elle renoue avec la notion de progrès comme vecteur des nouveaux champs de création et prône l'adaptation des nouvelles technologies aux attentes du moment, le tout s'inscrivant dans le *continuum* historique de l'innovation.

Ce retour aux valeurs fondatrices du design n'a été possible qu'au prix d'une remise en question de la modernité. Tandis que les postmodernes postulent l'universalité de la différence, « les modernes, Jürgen Habermas en tête, postulent la réforme de l'universel en fonction de l'interaction des différences [3]. » Fidèle à sa philosophie du progrès, le néomodernisme doit inventer une esthétique qui, tout en réinterrogeant les formes produites depuis les années 1920, saurait s'enrichir des nouvelles orientations formelles propres à l'esprit du temps.

C'est ainsi que Ronan Bouroullec, Pierre Charpin, Patrick Jouin, Jean-Marie Massaud et Christophe Pillet, entre autres, ont relevé le défi. Cette jeune génération, rompue aux dernières technologies, a su assigner au design de nouveaux territoires et dépasser les vieilles querelles des années 1980. En phase avec le nouveau style international, dont l'architecture est le fleuron le plus convaincant, ils ont mis en place une esthétique syncrétique, résolument moderne et pleine d'optimisme. Cette

Marie Compagnon
Petite architecture
articulée Alphabet /
Alphabet small articulated
architecture, **2005**

orientation a été brillamment confirmée au début des années 2000 par l'arrivée dans l'écurie VIA de personnalités comme François Azambourg, Philippe Nigro et Matt Sindall.

Tout aussi remarquables sont les créations de Matali Crasset ou de Philippe Ruyant, d'un mobilier nomade suggérant les nouvelles pratiques domestiques d'une société en perpétuelle mobilité. Cette idée prend avec le tapis-abri de Marie Compagnon (Alphabet, Aide à projet de 2005) la valeur symbolique d'un monde fragilisé par la précarité.

Cette prise en compte des conditions de vie du XXIᵉ siècle naissant se confirme avec les deux Cartes blanches de Mathieu Lehanneur (2006) et de Philippe Rahm (2009). En prenant la pollution comme objet de réflexion, tous deux optent pour des sortes de poumons domestiques chargés de régénérer l'atmosphère intérieure, alors que le second y adjoint des objets participant d'une renaturalisation de l'habitat. Ce design atmosphérique souligne que « le changement climatique n'est pas un désastre qui menace, mais un *modus operandi*, un outil qui sert à faire de l'architecture [4] ».

connection with the notion of progress as a vehicle of new areas of design, and advocates the adaptation of new technologies to the expectations of the moment, the whole being incorporated within the historical continuum of innovation. This return to the fundamental values of design has only been made possible by questioning modernity. While the postmoderns postulated the universality of difference, "the moderns, headed by Jürgen Habermas, postulated the reform of the universal based on the interaction of differences".[3] Faithful to its philosophy of progress, neo-modernism must invent an aesthetic which, while re-questioning forms produced since the 1920s, will be enhanced by new formal orientations peculiar to the spirit of the times.

Thus it is that Ronan Bouroullec, Pierre Charpin, Patrick Jouin, Jean-Marie Massaud and Christophe Pillet, among others, have accepted the challenge. This young generation, well-grounded in the latest technologies, has managed to assign new territories to design, and refuses to get involved in the old tiffs of the 1980s. Attuned to the new international style –architecture being its most persuasive jewel – they have introduced a syncretic aesthetic that is resolutely modern and full of optimism. This direction was brilliantly confirmed in the early 2000s by the arrival in the VIA team of figures like François Azambourg, Philippe Nigro and Matt Sindall.

Just as outstanding are the designs of Matali Crasset and Philippe Ruyant, with nomadic furniture suggesting the new household activities of a perpetually moveable society. With Marie Compagnon's Alphabet shelter-rug (Petite architecture articulée, 2005 "Project Assistance" programme), this idea assumes the symbolic value of a world weakened by precarity.

This consideration of living conditions in the early 21ˢᵗ century has been confirmed by the two Cartes Blanches awarded to Mathieu Lehanneur (2006) and Philippe Rahm (2009). By taking pollution as their topic, both opt for kinds of household lungs responsible for regenerating the indoor atmosphere, while the latter adds objects that are part of a return to nature in the home. This atmospheric design emphasises the fact that "climate change is not a disaster in the offing, but a *modus operandi*, a tool that serves to make architecture".[4]

1. François Barré, « Les petits récits du temps présent », dans Sophie Anargyros, *Le Mobilier français 1980*, Paris, Éditions du Regard/VIA, coll. « Intérieurs », 1983, p. 2.
2. « Jean-Claude Maugirard. Du design de création comme jeu de formes, comme enjeu d'une nouvelle économie », *Intramuros*, nº 28, janv.-févr. 1990, p. 39.
3. Christian Ruby, *Le Champ de bataille postmoderne*, Paris, L'Harmattan, 1990, p. 219.
4. Justin McGuirk, « Design atmosphérique », *Les Aides à la création VIA 2009*, 2009, p. 26-27.

1. François Barré, " Les petits récits du temps présent", in Sophie Anargyros, *Le Mobilier français 1980*, (Paris: Éditions du Regard/VIA, coll. "Intérieurs", 1983), p. 2.
2. "Jean-Claude Maugirard. Du design de création comme jeu de formes, comme enjeu d'une nouvelle économie", *Intramuros*, no. 28, January-February 1990, p. 39.
3. Christian Ruby, *Le Champ de bataille post-moderne*, (Paris: L'Harmattan, 1990), p. 219.
4. Justin McGuirk, "Design atmosphérique", *Les Aides à la création VIA 2009*, 2009, pp. 26–27.

Les questions du style
Style Issues

Olivier Assouly
Responsable recherche et éditions, Institut français de la mode
Head of Research and Publication at the Institut français de la mode

« On ne partage pas ses gouffres avec autrui, seulement ses chaises. » René Char [1]

"One doesn't share one's abysses with others, just one's chairs." René Char [1]

It is through language that experiences and habits, customs and beliefs are constructed and justified. It is more than a mere notion to talk in terms of "creation" with regard to design, where the idea of applied art and decorative art has historically always referred to the technical concept of production. What is at stake behind this term and behind the word "style", far beyond the simple matter of designation? It would seem to be the growing confidence of a period in the creation and economic interest in a transformation of innovation, going hand-in-hand with a decline in faith in the future of industry as it was built up in the nineteenth and twentieth centuries. So instead of underpinning a social project, laid claim to by designers, design encompasses a lifestyle, and a way of being, isolated, based on satisfaction and gratification.

The René Char quote above says just this. It is clearly not futile to remind ourselves that the chair runs through the history of furniture, of sociability, and of the West, and through the history of design, in an emblematic way, and that its traditional use has even been downgraded by its consumption. The quote emphasises that the chair is on the side of decorum and propriety (*bienséance*), what it is right and proper to do and say, in accordance with the mores of the moment, but also of the "posterior" (*séant*), understood as a noun – the "behind" – which therefore refers design back to its function and thus to the quality of the seat, or the *séant*, this time understood in its adjectival meaning of "what is suitable, like a piece of clothing "suiting" someone. Now *séant* derives from the verb "*seoir*", to become or suit, which is only conjugated in the third person, suggesting that those who 'sit down' are somehow deprived of their first person "I". To the poet, hospitality, and sharing "just one's chairs", means that there is not actually a lot to share, just a mere chair, and that the essence of our ego remains elusive. This assigns design to the advantages of position and décor, leaving in the shadows the negative factor of moods and anxieties. And it just so happens that decor in Latin means, according to Gaffiot, "that which suits, that which is seemly": *décor* is appropriateness and what is right and proper, based on aesthetic norms which indicate ways of being and seeming.

C'est à travers la langue que se construisent et se légitiment les expériences et les habitudes, les usages et les croyances ; ce n'est pas rien de parler de « création » en matière de design là où la notion d'art appliqué ou d'art décoratif a historiquement toujours renvoyé au concept technique de production. Qu'est-ce qui se joue derrière ce vocable et derrière celui de « style », bien au-delà d'une simple question d'appellation ? Il semble que ce soit la confiance croissante d'une époque en la création et l'intérêt économique pour un avatar de l'innovation qui s'accompagnent, en même temps, d'un déclin de la foi en l'avenir de l'industrie telle qu'elle a été érigée aux XIXᵉ et XXᵉ siècles. Ainsi, au lieu de porter un projet de société dont les designers avaient pu se réclamer, le design recoupe un style de vie, une manière d'être, isolée, fondée sur la satisfaction et la jouissance.

La citation de René Char en exergue ne dit que cela. Évidemment, il n'est pas inutile de rappeler que la chaise traverse l'histoire du mobilier, de la sociabilité, de l'Occident, et celle du design de façon emblématique, que son usage traditionnel est même déclassé par sa consommation. La citation souligne que la chaise est du côté de la bienséance (ce qu'il convient de faire ou de dire selon les mœurs), mais aussi du « séant » pris en tant que substantif (qui signifie « derrière », renvoyant le design à sa fonction et donc à la qualité de son assise) ou encore du « séant », cette fois pris dans le sens de l'adjectif indiquant « ce qui convient à », comme « aller bien » pour un vêtement. Or « séant » renvoie au verbe « seoir », lequel ne se conjugue qu'à la troisième personne, laissant penser que ceux qui s'assoient sont privés, en quelque sorte, de leur « je ». Pour le poète, l'hospitalité, partager « seulement ses chaises », signifie qu'il y a peu à partager, pas plus qu'une chaise, et que l'essence de notre moi demeure insaisissable. Cela assigne le design au bénéfice de la position et du décor, laissant dans l'ombre le négatif des humeurs et des angoisses. Et justement, *decor* en latin signifie, selon le Gaffiot, « ce qui convient, ce qui est séant » : le décor est convenance et bienséance, en fonction de normes esthétiques qui indiquent des manières d'être et de paraître.

En outre, le décor va au-delà de l'ornement parce qu'il indique la manière d'être du séant sur la chaise, dessinant et rationalisant sa fonction, indiquant aussi que toute position sur une chaise relève d'une codification sociale et que le confort ou l'ergonomie sont encore une autre affaire. En effet, les objets sont des manières de se confronter *convenablement* à autrui, au risque de rester aux portes du « gouffre », selon le terme de René Char. Nous pressentons que les enjeux du style dépassent la seule contemplation esthétique.

Le design, qui s'appuie pourtant sur l'utile, qualifie moins son activité comme une production que comme une création, redonnant ainsi corps au style – défini par des redondances aléatoires ou constantes et traditionnel repoussoir face à la mode –, dont il paraissait affranchi dans un premier temps. La disqualification du style tient à plusieurs raisons qui, il est vrai, tournent sensiblement autour de la dénonciation du caractère mensonger des apparences. Pour autant que l'esthétique corresponde à la négation de l'objet technique et social, le discrédit stylistique est l'indice d'une possible négation des usages au profit du paraître, de la communication. De surcroît, le style des objets se comprend aussi comme commandant un « style de vie » convenable que les designers inscrivent au cœur des objets, à l'aune notamment du consumérisme du design industriel. En ce sens, le style se ramène à un mode d'adoption des objets qui renvoie le design autant du côté de leur production que de leur consommation. C'est à ce point que se noue une jonction entre une partie du design et la mode : cette dernière étant basée sur une manière de consommer qui rend le produit destructible indépendamment de sa dégradation naturelle.

Du point de vue de l'articulation économique du design, l'option stylistique est particulièrement avantageuse, garantissant au producteur une limitation de la part des investissements technologiques au bénéfice de variations formelles. Ce schéma implique l'intégration croissante des caprices de l'individu, en termes de nouveaux usages ou d'expériences sensorielles, dès l'élaboration des objets. Mais si le consommateur est à ce titre le centre de gravité du design, dans la mesure où les productions sont programmées en fonction d'une anticipation de ses opinions, il n'en reste pas moins vrai que les incitations à la création entrent elles-mêmes en résonance avec un besoin d'excitabilité croissant de la sensibilité nécessaire pour doper la consommation.

Ici, il est moins question des objets que de leur style, et ainsi d'un style propre aux produits standardisés, dans l'optique d'une consommation à grande échelle. Le style est chargé, selon Georg Simmel, de faire entrer « les contenus de la vie et de l'activité de la personne dans une forme partagée avec le grand nombre et accessible à celui-ci[2] ». En face d'une œuvre d'art, le style nous intéresse d'autant moins qu'elle exprime le caractère unique et subjectif du producteur, en s'adressant à la dimension la plus personnelle du spectateur. Étant un monde qui se suffit à lui-même, l'œuvre d'art n'a pas besoin de s'insérer à la vie des autres. Avec la production de mobiliers et de vaisselles, d'automobiles et de vêtements, qui va s'adresser au grand nombre, il est vain de chercher dans le style l'expression unique d'une âme. Seul doit ressortir un sentiment, un climat plus large, historique et

What is more, décor goes beyond ornament because it indicates the way the behind is seated on the chair, tracing and rationalising its function, and also indicating that any position on a chair comes within a social coding, and that comfort and ergonomics are something else altogether. Objects are indeed ways of *appropriately* confronting others, at the risk of remaining at the mouth of the "abyss", to use René Char's word. We have a hunch that the challenges of style go beyond mere aesthetic contemplation.

Design, which nevertheless relies on the useful, or utilitarian, describes its activity less as a production than as a creation, thus restoring body to style – defined by random and/or constant superfluities and a traditional foil to fashion – from which it seemed, initially, to be free. There are several reasons behind the disqualification of style, and, it is true, they revolve perceptibly around the denunciation of the mendacious character of appearances. As far as aesthetics tally with the negation of the technical and social object, stylistic discredit is the clue to a possible negation of uses in favour of appearance and communication. In addition, the style of objects is also understood as commanding a suitable 'lifestyle' which designers place at the heart of objects, using the yardstick, in particular, of the consumerism of industrial design. In this sense, style reverts to a way of adopting objects, referring design as much to object production as to object consumption. This is where there is a link between a part of design, and fashion, the latter being based on a consumer habit which renders the object destructible, independently of its natural deterioration.

From the viewpoint of the economic articulation of design, the stylistic option is especially advantageous, guaranteeing the producer a limitation on the part of technological investments in favour of formal variations. This scheme involves the growing inclusion of the individual's whims, in terms of new uses and sensorial experiences, as soon as the objects have been formulated. But if the consumer is, by this token, the centre of gravity of design, insofar as productions are programmed on the basis of his/her anticipated opinions, it is no less true that exhortations to create are themselves attuned to a growing need for excitability with regard to the sensibility required to boost consumption.

Here, it is less a matter of objects than their style, and thus of a style suited to standardised products, with a view to large-scale consumption. Style, according to Georg Simmel, has the task of putting "the contents of the person's life and activities within a form shared with as many people as possible, and accessible to them"[2]. Faced with a work of art, style interests us even less because the work of art expresses the unique and specific character of the producer, broaching the viewer's most personal dimension. As a world which is sufficient unto itself, the work of art does not need to fit into the lives of others. With the production of furniture and crockery, cars and clothes, geared towards the masses, it is futile to seek in style the unique expression of a soul. All that should emerge is a feeling, a wider climate, both historical and social, once again a sort of appropriateness and spirit of seemliness, which enables style to become incorporated into the existence of a large number of people. While maintaining the illusion of the individual as a vital framework for aesthetic appreciation, style is what goes beyond the uniqueness of the person. In this sense, by giving utilitarian products an aesthetic aura – a fine example being the chair – it is a matter of generating styles which are as easily integrated as they are quickly dismantled, simply because of their generality. The speed of both integration and disaffection overlaps with speeded-up consumption cycles, and forces people to favour conditions whereby goods are absorbed as quickly as possible.

The issue of style can find no expedient in the weakened borderline between work of art and decorative object, between the beautiful and the useful or utilitarian, between form and function. Paul Valéry showed that it was not only fashion which had got to grips with art but that art itself, with Romanticism, has freed itself from the age-old requirements of creation to give free rein to productions in unison with the rapid rate of consumption. Thus it is that "Fashion, which is the high-frequency change of a clientele's taste, substituted its essential mobility for the slow formation of styles, schools, and fame and fortune".[3] This loosening of the artistic canons equally encouraged the inclusion of the properties of art in the industrial object. "But how would a *style* come to be […]," wrote Paul Valéry, "when impatience, speed of execution, and the sudden variations in technique all put pressure on works, and when the condition of *novelty* has been demanded for a century by every manner of production?".[4] Art is thus condemned to a system of successive breaks and variations, a proliferation of styles, an encounter with style, which are then assimilated by design and the industrial sector. But while meeting symbolic and creative aspirations, industry can also, in its own way, cultivate particular creative movements.

It is worth noting that the presence of style, essential to the process of civilization and the development of culture, must be neither excluded in the guise of consumerist hijack, nor reduced to a bygone age of so-called artistic creation. It has to do with manufactured objects like all arrangements between the human and the artificial. In addition, if one of the features of industry has been, from the word go, to fight against craftsmanlike individuation, as if to stifle the ancestral chair, the bias towards standardisation already represents, in itself, a stylistic modality, in the very erasure of individuality, instead of putting it in pride of place, the way the artist does.

social, à nouveau une sorte de convenance ou d'esprit de bienséance, qui permet au style de s'incorporer à l'existence d'un grand nombre de personnes. Tout en maintenant l'illusion de l'individu comme cadre indispensable à l'appréciation esthétique, le style est ce qui dépasse l'unicité de chacun. En ce sens, en auréolant de qualités esthétiques des produits utilitaires – comme, de façon exemplaire, la chaise –, il s'agit de générer des styles aussi facilement assimilables que rapidement détachables en raison même de leur généralité. La rapidité, tant d'intégration que de désaffection, coïncide avec les cycles accélérés de consommation et contraint à privilégier les conditions d'absorption des marchandises dans les meilleurs délais.

La question du style ne peut trouver un expédient dans la frontière ébranlée entre l'œuvre d'art et l'objet décoratif, entre le beau et l'utile, entre la forme et la fonction. Paul Valéry a montré que ce n'est pas seulement la mode qui s'est saisie de l'art, mais que l'art lui-même, avec le romantisme, s'est affranchi des exigences séculaires de création pour donner libre cours à des productions à l'unisson de la vélocité des consommations. C'est ainsi que « la Mode, qui est le changement à haute fréquence du goût d'une clientèle, substitua sa mobilité essentielle aux lentes formations des styles, des écoles, des grandes renommées[3] ». Ce relâchement des canons artistiques aura favorisé d'autant l'insertion des propriétés de l'art à l'objet industriel. « Mais comment se ferait un *style* […], écrit Paul Valéry, quand l'impatience, la rapidité d'exécution, les variations brusques de la technique pressent les œuvres, et quand la condition de *nouveauté* est exigée depuis un siècle de toutes les productions dans tous les genres[4] ? » L'art se condamne ainsi à un régime de ruptures et de variations successives, à une profusion des styles, à l'encontre du style, qui sont ensuite assimilés par le design et le domaine industriel. Mais tout en répondant à des aspirations symboliques et créatrices, l'industrie peut aussi cultiver, à sa façon, des mouvements propres de création.

Il faut remarquer que la présence du style, essentielle au processus de civilisation et au développement de la culture, ne doit ni être exclue sous couvert de détournement consumériste, ni se réduire à un âge révolu de la création dite artistique. Elle concerne les objets manufacturés comme l'ensemble des agencements entre l'humain et l'artificiel. De surcroît, si une des caractéristiques de l'industrie aura été, au départ, de lutter contre l'individuation artisanale, comme pour faire taire la chaise des aïeux, le parti pris de la standardisation constitue déjà en soi une modalité stylistique, dans l'effacement même de l'individualité, au lieu de la mettre en vedette comme le fait l'artiste.

1. René Char, *Fenêtres dormantes et portes sur le toit*, Œuvres complètes, (Paris: Gallimard, Bibliothèque de la Pléiade, 1983), p. 607.
2. Georg Simmel, *Secret et sociétés secrètes*, (Paris: Circé, 2000), p. 56.
3. Paul Valéry, "Corot (1932)", *Pièces sur l'art* [1938], (Paris: Gallimard, Bibliothèque de la Pléiade), vol. 2, p. 1321.
4. Paul Valéry, *Sur la crise de l'intelligence* [1925], (Paris: Gallimard, Bibliothèque de la Pléiade), vol. 1, p. 1044.

1. René Char, *Fenêtres dormantes et portes sur le toit*, *Œuvres complètes*, Paris, Gallimard, « Bibliothèque de la Pléiade », 1983, p. 607.
2. Georg Simmel, *Secret et sociétés secrètes*, Paris, Circé, 2000, p. 56.
3. Paul Valéry, « Corot (1932) », *Pièces sur l'art* [1938], Paris, Gallimard, « Bibliothèque de la Pléiade », t. II, p. 1321.
4. Paul Valéry, *Sur la crise de l'intelligence* [1925], Paris, Gallimard, « Bibliothèque de la Pléiade », t. I, p. 1044.

L'économie de l'immatériel
The Economy of the Immaterial

Pascal Morand
Directeur général, ESCP Europe
Managing Director ESCP Europe

L'économie de l'immatériel est entrée dans les mœurs et étend toujours plus son emprise sur les consommateurs, les entreprises, les citoyens. Cette assertion peut interpeller alors même que nous sommes envahis de produits et objets de toutes sortes, dont le rythme de renouvellement ne cesse de s'accélérer, ce qui semblerait attester d'un matérialisme toujours plus accentué ? Aller plus avant suppose de distinguer deux types d'immatériel. L'immatériel de la cognition se rapporte à l'impact des nouvelles technologies de l'information et de la communication, à la mise en place de l'économie numérique et du *digital lifestyle* ; il va de pair avec la dématérialisation de la production. L'immatériel de l'imaginaire, lui, a trait aux représentations façonnées par l'histoire et la culture, et se nourrit continûment des mythologies, des aspirations contemporaines, du marketing, des marques et de la créativité.

Ces registres différents, mais complémentaires, sont en interaction permanente. L'immatériel de la cognition relève d'un univers rationnel bénéficiant d'un cumul des connaissances, d'une mémorisation et d'une propagation largement facilitées, où la vérité d'une chose interdit qu'il en soit de même pour son contraire. À l'inverse, l'immatériel de l'imaginaire engage l'émotionnel, où créativité et traditions s'entremêlent, comme le font cultures et mondialisation, où la vérité perd son caractère monolithique pour présenter de multiples facettes. Cela ne veut pas dire que l'immatériel de l'imaginaire se réduit à une subjectivité impalpable, car ce qui importe est l'usage adéquat des codes et des langages conditionnant la communication avec les consommateurs, la force et la cohérence du récit et de l'environnement dans lequel l'imaginaire est communiqué et déployé.

Rien n'échappe à l'immatériel désormais, des produits et services dont nous disposons jusqu'à la manière dont nous les échangeons, des « bonnes » marques auxquelles nous aspirons aux réseaux sociaux qui nous réunissent, des achats-plaisirs qui nous égayent à la consommation durable qui nous responsabilise.

Comment en est-on arrivé là ? Certains romans des années 1920 ou 1930, par exemple, tout au moins lorsqu'ils portent sur la vie

The economy of the immaterial is now part of everyday life, and is increasingly extending its hold on consumers, businesses and citizens. Such an assertion may exercise us, at a time when we are being invaded by every manner of product and object, whose pace of renewal is forever quickening – which would seem to point to an ever more emphatic materialism. Taking things a step further presupposes making a distinction between two types of immateriality. The immateriality of cognition has to do with the new technologies of information and communication, and the establishment of the digital economy and the digital lifestyle; it goes hand in glove with the dematerialisation of production. The immateriality of the imagination, for its part, has to do with representations fashioned by history and culture, and is continually informed by mythologies, contemporary aspirations, marketing, brands, and creativity.

These different but complementary keys are permanently interacting. Cognitive immateriality comes from a rational world with the advantages of cumulative knowledge, memorisation and propagation, all much facilitated, where the truth of something prohibits that the same should apply to its opposite. Conversely, imaginary immateriality involves the emotional, where creativity and traditions intermingle, as do cultures and globalisation, where truth loses its monolithic character and presents many different facets. This does not mean that imaginary immateriality is reduced to an intangible subjectivity, because what matters is the compatible use of codes and languages conditioning communications with consumers, and the power and coherence of the narrative and environment in which the imagination is communicated and deployed.

Henceforth nothing escapes from the immaterial, from the goods and services at our disposal to the way we exchange them, from the 'good' brands to which we aspire to the social networks which keep us together, from the pleasures of purchases which brighten our lives to the sustainable consumerism which makes us aware of our responsibilities.

How have we got to this juncture? Certain novels of the 1920s and 1930s, for example – at least when they have to do with the lives of the well-to-do – already describe worlds that are familiar to us, especially where forms of transport and communication are concerned, with the telephone becoming an everyday phenomenon – that "wonderful fairyland", to borrow Proust's words. But after the end of the Second World War, the economy took off, for the consumer's appetites had entailed a growth making our society richer and, for a long time, more confident. The method of regulation underpinning it was Fordism. This remarkably effective economic mechanism, whereby employees became customers, developed around the two pillars of this new way of life: the automobile and household appliances.

Two major changes paved the way for the advent of the economy of the immaterial, which was never actually announced as such. In the 1960s, the arrival of the post-industrial society, reducing the relative share of "manufacturing equipment" in favour of the service industries (the tertiary sector), without making any real break with Fordism, or distorting what would remain the economy's driving force, improved gains in productivity and permitted the emergence of new areas of activity. Consumption continued to wax, even as it underwent its first challenges with the undertakings of the Club of Rome and the beginnings of the alternative movement. It lay at the heart of the economic policy, whose concepts of reference had borrowed from Keynesianism the essential role it could play. With the post-industrial society also came the extension of the concept of production, evident from the development of national accountability, which embraced commercial services in production before extending it to non-commercial services in 1976. Saying that production is everywhere is tantamount to saying that it is nowhere, as Jean Baudrillard observed. This disembodiment of production tended to erode the distinction between material and immaterial, although industrial production, in the strict sense, was still very present.

In other respects, the growing importance of publicity and communications also embodied the forward march of the immaterial factor, since both consist in embracing the primary, or supposed primary function of goods and services in a set of features which make way for the projection of imaginations. The more consumption grew, the more advertisements gave way to publicity, the more the simple end purpose of meeting needs extended to the norm of ambient consumerism. More than a century ago, the American economist Thorstein Veblen (1857–1929) described the symbolic mainsprings of the "leisure class"; on this point, too, Fordism had been at work and extended their areas of application, using a language that varied in time and space, but whose decoding tools were described by Roland Barthes in his book *Mythologies*. The cultural capitalism highlighted by Jeremy Rifkin started to glimmer on the horizon. It was based, in particular, on films produced during the golden age of Hollywood, which brought pleasure and stimulation to citizen/consumers. "To each his desire" thus became the golden rule of capitalism, a slogan

des classes aisées, décrivent déjà des univers qui nous sont familiers, notamment s'agissant des modes de transport ou de communication, avec la banalisation du téléphone, cette « admirable féérie » selon le mot de Marcel Proust. Mais après la fin de la Seconde Guerre mondiale, l'économie a pris son envol, l'appétit de consommer ayant entraîné une croissance qui a rendu notre société plus riche et longtemps plus confiante. Le mode de régulation sous-jacent en a été le fordisme. Ce mécanisme économique d'une redoutable efficacité, par lequel les salariés devenaient les clients, s'est développé autour des deux piliers de ce nouveau mode de vie : l'automobile et l'électroménager.

Deux mutations importantes ont préparé l'avènement de l'économie de l'immatériel à défaut de l'annoncer. Dans les années 1960, l'arrivée de la société postindustrielle, réduisant la part relative du « matériel manufacturier » au profit du tertiaire – sans constituer de véritable rupture par rapport au fordisme, ni dénaturer ce qui demeure le moteur de l'économie, – améliora les gains de productivité et permit l'émergence de nouveaux métiers. La consommation continua de gonfler, alors même qu'elle subissait ses premières remises en question avec les travaux du Club de Rome et les prémices du mouvement alternatif. Elle était au cœur de la politique économique, dont les concepts de référence avaient emprunté au keynésianisme le rôle essentiel qu'elle peut y revêtir. Avec la société post-industrielle vint aussi l'extension du concept de production, dont témoigna l'évolution de la comptabilité nationale, qui engloba les services marchands dans la production avant de l'étendre aux services non-marchands en 1976. Dire que la production est partout revient à dire qu'elle n'est nulle part, comme l'indiquait Jean Baudrillard. Cette désincarnation de la production tendit à éroder la distinction entre matériel et immatériel, bien que la production industrielle au sens strict fût encore très présente.

D'autre part, l'importance grandissante de la publicité et de la communication a également incarné la progression du facteur immatériel, puisque toutes deux consistent à englober la fonction première ou supposée telle des produits et services dans un ensemble d'attributs qui laisse place à la projection des imaginaires. Plus la consommation s'amplifiait, plus la réclame cédait place à la publicité, plus la simple finalité de la satisfaction des besoins s'étendait à la norme de consommation ambiante. Il y a plus d'un siècle, l'économiste américain Thorstein Veblen (1857-1929) avait déjà décrit les ressorts symboliques de la « classe de loisirs » ; sur ce point aussi le fordisme a œuvré et étendu leurs champs d'application, selon un langage qui a varié dans le temps et l'espace mais dont Roland Barthes donna dans ses *Mythologies* les outils de décryptage. Le capitalisme culturel mis en exergue par Jeremy Rifkin commençait à poindre à l'horizon. Il s'appuyait notamment sur les films produits durant l'âge d'or hollywoodien, qui apportèrent plaisir et stimulation aux citoyens/consommateurs. « À chacun selon son désir » devint ainsi la règle d'or du capitalisme, phrase prise au pied de la lettre par les générations arrivant à l'âge adulte dans les années 1960 et aux fondements de l'hédonisme contemporain. Ainsi le visage de l'immatériel de l'imaginaire commença-t-il à prendre forme.

Pour que surgisse l'immatériel en tant que mode de régulation économique et social, il manquait un troisième pilier : celui des nouvelles technologies de l'information et de la communication. Dans les années 1990, elles donnèrent lieu à une révolution économique, car elles déclenchèrent une désagrégation de la chaîne de valeur (ensemble des étapes du processus de production et de commercialisation) au sein des entreprises, générant ainsi une volatilité permanente de la production et des approvisionnements et une nouvelle vague de mondialisation. La production industrielle finit de se désintégrer, pour se fondre dans la gestion de la chaîne logistique (*supply chain*). Internet transforma par ailleurs, dans les années 2000, les champs de la consommation, de la visibilité des marques et des marchés. Les nouveaux lieux et modes d'échange donnèrent naissance à une virtualité croissante, en parallèle certes d'un merchandising visuel affirmant sa puissance. Sur un autre plan, s'est instauré un mode d'action et de pensée qui banalise la vitesse et la simultanéité pour toutes les activités, d'un espace à l'autre, d'un réseau social à l'autre.

La conjonction du faible niveau des secteurs primaires et secondaires dans les économies des pays développés, de l'omniprésence des marques et du capitalisme culturel, et des nouvelles technologies de l'information et de la communication, a exacerbé la part de l'immatériel et de l'intangible. Ce qu'on peut appeler l'*immatérialisme* s'est ainsi substitué au fordisme. Ce même terme fut autrefois utilisé par George Berkeley, philosophe irlandais (1685-1753), une référence historique qui fait sens puisque l'on retrouve dans les deux cas, à plusieurs siècles d'intervalle, quoique sur un mode différent, l'idée que la réalité n'existe pas, et qu'il est donc chimérique de prétendre la saisir. Dans l'immatérialisme contemporain, il n'y a pas de vérité économique, mais une production désincarnée, une mobilité virtualisée et une séduction des consommateurs sans cesse renouvelée. Dans ce contexte, les industries créatives (design, mode, architecture, cinéma, communication, publicité, etc.), constituant un champ d'exacerbation du désir, de l'émotion, du partage, et du nouveau mode de vie, redéfinissent l'innovation qui se doit d'être générale, permanente et ouverte en parallèle à l'importance variable des paramètres de compétitivité et de développement. Nombre de succès majeurs contemporains (iPhone, Fiat 500, Zara, etc.) sont le fruit d'une combinaison axée sur la sensibilité mode et design, intégrée à une démarche d'innovation globale.

Ajoutons que certaines des questions économiques actuelles, telle l'angoisse d'une balance commerciale gravement déficitaire, devraient être rattachées à ce changement de paradigme. Pourquoi manufacturer un produit lorsqu'il peut l'être ailleurs à moindre coût ? Mais alors comment le corps social dans son ensemble peut-il s'adapter à cette nouvelle donne ? Plus géné-

taken literally by the generation reaching adulthood in the 1960s, and lying at the root of contemporary hedonism. In this way did the face of imaginary immateriality start to take shape.

For the immaterial to emerge as a method of economic and social regulation, a third pillar was called for: that of the new information and communication technologies. In the 1990s, the latter gave rise to an economic revolution, because they triggered an unbundling of the value chain (the set of stages in the production and marketing process) within companies, thus generating an ongoing volatility in production and supply, and a new wave of globalisation. Industrial production ended up falling part, and then merging with the management of the supply chain. In the 2000s, furthermore, the Internet transformed the fields of consumerism, brand visibility and markets. The new forums and methods of exchange gave birth to a growing virtuality, in parallel, needless to say, with a visual merchandising asserting its potency. On another level, a manner of acting and thinking was introduced which trivialised speed and simultaneity for all activities, from one space to the next, and from one social network to the next.

The conjunction of a) the low level of the primary and secondary sectors in the developed countries' economies, b) the ubiquity of brands and cultural capitalism, and c) the new information and communication technologies heightened the share of the immaterial and the intangible. What might be called *immaterialism* thus replaced Fordism. This same term was used at a much earlier juncture by the Irish philosopher George Berkeley (1685–1753), an historical reference that makes sense because, in both instances, though several centuries apart, and in a different way, we find the idea that reality does not exist, and that it is therefore fanciful to claim to grasp it. In contemporary immaterialism, there is no economic truth, but rather a disembodied production, a virtualised mobility and a tireless seduction of consumers. In this context, creative industries (design, fashion, architecture, film, communications, advertising, etc) represent a field where there is a heightening of desire, emotion, sharing and the new life style, and re-define innovation, which must be general, ongoing and open, in tandem with the variable importance of the parameters of competitiveness and productivity. Many major contemporary successes, such as the iPhone, Fiat 500 or Zara, are the outcome of a combination focused on the fashion-and-design sensibility, and incorporated within an approach involving global innovation.

Let us add that some present-day economic issues, like anxiety over a balance of trade very much in the red, should be linked to this switch of paradigms. Why manufacture a product when it can be made elsewhere more cheaply? But then how can the social corpus, as a whole, adapt to this new deal? More generally, if regulation by way of immaterialism is a must, this presupposes that there be clear and coherent answers to the challenges posed by the general rise and adaptation of skills and talents in a world of unpredictability and opportunities, where the development of intellectual property is as essential as it is mishandled, and where ambitious policies adapted to national contexts are defined.

If American Fordism is in its death throes, the United States is striving to back up its advances in terms of cognitive immateriality, symbolised by the driving force of Silicon Valley, while the endlessly renewed power of Hollywood capitalism lends it considerable influence and soft power throughout the world. Japan is applying its 'cool Japan' policy (design, film, mangas, etc.), complementing its great propensity for technological innovation. In Europe, Great Britain is focusing its approach towards innovation on the creative industries. Finland is asserting its policy in the areas of design, fashion and architecture, while combining them with scientific and technological innovation, Nokia being a good example. France, which is well positioned in the areas of fashion, luxury goods and design, as it is in the conception of innovative technological systems, has the advantage of its cultural heritage as a back-up to creativity. Italy has broadly based its economic growth on the capacity of its districts to advantageously combine imaginary immateriality and industrial craftsmanship, and defined as "cultural" the various consumer goods industries which have contributed to its success. Germany is using its solid "Made in Germany" reputation to alter its marketing policy (branding), reorganising its production system at the same time. Where the European Union is concerned, the decision to make 2009 the year of innovation and creativity tallies with the desire to develop the economy of the immaterial. Lastly, on other continents, things are also evolving very fast: China and India are doing their utmost to make up for lost time so that their immaterial capacity can dazzle every bit as much as their material might, and Brazil is making no mystery of its strong reliance on its creative potential.

In coming decades, the advent of nano-technologies should transfigure and at the same time enlarge immaterialism, while sustainable development, especially through its environmental dimension, will drastically change the deal. It would be illusory to think that immaterialism will burst, bubble-like, and that it will be followed by new forms of consumerism, production and regulation, rooted in a reinstated reality. The economy of the immaterial is thus casting a shroud, but without glossing anything over; it is softening customs and habits while threatening them, but, whatever else may happen, it is offering people more opportunities, and will continue to do so, provided people are attached to their culture, their creativity, and to a refashioned socialisation, and as long as they are prepared to live with their day and age.

ralement, la régulation par l'immatérialisme, si elle est incontournable, suppose que soient apportées des réponses claires et cohérentes à différents enjeux : l'élévation et l'adaptation générales des compétences et talents dans un univers d'imprévisibilité et d'opportunités, le devenir de la propriété intellectuelle aussi essentielle que malmenée et la définition de politiques ambitieuses adaptées aux contextes nationaux.

Si le fordisme américain est à l'agonie, les États-Unis s'efforcent de conforter leur avance en matière d'immatériel de la cognition, symbolisée par le rôle moteur de la Silicon Valley, tandis que la puissance toujours renouvelée du capitalisme hollywoodien leur confère un rayonnement et une emprise (soft power) considérable de par le monde. Le Japon déploie sa politique du cool Japan (design, cinéma, mangas, etc.) qui complète sa grande propension à l'innovation technologique. En Europe, la Grande-Bretagne centre son approche de l'innovation sur les creative industries. La Finlande affirme sa politique en matière de design, de mode et d'architecture, tout en les combinant à l'innovation scientifique et technologique, à l'instar de Nokia. La France, bien positionnée dans les domaines de la mode, du luxe et du design, comme dans la conception de systèmes technologiques innovants, bénéficie de son patrimoine culturel comme soutien à la créativité. L'Italie a largement fondé son développement économique sur la capacité des districts à combiner avantageusement immatériel de l'imaginaire et artisanat industriel, et a défini comme « culturelles » les industries de biens de consommation qui ont contribué à son succès. L'Allemagne s'appuie sur la solide réputation du « made in Germany » pour faire muter sa politique marketing (branding) tout en réorganisant son système de production. Au niveau de l'Union européenne, la décision de faire de 2009 l'année de l'innovation et de la créativité répond au souhait de développer l'économie de l'immatériel. Enfin, sur d'autres continents, les choses évoluent très vite également : la Chine et l'Inde s'efforcent de brûler les étapes afin que leur capacité immatérielle brille autant que leur puissance matérielle et le Brésil ne fait pas mystère de ses investissements sur son potentiel de créativité.

Dans les prochaines décennies, l'arrivée des nanotechnologies devrait transfigurer l'immatérialisme tout en l'amplifiant, tandis que le développement durable, particulièrement à travers sa dimension environnementale, bouleversera la donne. Il serait illusoire de penser que l'immatérialisme éclatera comme une bulle, et que lui succèderont de nouvelles consommations, productions et régulations, ancrées dans une réalité restituée. L'économie de l'immatériel jette ainsi un voile sans rien occulter, adoucit les mœurs tout en les précarisant, mais offre quoi qu'il en soit davantage d'opportunités aux hommes, et continuera de le faire, pour peu qu'ils soient attachés à leur culture, à leur créativité, à une socialisation remodelée, et disposés à vivre avec leur temps.

Chronique du VIA et focus VIA's Chronicle and Focuses

Chronique du VIA
VIA's Chronicle

Anne Bony
Historienne du design
Design Historian

Avant le VIA

En 1964, la situation de l'industrie du meuble en France n'est pas à la hauteur des innovations italiennes – révélées dès 1961 par la création du Salon du meuble de Milan –, de la popularité du meuble moderne dans les pays scandinaves et des menaces d'IKEA ou d'Habitat (le premier magasin de Terence Conran ouvre à Londres cette même année). Une fois passée l'euphorie des années pop et de leurs expérimentations sans guère de lendemains industriels (plastique, gonflable, carton), la profession doit se redresser et rééquilibrer le déficit budgétaire. Aussi le Premier ministre Georges Pompidou exprime-t-il cette année-là la volonté de soutenir l'ARC (Atelier de recherche et de création) du Mobilier national, pour ne pas laisser aux Italiens le monopole et intégrer la création française dans le secteur du mobilier au cœur de sa politique culturelle, alors sous le ministère d'André Malraux.

L'UNIFA (Union nationale des industries françaises de l'ameublement), créée en 1960 et présidée alors par André Vincent, consciente de la nécessité de resserrer les liens entre le monde de la création et celui de l'industrie, amorce le rapprochement en lançant, à l'occasion du Salon des artistes décorateurs, le concours « Premiers pas » (1965). Afin de mieux promouvoir la création au niveau industriel, l'UNIFA institue en 1966 le CREAC (Centre de recherche esthétique de l'ameublement contemporain). Ce nouveau département a pour vocation de favoriser le rapprochement entre ceux dont c'est le métier de

Before the VIA

In 1964, the situation of the furniture industry in France was neither on a par with Italian innovations – revealed as early as 1961 by the creation of the Milan Furniture Fair – nor with the popularity of modern furniture in the Scandinavian countries or with the threats posed by IKEA and Habitat (Terence Conran's first shop opened in London that same year). Once the euphoria of the Pop years was over, along with their various experiments, which had few long-lasting industrial after-effects (plastic, inflatables, cardboard), the trade had to pull itself together and rebalance the budget deficit. In the course of that year, Prime Minister Georges Pompidou accordingly expressed the desire to support the ARC [Atelier de Recherche et de Création], a workshop belonging to the state-owned furniture agency Le Mobilier national, to stop the Italians having a monopoly and incorporate French design in the furniture sector at the very heart of his cultural policy, then under André Malraux's ministry.

The French furniture union, UNIFA [Union nationale des industries françaises de l'ameublement], created in 1960 and headed by André Vincent, was well aware of the need to forge links between the world of creative design and the world of industry, and duly triggered the spirit of cooperation by launching the 1965 "Premiers Pas" [First Steps] competition at the Salon des artistes décorateurs. In 1966, to better promote creative design at the industrial level, the UNIFA set up the CREAC [Centre de recherche esthétique de l'ameublement contemporain]. The

1 **Logo du CREAC**
Jean-Jacques Munier

2 Jean-Claude Maugirard
en couverture d'*Intramuros
international design
magazine*, n° 28,
janvier-février 1990 /
Jean-Claude Maugirard
on the cover of *Intramuros
International Design Magazine*,
no. 28, January–February 1990

brief of this new department was to encourage cooperation and liaison between those whose profession involves creation and design and those whose profession is to produce and sell, and stimulate designers and manufacturers to work together in developing high quality French furniture, taking into account both industrial realities and the sensibilities of the day.

On 22 October 1969, after the exhibition "Les Assises du siège contemporain" [Bases of Contemporary Seating], presented in 1968, the musée des Arts décoratifs inaugurated the CCI [Centre de création industrielle], brainchild of François Mathey and François Barré. It kicked off in 1969 with a ground-breaking exhibition, "Qu'est-ce-que le design?" [What is design?], which featured Charles Eames, Joe Colombo, Fritz Eichler, Verner Panton and Roger Taillon. The CCI thus asserted its role as a watchdog in every area of design (industrial, furniture, graphic…). This private association charged with promoting design in France was incorporated in the programme of the Centre Georges Pompidou in 1973.

The year 1977, marked by the opening of the Centre Georges Pompidou (on 31 January), also saw the publication of the Monory report on furniture, *Valoriser l'innovation en matière de mobilier contemporain* [Developing Innovation in Contemporary Furniture]. This report, which laid the foundations of the VIA, was debated in the National Assembly on 20 December 1977. It advocated three areas of development: industrialisation, professional training and creative design.

créer et ceux dont c'est le métier de produire et de vendre, d'inciter concepteurs et industriels à travailler de concert à l'élaboration d'un mobilier contemporain français de qualité, tenant compte à la fois des réalités industrielles et de la sensibilité de l'époque.

Après l'exposition « Les Assises du siège contemporain » présentée en 1968, le musée des Arts décoratifs inaugure, le 22 octobre 1969, le CCI (Centre de création industrielle), créé sous l'impulsion de François Mathey et de François Barré. Cette association privée chargée de promouvoir le design en France est intégrée au programme du Centre Georges Pompidou en 1973. Son action s'inaugure avec une exposition fondatrice, « Qu'est-ce que le design ? » (1969), qui présente Charles Eames, Joe Colombo, Fritz Eichler, Verner Panton et Roger Tallon. Le CCI affirme ainsi son rôle d'observatoire dans tous les champs du design (industriel, mobilier, graphique…).

L'année 1977, marquée par l'ouverture du Centre Georges Pompidou (le 31 janvier), est aussi celle du rapport Monory sur l'ameublement, « Valoriser l'innovation en matière de mobilier contemporain ». Ce rapport, qui est à l'origine du VIA, est débattu à l'Assemblée nationale le 20 décembre 1977. Il préconise trois axes de développement : l'industrialisation, la formation des professionnels et la création.

CCI / VIA : *deux histoires parallèles ?*
CCI / VIA: Two Parallel Stories?

Anne-Marie Zucchelli
Documentaliste principale, Centre Pompidou
Main Research Assistant, Centre Pompidou

Disons-le d'emblée : peu de liens ont existé jusque-là entre le VIA et le CCI (Centre de création industrielle) créé le 22 octobre 1969. C'est en partie le fait de la disparité structurelle qui distingue une association soutenue par un secteur d'activité spécifique, le VIA, du département d'un établissement public, le CCI. Cela est aussi dû à la divergence des missions : le CCI s'efforce d'englober dans un regard critique les disciplines participant à la création de l'environnement, tandis que le VIA tente de déterminer les orientations dans lesquelles les designers et les industriels de l'ameublement pourraient s'engager afin d'innover et d'accroître leur marché.

Pourtant, depuis leur création, tous deux œuvrent à la connaissance et au développement du design auprès du public et des professionnels, tous deux participent à l'effort d'innovation reconnu comme prioritaire par le ministère de l'Industrie. Chacun organise des expositions et des journées d'étude, gère une galerie permanente, édite des revues et des catalogues et alimente une documentation.

L'ameublement est d'ailleurs le premier des secteurs de « l'Art Quotidien [1] » relevés dès 1968 par François Barré, alors adjoint de François Mathey (conservateur en chef du musée des Arts décoratifs qui deviendra le premier directeur du CCI). Du reste, le CCI consacre à ce thème des expositions régulières [2] et publie en 1979 avec la SAD [3] le *Répertoire du mobilier contemporain*. Cette même année, le CODIFA, avec le soutien du ministère de l'Industrie, crée le VIA.

C'est donc tout naturellement que François Barré et Yolande Amic, ancienne conservatrice au musée des Arts décoratifs, font partie des membres fondateurs du VIA. Tous deux sont présents aux séances du Comité VIA lorsque Jean-Claude Maugirard propose de rassembler les moyens existant dans le domaine de l'ameublement. La structure légère du VIA permet d'éditer, de vendre et de prendre des risques financiers en assurant « une sécurité pour les industriels et les créateurs [4] ». En cela, la jeune association diffère fondamentalement du CCI dont la préoccupation principale n'est ni la production industrielle au sens strict, ni le développement du marché français de l'ameublement, en difficulté à ce moment-là. « Comme le Centre Pompidou refusait le rôle de Design Center, il fallait faire quelque part quelque chose qui ressemble à un Design Center [5] ».

Dès l'origine, François Barré souhaitait compléter l'action du CCI par la création d'un « Centre de design [6] » semblable à ceux qui existaient déjà dans d'autres pays. Car le CCI a peu de relations opérationnelles avec le milieu industriel. Dès sa création, sous l'égide de l'UCAD, et plus encore lorsqu'il intègre le Centre Pompidou [7], il tente de concilier la fonction de musée du design

Let's not beat about the bush: to date, there has been little connection between the VIA and the CCI [Centre de création industrielle], created on 22 October 1969. This is partly because of the structural disparity that distinguishes between an association underwritten by a specific area of activity, the VIA, and a department in a public establishment, the CCI. It is also due to their different briefs: the CCI strives to encompass within a critical perspective the various disciplines involved in the creation of the environment, while the VIA tries to define the directions which furniture designers and manufacturers might take in order to introduce innovations and expand their market.

Since their creation, however, both have been examining the knowledge and development of design among the public and the trade alike; both have been participating in innovation programmes, recognised as a priority by the Ministry of Industry. Each one organises exhibitions and conferences, runs a permanent gallery, publishes magazines and catalogues and develops documentation.

Furniture, moreover, is the number one sector of "l'Art Quotidien"[1] among those singled out in 1968 by François Barré, at that time assistant to François Mathey (senior curator of the musée des Arts décoratifs, who went on to become the first director of the CCI). In addition, the CCI has devoted regular exhibitions to this theme[2], and in 1979, together with the SAD[3], published the *Répertoire du mobilier contemporain*. That same year, the CODIFA created the VIA with the backing of the Ministry of Industry.

It was therefore quite natural that François Barré and Yolande Amic, erstwhile curator at the musée des Arts décoratifs, should have been among the VIA's founder-members – indeed it was François Barré who coined the name of the new organisation.[4] Both attended the VIA Committee sessions at which Jean-Claude Maugirard suggested pooling existing funds in the furniture sector. The VIA's loose structure made it possible to publish, sell and take financial risks, guaranteeing "security for manufacturers and designers".[5] Here the young association differed quintessentially from the CCI, whose main concern was neither industrial production in the strict sense, nor the development of the French furniture market, which was in difficulty at that particular time. "As the Centre Pompidou would not take on the role of 'Design Centre', it was important to come up with something, somewhere, which would resemble a 'Design Centre'".[6]

From the outset, François Barré was keen to complement the CCI's programme with the creation of a "Design Centre"[7] akin to those already existing in other countries, for the CCI had few operational connections with the industrial sector. As soon as it had been set up, under the aegis of the UCAD, and even more so when it became part of the Centre Pompidou,[8] he tried to combine the function of a design museum with a desire to develop an all-encompassing idea about the everyday environment through its architecture, its objects and its signs. "An orientation geared towards making the CCI a gallery to promote marketed industrial objects, i.e. a 'design centre' […] could only have regrettable consequences for the very spirit of the Centre Pompidou".[9] The CCI's task is to inform, spark, and permit debate; consequently it remains the natural associate of professional bodies.

In spite of everything, the CCI and the VIA did recognise each other's work. The VIA invited the CCI's curators to join both its Cartes Blanches jury and its "Permanent Calls" and made the VIA presse columns available to them. The CCI offered its exhibition rooms for events in which the VIA participated. In 1987, they co-produced the audiovisuals [10] to accompany "Nouvelles Tendances", a show organised by the CCI to celebrate the Centre Pompidou's 10th anniversary.

In 1984, the reform of the CCI separated the design and architecture divisions. Exhibitions, which subsequently played a prominent part, became monographic for the first time. They foreshadowed both the birth, in 1990, of the architecture and design collection, oriented towards the acquisition of major pieces, and the merger with the Musée national d'art moderne in 1992.

Today, well aware of the sociological and cultural implications of technological developments and the switch to digital technologies, the Centre Pompidou wants to reactivate "the dimensions of the old CCI" and "create a research and theory observatory embracing all disciplines, with an in-house relation not only with the museum, but also with research laboratories and manufacturers."[11]

Bonds are being forged as a result. The Centre Pompidou is proposing that the VIA should co-produce *Design au banc*, the critical design magazine,[12] which will offer the public regular meetings with contemporary designers. Furthermore, in the autumn of 2009, it will donate to the Mnam-CCI some fifty pieces, maquettes, test and pilot series, drawings and works involving graphic design and visual communication, all research objects in whose production it has been involved, and which illustrate thirty years of French design.

1. François Barré suggested founding the CCI around three sections: furniture, household appliances and leisure. Draft of a *Note sur le Centre de Design*, [ca 1968], Centre Pompidou Archives, Paris.

2. These include "Le Rangement" [Storage Units], organised by Jean-Claude Maugirard; "Des meubles pour apprendre" [Furniture for Learning], 1977; "Chaises pliantes" [Folding Chairs] 1978; "Éclairage et habitat" [Lighting and habitat], 1979; "Le Mobilier en bois courbé" [Curved Wood Furniture], 1980; "Mobilier national : vingt ans de création" [Twenty years of design] 1984; "Mobilier Suisse" [Swiss Furniture], 1989.

3. Société des artistes décorateurs.

4. Transcript of the VIA Committee, 28 November 1979, VIA Archives, Paris.

5. Jean-Claude Maugirard in "ils voient le VIA en rose", *L'Atelier, no. 2*, April–June 1990, Paris, Bibliothèque Kandinsky, Centre Pompidou.

6. Transcript of the VIA Committee, 26 September 1980, VIA Archives, Paris.

7. François Barré suggested the creation of a Design Centre in the Place des Fêtes in Paris, "a promotional centre such as does not currently exist, but necessary for producers and distributors alike". Draft of a *Note sur le Centre de Design*, op.cit.

8. Founded as part of the Union centrale des arts décoratifs in Paris in 1969, the CCI was seconded to the Établissement public du Centre Beaubourg in 1972 and set up in 1976 at the Centre Pompidou, becoming one of its two departments, the other being the Musée national d'art moderne.

9. Jean-Claude Groshens, letter to the representative for innovation and technology, undated [after July 1979], Centre Pompidou Archives, Paris.

10. François Burkhardt, director of the CCI, letter to Jean-Claude Maugirard, VIA, 16 October 1987, Centre Pompidou Archives, Paris.

11. Frédéric Migayrou, *Paris/Design en mutation*, exh.cat., Paris, Espace Fondation EDF, 17 April–30 August 2009 (special issue *Intramuros*, December 2008), p. 60.

12. The Design Forum was part of the "Revues parlées" organised by the Département du développement culturel of the Centre Pompidou. Early on they proposed meetings with architects and graphic designers.

et le désir de mener une réflexion globale sur l'environnement quotidien à travers ses architectures, ses objets et ses signes. « Une orientation qui consisterait à faire du CCI une galerie de promotion des objets industriels commercialisés, c'est-à-dire un design centre [...], ne pourrait qu'avoir des conséquences fâcheuses sur l'esprit même du Centre Pompidou [8] ». La vocation du CCI est d'informer, de susciter, de permettre le débat ; il demeure donc l'associé naturel des organismes professionnels. Malgré tout, le CCI et le VIA reconnaissent mutuellement leur travail. Le VIA convie les conservateurs du CCI au jury de ses Cartes blanches et de ses Appels permanents, et leur ouvre les rubriques de *VIA presse*. Le CCI offre ses salles d'exposition aux manifestations auxquelles participe le VIA. En 1987, ils coproduisent l'audiovisuel [9] qui accompagne « Nouvelles Tendances », manifestation organisée par le CCI pour fêter les dix ans du Centre Pompidou.

En 1984, la réforme du CCI sépare les secteurs du design et de l'architecture. Les expositions, qui deviennent alors prépondérantes, sont pour la première fois monographiques. Elles préfigurent la naissance, en 1990, de la collection d'architecture et de design, orientée vers l'acquisition de pièces majeures, et la fusion avec le Mnam en 1992.

Aujourd'hui, le Centre Pompidou, conscient des implications sociologiques et culturelles des évolutions technologiques et de la mutation du numérique, souhaite réactiver « les dimensions de l'ancien CCI » et « créer un observatoire des recherches toutes disciplines confondues et de la théorie, en relation interne avec le Musée, mais aussi avec les laboratoires de recherche et les industriels [10]. »

De ce fait les liens se resserrent. Le Centre Pompidou propose au VIA de coproduire « Design au banc », la revue critique du design [11], qui offrira au public des rencontres régulières avec les designers contemporains. Par ailleurs, le VIA entre au musée : à l'automne 2009, il fera don au Mnam-CCI d'une cinquantaine de pièces, maquettes, préséries, dessins et œuvres de graphisme ou de communication visuelle, autant d'objets de recherche dont il a très librement suscité la réalisation et qui illustrent trente ans de design français.

1. François Barré propose de fonder le CCI autour de trois sections : l'ameublement, l'équipement ménager et les loisirs. Brouillon d'une Note sur le Centre de Design [vers 1968], Archives du Centre Pompidou, Paris.

2. On peut évoquer : « Le Rangement », organisée par Jean-Claude Maugirard, « Des meubles pour apprendre », 1977 ; « Chaises pliantes », 1978 ; « Éclairage et habitat », 1979 ; « Le Mobilier en bois courbé », 1980 ; « Mobilier national : vingt ans de création », 1984 ; « Mobilier suisse », 1989, etc.

3. SAD : Société des artistes décorateurs.

4. Jean-Claude Maugirard dans « Ils voient le VIA en rose », L'Atelier, n° 2, avril-juin 1990, Paris, Bibliothèque Kandinsky, Centre Pompidou.

5. Retranscription du Comité VIA, 26 septembre 1980, Archives VIA, Paris.

6. François Barré suggérait la création d'un Centre de Design, place des Fêtes à Paris, « centre de promotion inexistant à l'heure actuelle, mais nécessaire aux producteurs comme aux diffuseurs ». Brouillon d'une Note sur le Centre de Design, *op.cit.*

7. Fondé au sein de l'UCAD, à Paris, en 1969, le CCI est rattaché à l'Établissement public du Centre Beaubourg en 1972 et s'installe en 1976 au Centre Pompidou, dont il devient l'un des deux départements, l'autre étant le Musée national d'art moderne.

8. Jean-Claude Groshens, lettre au Délégué à l'innovation et la technologie, s.d. [après juillet 1979], Archives du Centre Pompidou, Paris.

9. François Burkhardt, directeur du CCI, lettre à Jean-Claude Maugirard, 16 octobre 1987, Archives du Centre Pompidou, Paris.

10. Frédéric Migayrou dans *Intramuros international design magazine*, hors-série « Paris/Design en mutation », Paris, Espace Fondation EDF, décembre 2008, p. 60.

11. « Design au banc », la revue critique du design, s'inscrit dans le cadre des Revues parlées organisées par le Département du développement culturel du Centre Pompidou. Elles proposent déjà des rendez-vous avec des architectes et des graphistes.

1979

L'aventure du VIA commence. Le 12 novembre 1979, André Giraud, ministre de l'Industrie, écrit à Jean-Claude Maugirard, créateur de mobilier et professeur à l'École des arts décoratifs, afin que ce dernier constitue un comité de professionnels et d'experts en vue d'exercer une action d'aide à la création dans l'ameublement. Jean-Claude Maugirard accepte la mission, prévue sur une durée de deux ans, et élabore une stratégie associant industriels, distributeurs et créateurs. L'enjeu est important : il s'agit de démontrer que la création française contemporaine existe, à un moment où le secteur du meuble contemporain ne représente que 5 à 7 % du marché.

Le parcours de Jean-Claude Maugirard explique le choix du ministère. Né en 1940, il a suivi l'enseignement de l'École Boulle. Cette proximité avec la grande tradition du meuble français ne l'empêche pas de constater que création et technique ne se rencontrent guère. En 1967, il conçoit au festival d'avant-garde Sigma 3 de Bordeaux l'exposition « Le Multiple », avec François Barré et le graphiste Philippe Corentin, une démonstration exemplaire de la transversalité des arts. L'année suivante, il met en scène la présentation française au salon Eurodomus 2 de Turin. Cette manifestation, créée par Gio Ponti et la revue *Domus*, lui permet de découvrir la création italienne la plus avant-gardiste. Créateur de mobilier pour de nombreux éditeurs français (Benoteau, Bruynzeel, Chêne sauvage, Roche Bobois, Rotin Design…), il entre en 1969 à l'École des arts décoratifs en

1979

The VIA adventure was launched. On 12 November 1979, the Minister of Industry André Giraud wrote to Jean-Claude Maugirard, a furniture designer teaching at the School of Decorative Arts, asking him to form a committee of professionals and experts with a view to implementing a programme to assist design in furniture. Maugirard accepted the task, planned to span a two-year period, and worked out a strategy encompassing manufacturers, distributors and designers. The challenge was a major one: it involved demonstrating that French contemporary design did exist, at a moment when the contemporary furniture sector represented just 5 to 7 % of the market.

Jean-Claude Maugirard's career explains the Ministry's choice. Born in 1940, he attended the Boulle School but rubbing shoulders with the grand tradition of French furniture did not prevent him from noting that creative design and technology seldom met. In 1967, at the Sigma 3 avant-garde festival in Bordeaux, he devised an exhibition, "Le Multiple", with François Barré and the graphic designer Philippe Corentin – an exemplary demonstration of transversality in the arts. The following year he came up with the French presentation at the Eurodomus 2 Fair in Turin. This event, created by Gio Ponti and the magazine *Domus*, helped him to discover the most avant-garde Italian design. A furniture designer for many French producers (Benoteau, Bruynzeel, Chêne sauvage, Roche Bobois, Rotin design…), in 1969 he started a teaching job at the School of Decorative Arts, where,

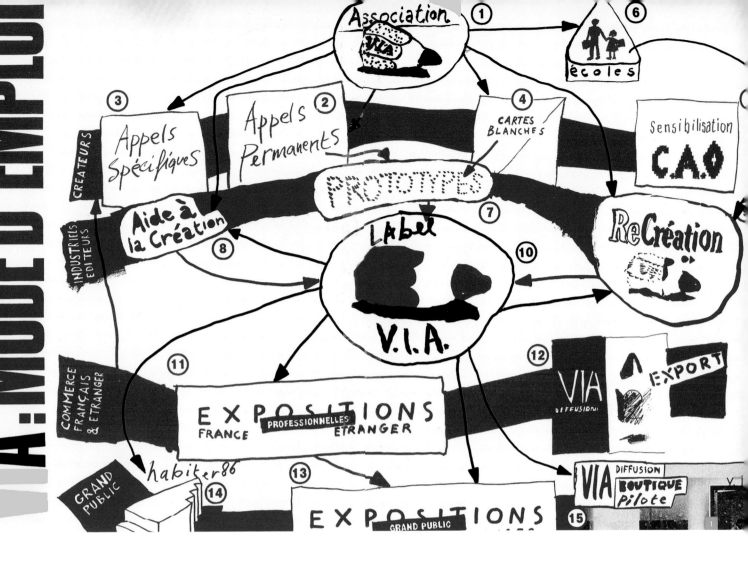

1 **Grapus**
Plaquette de présentation
« VIA : Mode d'emploi » /
"VIA : Mode d'emploi"
presentation brochure, **1986**

in 1978, he created a fifth year specialisation furniture workshop course, the "Atelier mobilier", with the backing of Michel Ragon, an art historian in charge of interior architecture. His teaching, based on "doing" and "making", was organised around three main themes: the grasp of living spaces, the function of forms and spaces and the function of sign and image. From Paul Jordery, the general secretary of CODIFA [Comité de développement des industries françaises de l'ameublement] since 1971, he obtained a grant to enable students to make prototypes.

On 16 November 1979, the first meeting of the think tank on the Minister's project brought together Roland Pouyoo (UNIFA's general representative), Aline Fouquet (CREAC), Philippe Margerie (assistant director at the Ministry of Industry), Philippe Roche, one of the major names in distribution, Yolande Amic, erstwhile curator at the musée des Arts décoratifs, the journalist Solange Gorse, the designer Daniel Pigeon, and Jean-Claude Maugirard, who set forth the nub of the programme. Initially, mindful of the deadlines to be complied with, he planned to encourage recent design work by exhibiting furniture selected for its innovative qualities at the Paris Furniture Fair in January: this was the birth of the VIA Labels. Subsequently, he was keen to offer very different figures a series of Cartes Blanches to encourage broad and diversified design. He envisaged confronting the public with these design products in an exhibition venue. In addition, he advocated the funding of prototypes to simplify the dialogue between designers and manufacturers. "We thought

tant que professeur. Il y crée en 1978 une cinquième année de spécialisation, l'« Atelier mobilier », avec le soutien de Michel Ragon, historien de l'art en charge de l'architecture d'intérieur. Sa pédagogie fondée sur « le faire » s'articule autour de trois axes : appréhension des espaces vécus, fonction des formes et des espaces, et fonction du signe et de l'image. Il obtient de Paul Jordery, secrétaire général du CODIFA (Comité de développement des industries françaises de l'ameublement) depuis 1971, une subvention de fonctionnement pour permettre aux étudiants la fabrication de prototypes.

Le 16 novembre 1979, la première réunion du Comité VIA, comité de réflexion sur le projet du ministre, rassemble Roland Puyôou (délégué général de l'UNIFA), Aline Fouquet (CREAC), Philippe Margerie (sous-directeur au ministère de l'Industrie), Philippe Roche, un des grands noms de la distribution, Yolande Amic, ex-conservatrice au musée des Arts décoratifs, Solange Gorse, journaliste, Daniel Pigeon, créateur et Jean-Claude Maugirard, qui expose l'essentiel de son programme. Dans un premier temps, compte tenu des délais qui lui sont impartis, ce dernier prévoit de favoriser la création récente en exposant au Salon du meuble en janvier des objets sélectionnés pour leurs qualités d'innovation : c'est la naissance des Labels VIA. Dans un deuxième temps, il souhaite proposer à des personnalités très différentes une série de Cartes blanches afin de favoriser une création large et diversifiée. Il envisage aussi de confronter ces créations au public dans un espace d'exposition. De plus, il préconise le financement

FRENCH FURNITURE

1 **Grapus**
Affiche « Loving It. Fête
de France », conçue pour
l'exposition « Fête de
France », grand magasin
Bloomingdale's, New York,
**14 septembre-2 novembre
1983** / "Loving It. Fête de
France" poster, designed for
the "Fête de France" exhibition
at Bloomingdale's department
store, New York,
14 September–2 November 1983

2 **Grapus**
Affiche « Les timbrés
du design français » /
"Les timbrés du design
français" poster, **1985**

de prototypes pour simplifier le dialogue entre créateurs et industriels. « Il nous a semblé intéressant de créer un atelier central de prototypes qui permettrait de réaliser, à partir d'idées sélectionnées par le comité, plus rapidement, ce que l'on pourrait appeler des *protoformes*, en fin de compte des maquettes grandeur nature de telle ou telle recherche. On pourrait tester ces recherches à travers le show-room et on pourrait aussi donner à l'industriel intéressé des éléments qui seraient quand même à mon avis autre chose qu'un simple dessin [1]. » Il insiste également sur la nécessité d'encourager une meilleure formation des créateurs en ameublement, en réformant l'enseignement.

Le 28 novembre 1979, le Comité VIA se réunit à nouveau et prend position sur le choix du nom de l'association : VIA (Valorisation de l'innovation dans l'ameublement) est préféré à CIME (Création et industrie du meuble) et à ACT (Ameublement, création, tendance), trois propositions de François Barré. Le logo est également choisi : le crayon bleu blanc rouge de Philippe Corentin [2], symbole de la création française.

Ayant constaté un retour au bois massif lors de sa mission d'observation au Salon du meuble de Copenhague (1979), Jean-Claude Maugirard décide d'orienter la sélection des Labels par le Comité vers des meubles en « bois naturel ». Un choix d'autant plus opportun que la France est le premier producteur de meubles en bois massif et que le goût pour le bois aux formes contemporaines s'est répandu depuis les années 1950, grâce à

it of interest to create a central prototype workshop which would make it possible, based on ideas selected by the committee, to make what we might call *protoforms* more quickly – in other words, life-size maquettes and models based on specific research. These research projects could be tested by way of the showroom and interested manufacturers could be provided with elements which would certainly be, in my view, more than a simple design."[1] He also emphasised the need to encourage better training for furniture designers by reforming teaching programmes.

On 28 November 1979, the VIA committee met again and came up with the association's name: VIA [Valorisation de l'innovation dans l'ameublement] – Promoting Innovation in Furniture – was preferred to CIME [Création et industrie du meuble] and ACT [Ameublement, création, tendance], all three proposed by François Barré. And Philippe Corentin's [2] red, white and blue pencil was chosen to symbolise French design.

Having noted a comeback of solid wood during his watchdog mission at the Copenhagen Furniture Fair (1979), Jean-Claude Maugirard decided to focus the selection of the Labels by the Committee around furniture made of "natural wood". This choice was all the more timely because France was the number one producer of solid wood furniture, and because the taste for wood with contemporary forms had been spreading since the 1950s, thanks to the excellence of the Scandinavians who, with their local raw material and their seasoned work

3 Grapus
Affiche « Appel aux
créateurs n° 1 » / "Appel aux
créateurs no. 1" poster, **1982**

4 Grapus
Affiche « Appel permanent
aux créateurs » / "Appel
permanent aux créateurs"
poster, **1982**

force, had managed to invent an ergonomic contemporary
style using moulded timber technology. On 21 December 1979,
François Barré came up with a clear presentation of the role
of the VIA, earmarked for the 1980 Furniture Fair:[3]

"**VIA: goals.** Develop research and promote innovation in
furniture. Arrange meetings between designers and
manufacturers. Combine know-how and the art of living. Add
pleasure to the rigour of design. Provide added value, both
qualitative and quantitative, to industrial capacity. Respond to
different lifestyles beyond fashion. Release the spirit and work
of a French school of furniture. Live in your day and age and feel
at home with your furniture.

VIA: programmes. Creation of an annual label attributed to
French contemporary furniture products. Selection of the best
designs from the "natural wood" trend at the 1979 Paris Fair.
Study and organisation of a teaching course for furniture desi-
agners. Establishment of a permanent design bank. Development
of prototype production. Promotion of VIA selections for export.
Opening of a showroom. Ongoing exhibition of prototypes and
selections.

VIA, a structure. An active think tank (designers, manufacturers, distributors, journalists, experts, run by Jean-Claude
Maugirard). Financial backing from the CODIFA and assistance
from the Ministry of Industry."

To finance its programmes, the VIA could count on the CODIFA
which, by a decree passed on 23 June 1971, was responsible

l'excellence des Scandinaves qui, avec la matière première locale
et une main d'œuvre aguerrie, ont su inventer un style contemporain ergonomique avec une technique de bois moulé.

Le 21 décembre 1979, François Barré formule une présentation
claire du rôle du VIA destinée au Salon du meuble de 1980[3] :

VIA : des objectifs. Développer la recherche et valoriser l'innovation
dans l'ameublement. Faire se rencontrer créateurs et industriels.
Conjuguer savoir-faire et savoir-vivre. Ajouter la part du plaisir à la
rigueur du design. Donner une plus-value qualitative et quantitative
à la capacité industrielle. Répondre au-delà de la mode aux différents
modes de vie. Dégager l'esprit et l'œuvre d'une école française du
meuble. Vivre dans son époque et être bien dans ses meubles.

VIA : des actions. Création d'un label annuel attribué à des productions françaises de mobilier contemporain. Sélection des
meilleures créations de la tendance « bois naturel » au Salon de
Paris de 1979. Étude et organisation d'un enseignement de créateurs de meubles. Institution d'une banque permanente de la
création. Prise en charge de la réalisation de prototypes. Promotion à l'exportation des sélections VIA. Ouverture d'un show-
room. Exposition permanente de prototypes et de sélections.

VIA : une structure. Un groupe d'action, de réflexion (créateurs,
fabricants, distributeurs, journalistes, experts), animé par Jean-
Claude Maugirard. Le support financier du CODIFA et le concours
du ministère de l'Industrie. »

Pour financer ses actions, le VIA peut en effet compter sur le
CODIFA (Comité de développement des industries françaises de

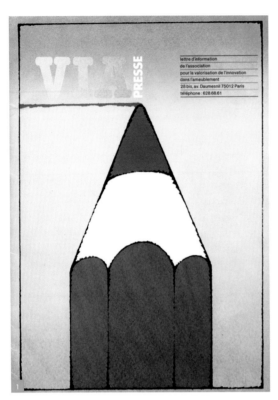

1 **Grapus**
Couverture du *VIA presse*,
n° 1 / Cover of *VIA presse*, no. 1,
1980

2 **Grapus**
Couverture du *VIA presse*,
n° 6, vue de la galerie place
Sainte-Opportune avant
les travaux de Starck / Cover
of *VIA presse*, no. 6, the Place
Sainte-Opportune gallery before
Starck's refurbishment, 1981

l'ameublement) qui, par un décret du 23 juin 1971, est chargé de gérer les ressources de la taxe parafiscale de l'ameublement, et soumis à la double tutelle du ministère de l'Industrie et du ministère de l'Économie et des Finances.

1980

Le 18 avril 1980, le VIA dépose ses statuts d'Association Loi 1901. Le bureau de l'association, présidé par Jean-Claude Maugirard, compte pour membres Edmonde Charles-Roux, présidente d'honneur, Jean Roset, vice-président, Anick Regairaz, secrétaire, Paul Jordery, trésorier, et Aline Fouquet, conseillère technique et coordinatrice CREAC-VIA.

Créé la même année que l'UNIFA, en 1960, le Salon du meuble est le rendez-vous annuel de la profession et tout naturellement le lieu choisi par le VIA pour faire sa première apparition médiatique, du 10 au 14 janvier 1980. Sur un stand de 150 m² mis en scène par Marc Alessandri (L'Abaque), jouxtant la section du mobilier contemporain, le VIA présente ses Labels 1979 « bois naturel ». La sélection [4] présente notamment des modèles de Jean-Michel Wilmotte, Daniel Pigeon et Roger Tallon.

L'action du VIA est accompagnée d'un bulletin de liaison entre les fabricants, les négociants, les créateurs et la presse, *VIA presse*, dont le premier numéro paraît en juin 1980. Dès novembre 1980, Jean-Claude Maugirard décide d'en modifier la formule et d'associer à l'image du VIA le collectif de graphistes Grapus [5].

for managing the revenue from the special furniture tax, and answerable to both the Ministry of Industry and the Ministry of Economy and Finance.

1980

On 18 April 1980, the VIA submitted its statutes as an Association Loi 1901 [not-for-profit organisation]. The members of the association's bureau, chaired by Jean-Claude Maugirard, were Edmonde Charles-Roux, honorary president, Jean Roset, vice-president, Anick Regairaz, secretary, Paul Jordery, treasurer and Aline Fouquet, technical advisor and CREAC-VIA coordinator. Created in the same year as the UNIFA, in 1960, the Furniture Fair was the annual rendez-vous for the trade and therefore the natural choice of venue for the VIA to make its first media appearance, from 10 to 14 January 1980. On a 1600 sq.ft. stand designed by Marc Alessandri (L'Abaque), adjoining the contemporary furniture section, the VIA presented its 79 Labels in "natural wood". The selection [4] included in particular models by Jean-Michel Wilmotte, Daniel Pigeon and Roger Tallon.

The VIA programme was accompanied by a liaison bulletin between manufacturers, the trade, designers and the press, *VIA presse*, with the first issue appearing in June 1980. In November 1980, Jean-Claude Maugirard decided to alter the formula and associate the VIA image with the Grapus graphic designers' collective. [5] In a tabloid format, and with a lively

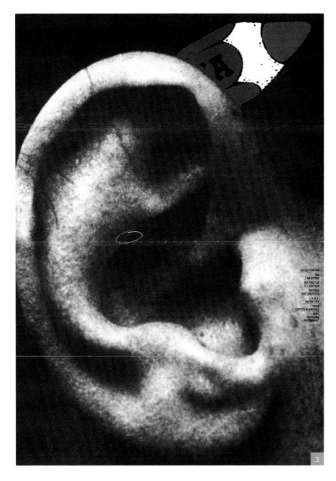

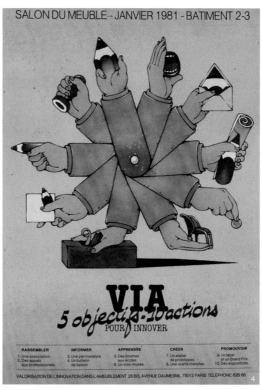

graphic design, combining and at times overlaying photography and graphics, the new *VIA presse* encouraged exchanges and informational transparency. This publication, sent out to 1800 people and organisations (designers, architects, institutes, schools, manufacturers, the trade, journalists, central purchasing offices), was chosen to launch appeals to designers: "Designers: to your pencils!" The VIA was eager to offer a permanent design bank, a link that was as broad as possible, with no sectarian thinking. In 1980, manufacturers (Pyram, Dariosecq, Benoteau…) made the production of the first prototypes possible.

To put the design bank together, the VIA set up two types of aid: on the one hand, the "Appels permanents" [Permanent Calls], earmarked for artists, professional and otherwise, architects and designers, not forgetting plastic artists and students; on the other, the VIA decided to give Cartes Blanches each year to selected designers and architects of renown. This was a forward-looking strategy based on both personal projects and on advanced technological research harbingering future mass-produced industrial furniture. The VIA's backing principle proceeded by way of financing for prototypes of selected projects in order to encourage a constructive dialogue with manufacturers. From sketch to prototype a functional materialisation of the project was involved.

The first results of the 1980 production of Cartes Blanches and "Permanent Calls" were presented at the Furniture Fair in January 1981. For convenience, all were dated as of that first presentation.

Dans un format tabloïde, avec une conception graphique vivante qui associe et parfois superpose la photographie au graphisme, le nouveau *VIA presse* favorise l'échange et la transparence de l'information. Ce support, envoyé à 1 800 personnes et organismes (créateurs, architectes, instituts, écoles, fabricants, négociants, journalistes, centrales d'achats), est choisi pour lancer les appels aux créateurs : « Créateurs : à vos crayons ! ». Le VIA souhaite offrir une banque permanente de la création, une passerelle la plus large possible, sans vision sectaire. Dès 1980, les industriels (Pyram, Dariosecq, Benoteau…) ont rendu possible la réalisation des premiers prototypes.

Pour constituer la banque de la création, le VIA institue deux types d'aide : d'une part, les « Appels permanents », destinés aux créateurs, professionnels ou non, aux architectes, designers, mais aussi aux plasticiens et étudiants ; d'autre part, une « Carte blanche », proposée à des designers ou architectes de renom, selon une stratégie prospective fondée soit sur des projets personnels, soit sur des recherches technologiques avancées annonçant les futurs meubles industriels de série. Le principe de soutien du VIA passe par le financement de prototypes des projets sélectionnés afin de favoriser un dialogue constructif avec les fabricants. De l'esquisse au prototype, il s'agit d'une concrétisation fonctionnelle.Les premiers résultats des Cartes blanches et Appels permanents produits en 1980 seront présentés au Salon du meuble en janvier 1981. Par commodité, tous sont datés de cette première présentation.

3 **Grapus**
Couverture du *VIA presse* /
Cover of *VIA presse*, **1980**

4 **Grapus**
Affiche « 5 objectifs - 10 actions », Salon du meuble de Paris /
"5 objectifs - 10 actions" poster, Salon du meuble de Paris, **1981**

1-2 **Gaetano Pesce**
Bibliothèque, deux
prototypes ; édition :
VIA Diffusion / Bookcases,
two prototypes; producer:
VIA Diffusion, **1981**

3 **Gaetano Pesce**
Bibliothèque ; édition :
VIA Diffusion / Bookcase;
producer: VIA Diffusion,
1981

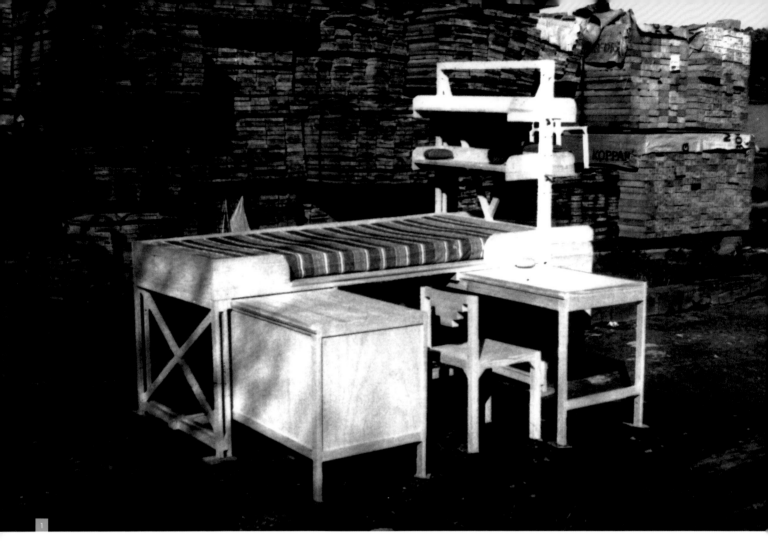

1981

Le Salon du meuble de 1981 présente les nouvelles facettes du VIA, qui se recentre sur cinq objectifs, « Rassembler, informer, apprendre, créer, promouvoir », et dix actions pour innover – d'où l'illustration de Philippe Corentin figurant les dix bras du VIA.

Les trois premières Cartes blanches sont confiées à des designers confirmés, parmi lesquels Gaetano Pesce, qui développe son intention de différencier les pièces d'une même production en série en intervenant sur le matériau et la technologie[6]. « Son discours était passionnant, il avait toujours le même leitmotiv. L'artisan, en son temps, faisait de ses mains ; il y mettait de son âme, si on lui demandait de répliquer, il ne faisait jamais deux fois la même chose. Pesce a repensé le système de la série en le rendant aussi aléatoire. Il refusait un monde rigoureux, rectiligne. Il nous a sollicités pour réaliser son projet, nous avons fait appel à l'ANVAR (Agence nationale de valorisation de la recherche) car le projet était très coûteux.[7] » Olivier Mourgue, dans la continuité de ses réflexions menées pour le catalogue de meubles Prisunic (avril 1969) et pour l'habitat ouvert présenté à Visiona III (Cologne, 1972), propose un Mobilier pour un adolescent. Rationalisant l'imbrication de volumes modulaires pour régler le problème de l'espace, il déploie des motifs inspirés de l'art mexicain et une technique empruntée à l'univers du charpentier.

Parmi les dix prototypes présentés au Salon du meuble en

1981

The 1981 Furniture Fair introduced the VIA's new features, focusing on five goals: "Rassembler, informer, apprendre, créer, promouvoir" [Muster, inform, learn, create, promote], and ten innovation-oriented programmes – hence Philippe Corentin's illustration with the VIA's ten arms.

The first three Cartes Blanches were granted to seasoned designers, including Gaetano Pesce, who developed his intent to differentiate the pieces of one and the same mass production by acting on both materials and technology.[6] "His argument was most interesting, it always had the same leitmotiv. The craftsman, in his day, made things with his hands; he put his soul into it; if you asked him to replicate, he never did the same thing twice. Pesce rethought the serial system by also making it random. He refused a rigorous, rectilinear world. He came to us to produce his project, and we called upon the ANVAR [Agence nationale de valorisation de la recherche], because the project was very expensive."[7] Olivier Mourgue, carrying on his line of thinking for the Prisunic furniture catalogue (April 1969) and for the open habitat presented at Visiona III (Cologne, 1972), came up with Furniture for a Teenager. By streamlining the dovetailing of modular volumes to sort out the problem of space, he resorted to motifs inspired from Mexican art and a technique borrowed from the world of carpentry.

Among the ten results presented at the 1981 Furniture Fair, fruit of the first "Design Assistance" campaign, some were made with

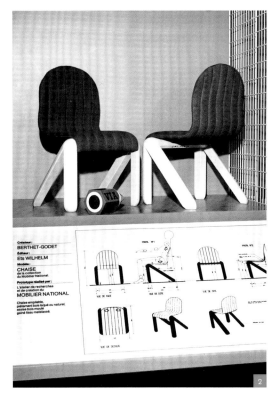

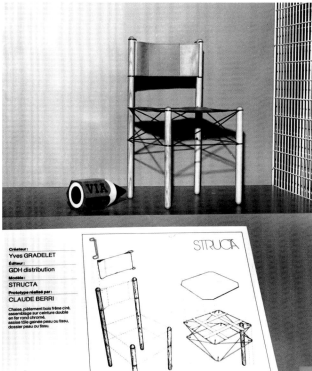

1 **Olivier Mourgue**
Mobilier pour un
adolescent / Furniture
for a teenager, **1981**

2 **Berthet-Godet**
Chaise, Salon du meuble
de Paris ; édition : Wilhelm /
Chair, Salon du meuble de Paris;
producer: Wilhelm, **1981**

3 **Yves Gradelet**
Chaise Structa, Salon du
meuble du Paris / Structa
chair, Salon du meuble
de Paris, **1981**

funding from manufacturers, by very young designers. Most of them were trained at the Atelier Mobile of the School of Decorative Arts (Abdelkader Abdi, Yves Gradelet, Patrick Pagnon, Claude Pelhaître). Other projects were produced by more experienced designers, like Jean-Louis Berthet, who presented the Chair model from the Mobilier national collection, produced by Wilhelm, its prototype having been made by the ARC at the Mobilier national. Twenty-one 1980 Labels were granted by the VIA, which seemed to be encouraging more important manufacturers, such as Cinna, Roche Bobois and Roset, as well as smaller firms (Bégué, Design Programmes, Meubles Week-end, Sentou-Polygone...), reflecting the diversity of UNIFA members.

For the first time, this Fair earmarked an area for schools – Camondo, Boulle and the School of Decorative Arts – and showed student projects, thus giving young people a chance to come face to face with the professional world. Every year from 1981 on the VIA allocated for each of these schools the sum of 50,000 francs (then about £5000 or US$10,000) to help set up programmes and, more specifically, produce prototypes. But the dialogue was not always straightforward: "Why do you want me to train furniture designers?" declared Jacques Hitier, director of the Boulle School. "There's no market; it won't earn you a living."

Marc Alessandri, a member of the VIA committee, was also president of the SAD.[8] He accordingly invited the association to take part in "Habiter, c'est vivre", an exhibition aimed at the

1981, fruits de la première campagne d'aides à la création, certains ont été réalisés, grâce au financement des industriels, par de très jeunes designers. La plupart ont été formés à l'Atelier mobilier de l'École des arts décoratifs (Abdelkader Abdi, Yves Gradelet, Patrick Pagnon, Claude Pelhaître). D'autres projets sont le fait de designers plus confirmés, tel Jean-Louis Berthet, qui présente le modèle Chaise de la collection du Mobilier national, édité par Wilhelm, dont le prototype a été réalisé par l'ARC du Mobilier national. Vingt et un Labels 1980 sont décernés par le VIA, qui semble encourager des fabricants plus importants, tels Cinna, Roche Bobois, Roset, ou de taille plus modeste (Bégué, Design Programmes, Meubles Week-end, Sentou-Polygone...), reflétant ainsi la diversité des adhérents de l'UNIFA.

Pour la première fois, ce Salon dédie un espace aux écoles – Camondo, Boulle et Arts décoratifs – et présente des projets d'élèves, qui ont ainsi l'opportunité de se confronter au monde professionnel. Chaque année, le VIA alloue dorénavant à chacune de ces écoles une somme de 50 000 francs pour les aider à mettre en place les actions, en particulier à faire réaliser des prototypes. Toutefois, le dialogue ne se construit pas toujours facilement : « Pourquoi voulez-vous que je forme des créateurs de meubles, il n'y a pas de marché, on ne peut en vivre ! », déclare Jacques Hitier, directeur de l'École Boulle.

Membre du Comité VIA, Marc Alessandri est également

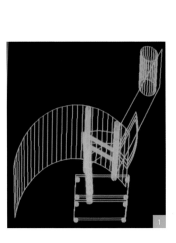

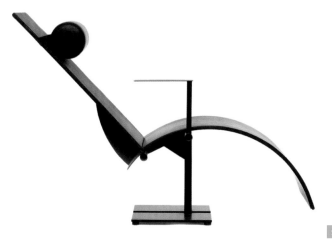

1 **Martin Szekely**
Représentation filaire
de la chaise longue Pi /
Wire drawing of Pi chaise
longue, **1982**

2 **Martin Szekely**
Chaise longue Pi ; édition :
Neotu / Pi chaise longue;
producer: Neotu, **1982**

président de la SAD [8]. Il invite ainsi l'association à participer à « Habiter, c'est vivre… », une exposition grand public qui se tient au Grand Palais du 10 septembre au 4 octobre.

Dans le prolongement des Appels permanents, une autre action est inaugurée en 1981, en direction des industriels qui témoignent d'une volonté à aborder le marché du contemporain. Il s'agit des « Appels spécifiques », qui se distinguent par la présence d'un cahier des charges et d'un client à qui est destiné le produit. Le premier est un concours pour concevoir du mobilier en kit à la demande de l'IPEA [9], en alternative à IKEA. Le lauréat est Daniel Pigeon, avec le « programme Saké ».

Le VIA propose aussi aux bureaux d'étude des industriels une veille technologique pour leur permettre d'utiliser l'ordinateur. Cela commence par la CAO (conception assistée par ordinateur), le DAO (dessin assisté par ordinateur), la CFAO (conception et fabrication assistées par ordinateur). Ainsi le deuxième industriel du meuble français, Gautier, a été précurseur avec son unité de CAO, qui a libéré son bureau d'étude de 80 % des tâches répétitives au profit de la créativité [10].

Le 1er décembre 1981 est inauguré, par Edmonde Charles-Roux, présidente d'honneur, un espace d'exposition de 100 m² au 10, place Sainte-Opportune, dans le quartier des Halles, alors en pleine effervescence. La conception de l'espace est due aux architectes Guy Naizot et Eva Samuel. Pour cette première exposition présentant les Appels permanents, la scénographie est confiée à Annie Tribel (AUA), architecte d'intérieur.

general public, which was held at the Grand-Palais from 10 September to 4 October.

As an extension of the "Permanent Calls", in 1981 another programme was ushered in, aimed at manufacturers, who were beginning to show a keen desire to tackle the market for contemporary products. The programme was called "Specific Calls", with the distinctive feature of having terms and specifications and a target client for the product. The initial programme involved a competition to design kit furniture at the request of the IPEA,[9] as an alternative to IKEA. The winner was Daniel Pigeon, with the "Sake Programme".

The VIA also offered manufacturers' research departments a competitive technology intelligence service to help them in computer use. This started with two CAD (computer-assisted design and drafting), and CADM (computer-aided design and manufacturing) programmes. The second largest French furniture manufacturer, Gautier, was thus at the forefront with its CAD unit, which relieved its research department of 80 % of its repetitive tasks, enabling it to focus on creativity.[10]

On 1 December 1981, Madame Edmonde Charles-Roux, honorary president, inaugurated an 1100 sq.ft. exhibition venue at no. 10, place Sainte-Opportune, near Les Halles, a neighbourhood then in full swing. The venue was designed by the architects Guy Naizot and Eva Samuel. To stage this first exhibition featuring the "Permanent Calls", VIA called upon interior designer Annie Tribel (AUA).

1982

The VIA's organisation expanded by complementing the association's bureau with a committee made up of leading figures, designers and manufacturers, who thenceforth met once a month to make the association's strategic and creative choices. Members included the designer Marc Alessandri, François Barré, director of the CCI, the journalist Solange Gorse, the manufacturer Gérard Guermonprez and the interior designer Jean-Michel Wilmotte.[11] In tandem, specific commissions represented the association's many different areas of involvement.[12]

The 1982 Cartes Blanches, presented at the Furniture Fair in January, were awarded to four outstanding designers. Intentionally focusing on an industrial chord with his Comedia sofa, Christian Germanaz covered a metal frame coated in expanded polystyrene foam with a draped slipcover. Of the three prototypes on view, just one would be marketed by Roche-Bobois. Marc Held used his Carte Blanche to develop a complex project in response to the Mobilier national commission for the private apartments at the Elysée palace. "The idea for the chair came from the VIA; we put him in touch with an industrial firm called Bessière at Montfort l'Amaury, which had just invested in a digitally controlled robotised machine for routing timber. This was one of the first applications of robotics for furniture."[13] The actual production of prototypes also made it possible to test the limits of technologies. Martin Szekely had initially planned to make his

1982

L'organisation du VIA évolue avec, pour compléter le bureau de l'association, un comité constitué de personnalités, de créateurs et d'industriels, qui se réunissent dorénavant une fois par mois pour opérer les choix stratégiques et créatifs de l'association, parmi lesquels : Marc Alessandri, designer ; François Barré, directeur du CCI ; Solange Gorse, journaliste ; Gérard Guermonprez, industriel ; Jean-Michel Wilmotte, architecte d'intérieur [11]. Parallèlement, des commissions spécifiques attestent des engagements multiples de l'association [12].

Présentées au Salon du meuble en janvier, les Cartes blanches de 1982 proposent quatre créateurs hors normes. Se plaçant délibérément sur un registre industriel pour son canapé Comedia, Christian Germanaz recouvre d'un vêtement une ossature métallique noyée dans la mousse expansée. Sur les trois prototypes présentés, un seul sera commercialisé par Roche Bobois. Marc Held met à profit sa Carte blanche pour développer une recherche complexe, en réponse à la commande du Mobilier national pour les appartements privés de l'Élysée. « L'idée est venue du VIA pour la chaise, nous l'avons mis en relation avec une entreprise industrielle, Bessière à Montfort-l'Amaury, qui venait de s'équiper d'une machine robotisée à commande numérique pour défoncer le bois. Une des premières applications de la robotique au meuble.[13] » La réalisation concrète de prototypes permet aussi d'éprouver les limites des techniques. Martin Szekely avait envisagé de réaliser sa chaise longue Pi en

3 **François Bauchet**
Chaise C'est aussi une chaise / C'est aussi une chaise chair, **1982**

4 **Christian Germanaz**
Fauteuils Comedia ; édition : Roche Bobois / Comedia armchairs; producer: Roche Bobois, **1982**

1 **Daniel Pigeon**
Secrétaire Saké /
Sake bookcase, **1981**

2 **Marc Held**
Secrétaire et chaises
Élysée ; commande
du Mobilier national /
Elysée bookcase and chairs;
project in response to the
Mobilier national commission,
1982

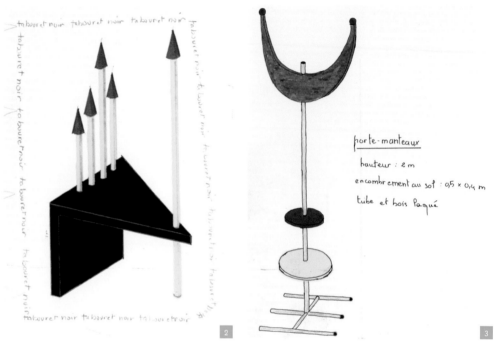

2

3

1 Totem
Table basse Grenouille /
Grenouille occasional table,
1982

2 Totem
Dessin de la table basse
Jupiter / Drawing of Jupiter
occasional table, **1982**

3 Totem
Dessin du porte-manteau
Alphonse / Drawing of
Alphonse coat stand, **1982**

fibre de carbone, mais la technique n'étant pas suffisamment maîtrisée, la pièce a été finalisée en tôle. Enfin, Philippe Starck a proposé un carnet de croquis qui comportait quatorze modèles ingénieux : chaises, tables, fauteuils, étagères. Huit prototypes sont réalisés, dont <u>Miss Wirt</u>, un tabouret à haut dossier en toile et acier, <u>Don Denny</u>, un fauteuil léger en contreplaqué moulé et cuir (le modèle deviendra le fauteuil du célèbre Café Costes), <u>Dole Melipone</u>, une table au piètement repliable en acier sculptural, <u>Al Hammond</u>, une étagère inclinée. Tous ces meubles portent la marque de son écriture : une logique constructive appliquée dans la diversité. Plutôt que de toucher la rémunération prévue, Starck a préféré faire réaliser plus de prototypes. Cela deviendra ensuite la règle au VIA, qui consacrera la totalité des financements à la réalisation des prototypes.

Les vingt-deux prototypes des Appels permanents, déjà exposés en avant-première au Centre VIA en décembre 1981, sont présentés au Salon du meuble en janvier. Le groupe Totem[14] présente le porte-manteau <u>Alphonse</u>, la table basse <u>Grenouille</u> et la table basse <u>Jupiter</u>, une création contre le conformisme et l'austérité industrielle. Citons aussi Élizabeth Garouste et Mattia Bonetti, qui présentent un ensemble réalisé en bois de sapin et corde entrelacée, dont un fauteuil et une chaise <u>Marquise</u> ; Nemo[15], avec sa collection de sièges en tube « <u>Testui</u> » ; François Bauchet avec sa chaise monolithique <u>C'est aussi une chaise</u> ou Vincent Bécheau et Marie-Laure Bourgeois et leur <u>Chaise n° 3</u> en tôle ondulée polyester.

Pi chaise longue out of carbon fibre, but because the technique had not been sufficiently mastered, the piece ended up being made of sheet metal. Philippe Starck, however, came up with a sketch book which included fourteen ingenious models: chairs, tables, armchairs, shelving. Eight prototypes were made, including <u>Miss Wirt</u>, a high-backed chair in canvas and steel; <u>Don Denny</u>, a light armchair made of moulded plywood and leather (the model was to become the seating for the famous Café Costes); <u>Dole Melipone</u>, a collapsible table with legs made of sculptural steel; and <u>Al Hammond</u>, a set of slanting bookshelves. All these pieces of furniture bore the hallmark of his style: a constructive logic applied in diverse ways. Rather than accepting the allotted money, Starck preferred to have more prototypes made. This duly became the rule at the VIA, which went on to devote all the funding to the production of prototypes.

The twenty-two prototypes of the "Permanent Calls", already exhibited in a preview at the VIA centre in December 1981, were shown at the Furniture Fair in January. The Totem group[14] presented the <u>Alphone</u> coat stand, the <u>Grenouille</u> [Frog] occasional table and the <u>Jupiter</u> occasional table, a piece pitched against conformity and industrial units. One should also mention Élizabeth Garouste and Mattia Bonetti, who showed a set including a Marquise armchair and chair made of interwoven fir and rope; Nemo[15], with his collection of tubular seats; François Bauchet with his monolithic chair entitled "<u>C'est aussi une chaise</u>" [This is also a chair] and Vincent Bécheau and Marie-Laure

Bourgeois for their <u>Chair no. 3</u> in corrugated polyester. As part of the "Specific Calls" programme, an agreement was signed between the VIA and the UGAP [Union de groupement des achats publics] – the Union of Public Purchasing Offices – to organise a design competition. The one launched in January for nursery school furniture was won by Pascal Mourgue. In June, the Chambre syndicale de l'ameublement [Furniture Syndicate] asked the VIA to organise a consultation on a contemporary furniture programme targeting an executive clientele. The jury voted for projects submitted by Patrick Pagnon and Claude Pelhaître, associates since 1980, as well as those by Nemo and Alain Schwartz. At the same time, the furniture store Conforama commissioned a consultation for the creation of furniture for first time home-owners, which went to Irena Rosinski.

The centre on the Place Sainte-Opportune became a meeting-place for people in the trade: manufacturers, wholesalers, journalists and designers. March saw the first meeting devoted to market analysis ("The hindrances of selling contemporary furniture in France"); September, a debate on the theme "Creation and/or Marketing". Acting as a forum for contact with the public too, in June, for the first time in France, the centre exhibited the works of the Alchimia group, in a set designed by Alessandro Mendini. September also saw the opening of the first exhibition of works from schools.

In Paris, in the Printemps department store, from 7 April to 8 May 1982, the public discovered "The French Challenge", an

Dans le cadre des Appels spécifiques, un accord est scellé entre le VIA et l'UGAP (Union de groupement des achats publics) pour l'organisation de concours de création. Celui lancé en janvier pour du mobilier d'école maternelle est remporté par Pascal Mourgue. En juin, c'est la Chambre syndicale de l'ameublement qui demande au VIA d'organiser une consultation sur un programme de mobilier contemporain destiné à une clientèle de cadres supérieurs. Le jury retient les projets de Patrick Pagnon et Claude Pelhaître, associés depuis 1980, ainsi que ceux de Nemo et Alain Schwartz. Au même moment, Conforama commande une consultation pour la création d'un mobilier de premier équipement, qui distingue Irena Rosinski.

Le Centre de la place Sainte-Opportune devient un lieu de rencontre des professionnels : industriels, négociants, journalistes et créateurs... En mars se tient la première rencontre consacrée à l'analyse du marché (« Les freins à la vente du mobilier contemporain en France »), en septembre, un débat sur le thème « Création et/ou marketing ». Également lieu de contact avec le public, le Centre expose en juin, pour la première fois en France, les créations du groupe Alchimia, dans une scénographie d'Alessandro Mendini. En septembre s'ouvre la première exposition des travaux des écoles.

À Paris, le public découvre dans les grands magasins du Printemps, du 7 avril au 8 mai 1982, « Le Défi français », une sélection ambitieuse du VIA qui propose sept créateurs représentant l'énergie française : Abdelkader Abdi, Patrick Blot, Annick Dovifat,

4 **Élizabeth Garouste et Mattia Bonetti** Sièges Marquise / Marquise chairs, **1982**

5 **Nemo** Fauteuil Testui / Testui armchair, **1982**

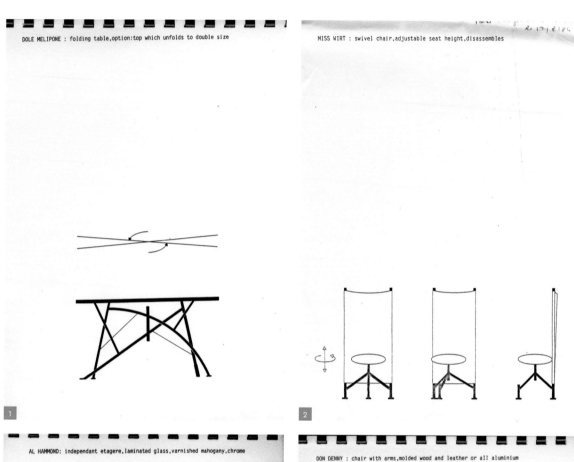

DOLE MELIPONE : folding table,option:top which unfolds to double size

MISS WIRT : swivel chair,adjustable seat height,disassembles

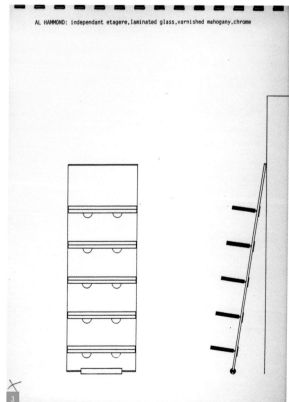

AL HAMMOND: independant etagere,laminated glass,varnished mahogany,chrome

DON DENNY : chair with arms,molded wood and leather or all aluminium

1 **Philippe Starck**
Croquis de la table pliante
Dole Melipone / Sketch of
Dole Melipone folding table,
1982

2 **Philippe Starck**
Croquis du fauteuil Miss
Wirt / Sketch of Miss Wirt
swivel, **1982**

3 **Philippe Starck**
Croquis de l'étagère
Al Hammond / Sketch of
Al Hammond shelf unit, **1982**

4 **Philippe Starck**
Croquis du fauteuil
Don Denny, devenu fauteuil
Costes / Sketch of Don Denny
chair, later called Costes chair,
1982

5 **Philippe Starck**
Vue du Café Costes avec
fauteuils Costes / The Café
Costes with Costes chairs, **1982**

L'appel de Milan
Appeal of Milan

Odile Rousseau

Attachée de conservation, Centre Pompidou
Curator's Assistant, Centre Pompidou

Le Salon du meuble de Milan, organisé par le Cosmit (Comitato Organizzatore del Salone del Mobile Italiano), s'est tenu au cœur de la ville de 1961 à 2005, sous la responsabilité de Tito Armellini et de son fils Manlio. Il se visite aujourd'hui dans l'imposant bâtiment conçu par Massimiliano Fuksas en 2005, situé à Rho-Pero, au nord-ouest de Milan. Le Salon s'ouvre à la scène internationale dès 1967[1]. En septembre 1982, les Italiens accueillent pour la première fois le VIA, qui occupe un stand de 330 m2[2]. C'est l'occasion d'exposer de jeunes firmes françaises qui se sont engagées à exporter et à impulser une nouvelle image dynamique de la création : Attitude, Bruynzeel, Diagone (Gautier), DMS Diffusion, Furnitur, Papyrus, Skina Valeri, Studio Éditions, Teda, Totem, Matéric-Lundia, Steiner, Pamco et Starck Product. Cette ouverture conduit, en outre, les Français à analyser de près les stratégies de production et d'exportation italiennes, qui ont affirmé leur leadership dans ce secteur.

Lors de son discours inaugural au Salon du meuble de Paris en 1984, Édith Cresson, ministre du Redéploiement industriel et du Commerce extérieur, annonce : « Le modèle italien est un modèle dont nous devons nous inspirer[2] ». En effet, l'adaptabilité, l'ouverture à l'innovation, l'exigence dans la qualité de production, mais, surtout, une politique gouvernementale favorable, qui incite les entreprises à collaborer avec les architectes et les designers, galvanisent l'exportation italienne depuis le milieu des années 1960 : « Beaucoup d'entreprises, même de dimensions moyennes en Italie, exportent depuis des décennies. C'est une tradition culturelle et historique[3] ». Par ailleurs, l'organisation industrielle souple, dite « en districts », fondée sur de multiples microstructures spécialisées et des réseaux de sous-traitance et de cotraitance bien organisés, inspire Jean-Claude Maugirard : « Les Italiens agissent toujours en création de façon coordonnée, chose qui n'a jamais existé en France[4] ». Enfin, l'habileté technique et le rapport de confiance des entrepreneurs italiens, attentifs à la création prospective et internationale, avivent l'attention de certains designers français. Philippe Starck déclare ainsi en 1991 : « Je suis un designer italien[5] », en réponse à la frilosité et à l'indécision des industriels français. Après Paris, l'arrivée du VIA à Milan dès 1982 est perçue comme l'épiphénomène d'une nouvelle représentation du design français. La complémentarité des activités pédagogiques, culturelles et promotionnelles du VIA lui vaut une image positive et exemplaire car une telle structure n'existe pas en Italie. Son engagement à travers le soutien de programmes dans les écoles, ses expositions, ses publications et, aujourd'hui, ses participations à de nombreux colloques internationaux, le placent au cœur des questionnements et des recherches du design, en constante évolution. Son financement de prototypes favorise notamment l'ancrage des projets dans une réalité matérielle.

The Milan Furniture Fair, organised by the COSMIT [Comitato Organizzatore del Salone del Mobile Italiano], was held in downtown Milan from 1961 to 2005, and run by Tito Armellini and his son Manlio. Today, it is housed in the impressive building designed by Massimiliano Fuksas in 2005, located at Rho-Pero, northwest of the city. The fair embraced the international scene as early as 1967.[1] In September 1982, for the first time, the Italians invited the VIA, who took a 3,500 sq.ft. stand. This offered an opportunity to exhibit the work of young French companies involved in exporting and galvanising a new dynamic image of creative design: Attitude, Bruynzeel, Diagone (Gautier), D.M.S. Diffusion, Furnitur, Papyrus, Skina Valeri, Studio Éditions, Teda, Totem, Matéric-Lundia, Steiner, Pamco and Starck Product. This open-minded stance also prompted the French to closely analyse the Italian production and export strategies, which had made them leaders in this sector.

At her inaugural speech for the 1984 Paris Furniture Fair, Édith Cresson, then Minister of Industrial Reorganisation and Foreign Trade, announced: "The Italian model is a model which ought to inspire us."[2] Adaptability, openness to innovation and insistence on high-quality production, but above all else a favourable government policy urging companies to work together with architects and designers, had all served as a shot in the arm for Italian exports since the mid-1960s: "A lot of companies, even average-sized ones in Italy, have been exporting for decades. It's a cultural and historical tradition".[3] Furthermore, flexible industrial and so-called 'district' organisation, based on large numbers of specialised micro-companies and well-structured networks of sub- and joint contracting, inspired Jean-Claude Maugirard to observe: "The Italians always operate, where design is concerned, in a coordinated way, something that has never existed in France".[4] Lastly, the technical skills and trust-based relationships of Italian businessmen, with a keen eye on international and forward-looking creative design, aroused the attention of certain French designers. In 1991, Philippe Starck thus declared: "I'm an Italian designer",[5] as a response to the cautiousness and indecisiveness of manufacturers from his own country.

After Paris, the VIA's arrival in Milan in 1982 was perceived as the epiphenomenon of a new representation of French design. The complementarity of the VIA's teaching, cultural and promotional activities earned it a positive and exemplary image, because that type of structure did not exist in Italy. The VIA's involvement, through its training schemes in schools, and through its exhibitions and publications and, nowadays, its participation in many international conferences, have put it at the heart of ever-evolving design research and challenges. Its financing of prototypes, in particular, encourages projects to be anchored in a tangible reality. So Italian producers like Cappellini, Driade, Edra, Poltrona Frau, Sintesi and Zanotta have all made or strengthened connections with French designers, powerful personalities promoted by the VIA, who respond readily to international trends and expectations. Driade's founder, Enrico Astori, met Philippe Starck in the early 1980s and re-asserted his close collaboration with the designer by producing, in 1985, a VIA prototype, the Pratfall chair (Carte Blanche, 1982), following on from the artisanal series made by Starck Product for the Costes Café in 1984. "I was – and I still am – in permanent contact with Philippe Starck, whom I regard as brilliant. I have also worked very successfully with Pillet and Ghion. I always choose designers capable of expressing innovative languages".[6] Giulio Cappellini produced Christophe Pillet's projects in 1993 (The Y's chair, 1993 Carte Blanche), as well as projects by Ronan and Erwan Bouroullec (the Hole shelves, "Project Assistance" scheme of 1996; the Cuisine désintégrée [Disintegrated Kitchen], 1997 Carte Blanche) and Inga Sempé (the directional lamp, 2001 "Project Assistance" scheme), and so on. He analysed and appreciated French design, describing some of its specific features thus: "importance of and concern for details, respect for matter, quest for perfection in pure, sculpted forms, never superfluous, and conveying history and culture".[7]

All fairs are essentially representational events, but the Milan fair nowadays goes well beyond furniture. In fact, over and above the 1,600,000 sq.ft of exhibition space, the one hundred and fifty or so events scattered throughout the city lend the Fair status as the rendez-vous of international design. As a result, the VIA's presence is a strategic one. The venues have varied quite widely: in 1997, after exhibiting in the COSMIT Fair, the VIA occupied the French Cultural Centre in Milan as part of the show titled "Homo Domus. Variations sur le confort de l'homme". In 2000, it was one of the first organisations to set up shop in the Superstudio Più in the Tortona neighbourhood (an old abandoned factory). In 2008, it took up 6500 sq.ft. at the prestigious Milan Triennial. So the VIA is now firmly part of the "off" geography of the Milan Fair.

The VIA has thus been part and parcel of the international design and furniture scene from the word go. Beyond Paris and Milan, it has stepped up its participation in fairs and other design musts in Cologne, New York, Tokyo, and Shanghai… "with unparalleled successes such as the "Meubles en France" show, whose world tour has taken it to one hundred and thirty different destinations", as Gérard Laizé reminds us.

Ainsi, les éditeurs italiens tels que Cappellini, Driade, Edra, Poltrona Frau, Sintesi ou Zanotta tissent ou bien renforcent des liens avec des designers français, de fortes personnalités promues par le VIA et qui répondent facilement aux tendances et attentes internationales. Enrico Astori, fondateur de Driade, rencontre Philippe Starck au début des années 1980 et réaffirme sa collaboration avec le designer en éditant à partir de 1985 un prototype du VIA, la chaise Pratfall (Carte blanche de 1982), succédant à la série artisanale de Starck Product réalisée pour le Café Costes en 1984. « J'ai eu, et je garde aujourd'hui, un contact permanent avec Philippe Starck, que je considère génial. J'ai aussi très bien travaillé avec Pillet et Ghion. Je choisis toujours des designers capables d'exprimer des langages innovants [6] ». Giulio Cappellini édite les projets de Christophe Pillet (la chaise Y's, Carte blanche de 1993), de Ronan et Erwan Bouroullec (l'étagère Hole, Aide à projet de 1996 ; la Cuisine désintégrée, Carte blanche de 1997), d'Inga Sempé (la lampe Orientable, Aide à projet de 2001), etc. Il analyse et apprécie le design français, dont il décrit certaines spécificités ainsi : « importance et soin pour les détails, respect de la matière, recherche de la perfection dans des formes pures et sculptées, jamais redondantes et porteuses d'histoire et de culture [7] ».

Si tout salon est par essence un événement de représentation, l'image de celui de Milan dépasse aujourd'hui largement le domaine du meuble. En effet, au-delà des 150 000 m² d'exposition, les quelque cent cinquante événements disséminés dans la ville lui confèrent le statut de rendez-vous international du design. La présence du VIA est en conséquence ici stratégique. L'emplacement de ses expositions varie à plusieurs reprises : après avoir exposé au sein du Salon Cosmit, le VIA occupe en 1997 le Centre culturel français de Milan dans le cadre de l'exposition « Homo Domus. Variations sur le confort de l'homme ». Il est l'un des premiers organismes à s'installer, à partir de 2000, dans le Superstudio Più, du quartier Tortona (une ancienne usine désaffectée). En 2008, c'est dans le cadre prestigieux de la Triennale de Milan qu'il expose, sur une superficie de 600 m². Le VIA s'inscrit donc résolument, aujourd'hui, dans la géographie « off » du Salon de Milan.

Ainsi, le VIA est présent depuis l'origine dans le paysage international du design et de l'ameublement. Au-delà de Paris et de Milan, il multiplie ses participations aux salons et autres événements incontournables du design à Cologne, New York, Londres, Tokyo, Shanghai… « avec des succès inégalés tels que l'exposition "Meubles d'en France", dont l'itinérance mondiale l'a menée vers cent trente destinations différentes », souligne Gérard Laizé.

1. The Milan International Furniture Fair was held every other year to begin with (apart from 1973 and 1974); it became an annual event as from 1991.
2. *Revue de l'ameublement*, December 1984, p. 10.
3. Ibid., p. 8.
4. Transcript of the VIA Committee of 25 February 1982, VIA Archives, p. 12.
5. Declaration by Philippe Starck at a lecture organised by the Italian foreign trade institute [ICE] and the musée des Arts décoratifs, on 1 July 1991, during the exhibition "Techniques discrètes".
6. Interview with Enrico Astori, July 2009.
7. Interview with Giulio Cappellini, July 2009.

1. Le Salon international du meuble de Milan est bi-annuel dans un premier temps (excepté en 1973 et 1974). Il devient annuel à partir de 1991.
2. *Revue de l'ameublement*, décembre 1984, p. 10.
3. *Ibid.*, p. 8.
4. Retranscription du Comité VIA du 25 février 1982, Archives VIA, p. 12.
5. Déclaration de Philippe Starck lors d'une conférence organisée par l'Institut du commerce extérieur italien (ICE) et le musée des Arts décoratifs, le 1ᵉʳ juillet 1991, à l'occasion de l'exposition « Techniques discrètes ».
6. Entretien avec Enrico Astori, juillet 2009.
7. Entretien avec Giulio Cappellini, juillet 2009.

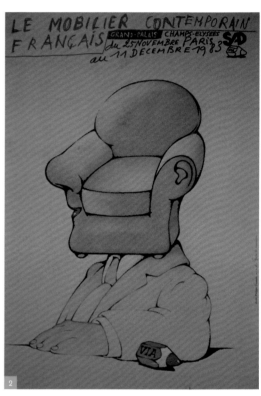

1 Couverture du catalogue
VIA Diffusion Éditions /
Cover of the *VIA Diffusion
Éditions* catalogue, **1985**

2 **Grapus**
Affiche « Le Mobilier
contemporain français »
à l'exposition « Habiter
c'est vivre » / "Le Mobilier
contemporain français" poster
for the "Habiter c'est vivre"
exhibition, **1983**

Pascal Mourgue, Pierre Sala, Totem et Jean-Michel Wilmotte.
La relation avec l'Italie se confirme puisque, pour la première
fois, le VIA participe au Salon du meuble de Milan, du 17 au
22 septembre 1982, grâce à une subvention du ministère de la
Culture et à la grande générosité de Tito Armellini, président
du Salon, qui propose spontanément une grande surface
d'exposition au VIA. Sur un stand imaginé par Marc Alessandri
et Jean-Michel Wilmotte sont présentés une sélection de Labels
VIA et les lauréats des concours de l'année. Seules les entreprises
qui s'engagent à exporter sont sélectionnées : Attitude, Bruynzeel,
Diagone, DMS Diffusion, Furnitur, Papyrus, Skina Valeri, Studio
Éditions, Teda, Totem, Matéric-Lundia, Steiner, Pamco et Starck
Product.

1983

Le 28 mai paraît au Journal officiel la déclaration de l'association
Avant-Garde Meuble, qui deviendra en 1985 VIA Diffusion. Son
objectif est d'éditer et de commercialiser dans la galerie du
VIA des produits innovants hors de la diffusion commerciale
traditionnelle, telles les bibliothèques de Gaetano Pesce,
produites en cinq exemplaires. En janvier, le VIA élargit encore
son champ d'action et engage une collaboration avec le Syndicat
du luminaire.
L'année est marquée par plusieurs manifestations importantes
pour la reconnaissance du VIA en France et à l'étranger. Le

ambitious VIA selection of seven designers representing French
energy: Abdelkader Abdi, Patrick Blot, Annick Dovifat, Pascal
Mourgue, Pierre Sala, Totem and Jean-Michel Wilmotte.
The relationship with Italy was confirmed because, for the first
time, the VIA took part in the Milan Furniture Fair, from 17 to
22 September 1982, thanks to a grant from the Ministry of
Culture and the generosity of Antonio Castelli, the Fair's
president, who spontaneously offered the VIA a large exhibition
area. At a stand devised by Marc Alessandri and Jean-Michel
Wilmotte were shown a selection of VIA Labels and the year's
competition winners. Only companies committed to export
their products were selected: Attitude, Bruynzeel, Diagone,
DMS Diffusion, Furnitur, Papyrus, Skina Valeri, Studio Éditions,
Teda, Totem, Matéric-Lundia, Steiner, Pamko and Starck
Products.

1983

28 May saw the announcement by the association "Avant-Garde
Meuble", which, in 1985, would become VIA Diffusion, in the
government bulletin *Le Journal officiel*. Its purpose was to produce
and market in the VIA gallery innovative products outside traditional
commercial distribution circuits, such as Gaetano Pesce's
bookcases, produced in an edition of five. In January, the VIA further
broadened its area of activity and initiated a collaboration with the
Syndicat du luminaire [Lighting Syndicate].

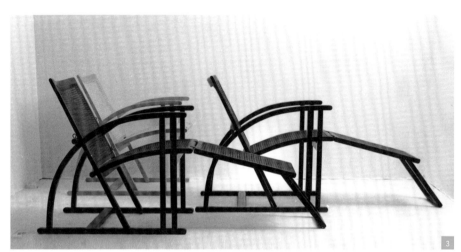

The year was marked by major events aimed at promoting recognition of the VIA in France and abroad. The national rendez-vous, the Paris Furniture Fair in January, presented the 1981 and 1982 [16] Cartes Blanches at a large stand fitted out by Marc Alessandri, as well as a selection of Labels and furniture prototypes stemming from its "Design Assistance" programme. For the first time, in May, the VIA took part in the Copenhagen Furniture Fair, and then again at the Salon des artistes décorateurs [SAD], "Habiter, c'est vivre", at the Grand Palais, presenting a veritable overview of contemporary furniture. The set was designed by Yves Gradelet, who was then put in charge of VIA exhibitions. But *the* event of the year was the presentation of a selection of furniture and lighting by the VIA at the "Fête de France", designed to promote French products and culture in the fourteen Bloomingdale's stores in the United States, from 14 September to 2 November 1983. It presented pieces by the young designers Totem, Sala and Nemo, as well as the winners of the Bloomingdale's/VIA competition "Sièges attentionnés" [Thoughtful Seats], with the First Prize going to Pascal Mourgue's <u>Arc</u> chaise longue, produced by Triconfort.

The 1983 Cartes Blanches, which would be exhibited at the 1984 Furniture Fair, developed a more functional trend. Michel Cadestin focused his research on furniture that could be juxtaposed and stacked. With the "<u>Kang</u>" collection, Pascal Mourgue developed a series of items of furniture examining the problem of household storage. He applied a logical assemblage

rendez-vous national, le Salon du meuble de Paris de janvier, présente sur un grand stand aménagé par Marc Alessandri les Cartes blanches de 1981 et de 1982 [16], ainsi qu'une sélection de Labels et de prototypes de meubles issus de son programme d'aides à la création. Le VIA participe pour la première fois au Salon du meuble de Copenhague, en mai, et à nouveau au Salon des artistes décorateurs (SAD) « Habiter c'est vivre », au Grand Palais, en présentant un véritable panorama du mobilier contemporain français. La scénographie est conçue par Yves Gradelet, qui devient alors responsable des expositions du VIA. Toutefois l'événement de l'année est la présentation d'une sélection de meubles et de luminaires par le VIA à la « Fête de France », une opération de promotion des produits et de la culture française dans les quatorze magasins Bloomingdale's, aux États-Unis, du 14 septembre au 2 novembre 1983. Y sont présentées les recherches des jeunes créateurs (Totem, Sala, Nemo…) ainsi que les résultats du concours Bloomingdale's/VIA « Sièges attentionnés », dont le premier prix est décerné à la chaise longue <u>Arc</u> de Pascal Mourgue, éditée par Triconfort.

Les Cartes blanches de 1983, qui seront exposées au Salon du meuble de 1984, développent une tendance plus fonctionnelle. Michel Cadestin fait porter ses recherches sur des meubles juxtaposables et empilables. Avec la collection « Kang », Pascal Mourgue développe une série de meubles étudiant le problème du rangement dans l'habitat. Il applique ici une logique

3 **Pascal Mourgue**
Chaise longue Arc ;
édition : Triconfort /
Arc chaise longue ; producer :
Triconfort, **1983**

4 **Vincent Bécheau et
Marie-Laure Bourgeois**
Chaise n° 3 / Chair no.3, **1982**

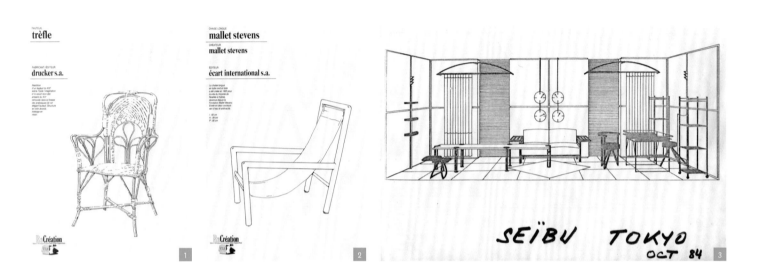

FAUTEUIL
trèfle

FABRICANT-ÉDITEUR
drucker s.a.

CHAISE LONGUE
mallet stevens

CRÉATEUR
mallet stevens

ÉDITEUR
écart international s.a.

SEÏBU TOKYO OCT 84

1

2

3

1 Catalogue
ReCréation. Styles et techniques du passé pour créer aujourd'hui, fiche Drucker / Catalogue
ReCréation. Styles et techniques du passé pour créer aujourd'hui, Drucker entry, **1984**

2 Catalogue
ReCréation. Styles et techniques du passé pour créer aujourd'hui, fiche Écart international / Catalogue *ReCréation. Styles et techniques du passé pour créer aujourd'hui*, Écart international entry, **1984**

3 **Philippe Starck**
Projet de scénographie pour le grand magasin Seibu , Tokyo, octobre 1984 / Design project for the Seibu department store, Tokyo, October **1984**

d'assemblage et un usage parcimonieux des matériaux, une approche à la fois technique et économique de la matière.

1984

Le VIA propose deux nouvelles actions en faveur des industriels. Un programme d'aide à la création spécifique, dirigé par Paul Cuchet, est chargé de mettre en relation les créateurs et les industriels. Toujours pour mieux sensibiliser au contemporain les industriels dont le cœur de métier est le meuble de tradition, Rémy Vriz amorce au sein du VIA une autre réflexion avec « ReCréation », qui revisite une sélection de modèles pris dans le registre art et tradition populaire ou des modèles qui ont fait date dans l'histoire du meuble. Une sélection de quarante pièces VIA ReCréation est ainsi présentée au Salon international du meuble de Milan de 1984, dans une scénographie de Philippe Starck. Pour l'occasion est édité un portfolio, *ReCréation. Styles et techniques du passé pour créer aujourd'hui*, avec des dessins d'Éric Paillet, tandis que Grapus crée un logo spécifique. « Nous étions à contre-courant car, depuis la Seconde Guerre mondiale, étaient produits des kilomètres de livings rustiques, de livings Louis XV... Il était important de revenir aux archétypes tels que définis, par exemple, par Michele de Lucchi, Enzo Mari, Charlotte Perriand ou bien même par le mouvement Arts and Crafts [17]. »
À la suite du succès remporté chez Bloomingdale's, le VIA est invité au Japon par le grand magasin Seibu pour coordonner

method and a parsimonious use of materials, showing both a technical and an economic approach to the subject.

1984

The VIA proposed two new manufacturer-friendly programmes. A "Specific Aid" programme, run by Paul Cuchet, was devised to liaise between designers and manufacturers. Again to better familiarise manufacturers with things contemporary, their professional focus being traditional furniture, Rémy Vriz introduced within the VIA another line of thinking with "ReCréation", offering a new slant on a selection of models taken from art and popular tradition, and models that had made a splash in the history of furniture. A selection of forty VIA-ReCréation pieces was thus presented at the 1984 Milan International Furniture Fair, staged by Philippe Starck. A portfolio was published for the occasion, *ReCréation. Styles et techniques du passé pour créer aujourd'hui* [Re-creation. Styles and techniques of the past to create today], with drawings by Éric Paillet and a specific logo designed by Grapus. "We were swimming against the tide as since the Second World War, miles of rustic living-rooms and Louis XV living-rooms had been produced... It was important to get back to archetypes as defined, for example, by Michele de Lucchi, Enzo Mari, Charlotte Perriand and even the Arts and Crafts movement."[17]
Following the success of the Bloomingdale's event, the VIA was invited to Japan by the Seibu department store, to coordinate

different operations (consultancy, marketing, purchases of VIA-labelled furniture, architecture and decoration) for the exhibition "Vive la France" held from 20 to 28 October. In tandem, and throughout the year, three decorators, Jacques Grange, Andrée Putman and Philippe Starck were given "model rooms" in the store. The same sort of operation was then undertaken in Los Angeles (Broadway stores), Paris (Galeries Lafayette) and Singapore (Metro stores). The VIA took part once again in the SAD decorators' fair and presented, among others, the furniture earmarked for the Elysée, including the Marc Held chair.

The VIA exhibition venue featured Elizabeth Garouste and Mattia Bonetti,[18] who showed their "Rocher" collection (Ankh edition). "We don't want to do anything demonstrative. To start with we simply wished to bring about a break with technology and throw open a door to fantasy and pleasure."[19] Later on came the exhibitions of Jean-Michel Wilmotte and the prankster Pierre Sala, a theatrical character who presented a collection of most colourful furniture: "I like insolence, mockery, and things that invent [...]. I want to be on time in the present."[20] 2000 models of his Clairefontaine desk were sold between September and December 1984.

As part of the "Specific Calls", Habitat France asked the VIA for a competition involving furniture and seats to be included in the Habitat France line, as well as in its 1985–1986 catalogue, followed by the "VIA Label" mention. The jury was chaired by Terence Conran, and fifteen designers and five schools participated. The

différentes interventions (conseil, marketing, achats de mobilier labellisé VIA, architecture et décoration) pour l'exposition « Vive la France », du 20 au 28 octobre. Parallèlement, et durant toute l'année, des *model rooms* sont offerts dans le magasin à trois décorateurs : Jacques Grange, Andrée Putman et Philippe Starck. Le même type d'opération se déroule ensuite à Los Angeles (magasins Broadway), à Paris (Galeries Lafayette) et à Singapour (magasins Metro). Le VIA participe de nouveau au Salon des artistes décorateurs (SAD) et présente notamment les meubles destinés à l'Élysée, dont la chaise de Marc Held.

L'espace d'exposition du VIA accueille Élizabeth Garouste et Mattia Bonetti[18], qui exposent la collection « Rocher » (édition Ankh). « Nous ne voulons rien faire de démonstratif. Au départ nous tenions simplement à provoquer une rupture avec la technologie et à ouvrir tout grand une porte sur la fantaisie et le plaisir[19]... ». Plus tard viennent les expositions de Jean-Michel Wilmotte et du facétieux Pierre Sala, homme de théâtre qui présente une collection de meubles haute en couleur : « J'aime l'insolence, la dérision et ce qui invente... Je veux être à temps dans le présent[20]. » Son bureau Clairefontaine s'est vendu à 2 000 exemplaires entre septembre et décembre 1984. Dans le cadre des Appels spécifiques, Habitat France sollicite le VIA pour un concours de meubles et de sièges destinés à s'intégrer à la gamme Habitat France et ainsi à son catalogue 1985-1986, suivis de la mention « Label VIA ». Le jury est présidé par Terence Conran ; quinze créateurs et cinq écoles y participent.

4 **Pierre Sala**
Chaises Piranha, Heure du loup, Hirondelle, Mare aux canards, entre autres / Piranha, Heure du loup, Hirondelle, Mare aux canards and other chairs, **1981**

5 **Pierre Sala**
Bureau pour enfant Clairefontaine (démonté) ; édition : Chambon / Clairefontaine child's desk (dismantled); producer: Chambon, **1984**

6 **Pierre Sala**
Bureau pour enfant Clairefontaine (monté) ; édition : Chambon / Clairefontaine child's desk (assembled); producer: Chambon, **1984**

1 **Patrick Pagnon et Claude Pelhaître**
Table basse à roulettes, collection « Straty » ; édition : Ligne Roset /
Occasional table on casters, "Straty" collection; producer: Ligne Roset, **1984**

2 **Philippe Starck**
Tabouret Ara ; édition : VIA Diffusion / Ara stool; producer: VIA Diffusion, **1985**

3 **Marc Berthier**
Chaise Théophile, hommage à Jean Prouvé / Théophile chair, a tribute to Jean Prouvé, **1984**

Les modèles primés sont le canapé de Pascal Mourgue, le fauteuil bridge de Guillaume Parent et Bertrand Savatte et la bibliothèque de Philippe Starck.

Les Cartes blanches de 1984 sont marquées par une réflexion fonctionnelle. Marc Berthier investit de nouveaux matériaux (structure et maille métallique) pour le canapé Kendo et la chaise Théophile, hommage à Jean Prouvé. René-Jean Caillette, qui représente une génération d'après-guerre et qui s'est toujours intéressé au mobilier de série, conçoit pour sa Carte blanche une série de sièges pliants en tube, Joker. Patrick Pagnon et Claude Pelhaître conçoivent une collection fonctionnelle en tube et panneau sur roulettes, « Straty », éditée par Roset.

1985

Après un sondage réalisé auprès d'une centaine d'industriels dont certains produits portent le Label VIA, il s'est avéré qu'une large majorité souhaitait bénéficier d'une « aide à la commercialisation ». Celle-ci était jusque-là accordée gratuitement, notamment dans les salons étrangers et dans les opérations promotionnelles avec de grands magasins. Le Comité VIA décide de créer une SARL, VIA Diffusion, qui peut traiter désormais, par un contrat annuel signé avec les industriels intéressés, la vente de leurs produits sous Label VIA, en France comme à l'étranger. Jean-Claude Maugirard et Aline Fouquet recrutent Allan Grön, chargé des problèmes

prize-winning models were Pascal Mourgue's sofa, the bridge chair by Guillaume Parent and Bertrand Savatte and Philippe Starck's bookcase.

The 1984 Cartes Blanches were marked by functional thinking. Marc Berthier made use of new materials (metal structure and mesh) for the Kendo sofa and the Théophile chair, a tribute to Jean Prouvé. René-Jean Caillette, representing a post-war generation, and always interested in mass-produced furniture, devised for his Carte Blanche a series of folding tubular chairs called Joker. Patrick Pagnon and Claude Pelhaître designed a functional collection made of tube and board, on casters, called "Straty" and produced by Roset.

1985

After a survey involving about a hundred manufacturers, some of whose products bore the VIA Label, it was clear that a large majority were keen to benefit from "marketing assistance". This had hitherto been granted at no charge, especially in foreign fairs and promotional operations with large stores. The VIA Committee decided to create a limited company, VIA Diffusion, which could henceforth, through an annual contract signed with interested manufacturers, deal with the sale of their products under the VIA Label, in France and abroad. Jean-Claude Maugirard and Aline Fouquet appointed Allan Grön as head of administrative and business affairs for Europe, together with Yvon Foucauld,

who contributed his knowledge of the American market. The structure also encompassed production activity (Avant-Garde Meuble). The catalogue featured among other things Philippe Starck's <u>Ara</u> stool.

Because of the growing scope and variety of its brief, the VIA decided to enlarge its Place Saint-Opportune premises. An ever larger area was devoted to sales. The refurbishment was entrusted to Philippe Starck (elected designer of the year in 1985). Some months later, a new space was opened at 1, rue Sainte-Opportune. Inaugurated on 18 December, it was designed to accommodate multi-disciplinary exhibitions, such as furniture, tableware, sculpture and painting, and also provide a venue which could be rented out to manufacturers and wholesalers for specific events. The VIA was thus able to open a trial sales outlet at the service of labelled manufacturers.

The VIA continued its programmes, in particular its presence at professional and general public fairs in Paris, Cologne, New York, London, Copenhagen, Chicago, Montreal, Lyon, and Tokyo.

1986

An interactive communications strategy was introduced into the VIA by Patrick Renaud to stimulate curiosity among manufacturers and public alike. A picture bank on videodisk, activated either by computer or Minitel, presented 500 products made by a hundred or so manufacturers. This video catalogue,

administratifs et commerciaux pour l'Europe, ainsi qu'Yvon Foucauld, qui apporte sa connaissance du marché américain. La structure reprend également l'activité d'édition (Avant-Garde Meuble). Le catalogue propose, entre autres, le tabouret Ara de Philippe Starck.

Étant donné l'ampleur et la variété de ses missions, le VIA choisit d'agrandir ses locaux place Sainte-Opportune. Un espace de plus en plus important est consacré à la vente. Le réaménagement est confié à Philippe Starck (élu créateur de l'année en 1985). Quelques mois plus tard est ouvert un nouvel espace au 1, rue Sainte-Opportune. Inauguré le 18 décembre 1986, il est destiné à accueillir des expositions pluridisciplinaires (mobilier, art de la table, sculpture, peinture...) et aussi à être loué à des fabricants ou à des négociants pour des événements ponctuels. Le VIA peut ainsi ouvrir un point de vente test au service des industriels labellisés.

Le VIA reconduit ses actions, notamment sa présence dans les salons professionnels ou grand public de Paris, Cologne, New York, Londres, Copenhague, Chicago, Montréal, Lyon et Tokyo.

1986

Une stratégie de communication interactive est introduite au VIA par Patrick Renaud pour susciter la curiosité des industriels et du public. Une banque d'images sur vidéodisque, activée soit par ordinateur, soit par Minitel, présente cinq cents produits

4 Jean-Claude Maugirard, Aline Fouquet et Philippe Starck devant la nouvelle façade du VIA, place Sainte-Opportune / Jean-Claude Maugirard, Aline Fouquet and Philippe Starck in front of the new façade of the VIA, Place Sainte-Opportune, **c. 1986**

5 Borne multimédia consultable au VIA / Interactive multimedia kiosk at the VIA, **1986**

1986

1 Vue de l'entrée de
l'exposition « Habiter 86 »
à la Grande Halle de La
Villette / The entrance to the
"Habiter 86" exhibition at the
Grande Halle de La Villette,
1986

2 Vue de l'affiche réalisée
par Claire Bretécher pour
l'exposition « Habiter 86 »
à la Grande Halle de La
Villette / Poster designed by
Claire Bretécher for the "Habiter
86" exhibition at the Grande
Halle de La Villette, 1986

3 Vue intérieure de
l'exposition « Habiter 87 »
à la Grande Halle de
La Villette / View of the interior
of the "Habiter 87" exhibition at
the Grande Halle de La Villette,
1987

fabriqués par une centaine d'industriels. Ce vidéocatalogue, consultable sur borne au Centre VIA, permet de trier l'offre selon des critères précis : types de meubles, matériaux, finitions, fourchette de prix…

Par ailleurs, les créateurs peuvent recevoir au Centre, auprès de Patrick Renaud, une sensibilisation au DAO et à la CAO. Si les créateurs ont bien compris l'intérêt du VIA, nombre de professionnels du secteur (fabricants, éditeurs et distributeurs) semblent encore réticents à recourir au VIA pour chercher des modèles libres à l'édition qui pourraient enrichir leurs gammes.

Venir à la rencontre des attentes du consommateur est aussi une des missions du VIA, d'où l'organisation du salon « Habiter 86 » à la Grande Halle de La Villette, nouveau lieu parisien inauguré en 1985 et proposé par François Barré. Daniel Rozensztroch, qui se voit confier la présentation, imagine quatre ambiances, des classiques aux plus branchées, tandis que la communication est signée Claire Bretécher. Une enquête de satisfaction permet de distinguer les créateurs les plus appréciés : Jean-Pierre Caillères, Christian Duc, Nemo, Pascal Mourgue, Patrick Pagnon et Claude Pelhaître, Andrée Putman, Philippe Starck.

À l'instar de New York, qui a créé l'événement en 1976, Paris lance son Designer's Saturday, le 16 avril 1986. Seize participants proposent le meilleur de la création, parmi lesquels le VIA, qui présente la coiffeuse et le secrétaire Face à face de Pascal Mourgue (édités par Sopamco). Le VIA poursuit sa conquête commerciale

accessed from terminals in the centre, made it possible to sort through what was on offer based on precise criteria: types of furniture, materials, finishes, price range…

At the VIA Centre, furthermore, designers could attend CAD familiarisation courses run by Patrick Renaud. While designers had clearly grasped the interest and advantages of the VIA, many people in the trade (manufacturers, producers and distributors) still seemed reluctant to turn to the VIA to look for models that could be freely produced, thus enriching their collections.

Satisfying the consumer's expectations was also part of the VIA's brief, hence the organisation of the "Habiter 86" Fair at the Grande Halle de La Villette, a new Paris venue launched in 1985, brainchild of François Barré. Daniel Rozensztroch, in charge of presentation, came up with four ambiences, from classical to very trendy, while Claire Bretécher looked after the communications side. An opinion poll helped to single out the designers who were most appreciated: Jean-Pierre Caillères, Christian Duc, Nemo, Pascal Mourgue, Pagnon and Pelhaître, Andrée Putman and Philippe Starck.

In the wake of New York, which created the event in 1976, Paris also launched Designer's Saturday, on 16 April 1986. Sixteen participants proposed the best work of the moment, including the VIA, which presented Pascal Mourgue's Face à face dressing-table and desk (produced by Sopamco). The VIA continued its successful commercial inroads in Rich's store in Atlanta, Artek in Finland, Harrods in London, and was again present at the

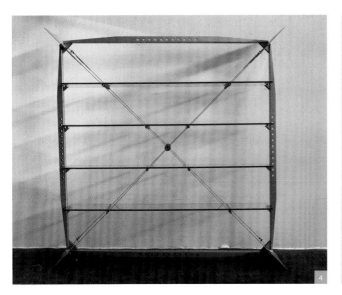

main trade shows – Cologne, London, Milan, Hong Kong…
Among the 1986 Cartes Blanches, Christian Duc presented
<u>T2 Bonjour Corbu</u>, a leather and cast aluminium seat whose
structure composed of two Ts paid tribute to the master's structural genius. The year's "Permanent Calls" were also of a high
standard. Brolly and Moser proposed the <u>Quart d'onde</u> [Quarter-
Wave] armchair, made of a flat metal structure and comfortable
neoprene bolsters, René-Jean Caillette came up with the <u>RJC</u>
folding chair (produced by VIA Diffusion), and Xavier Matégot
with the "<u>XM</u>" collection (bookshelves, armchair and desk in
metallic grey epoxy-lacquered metal, produced by Christian
Farjon). Jean-Pierre Caillères devised an innovative low, moveable table called the <u>Basculator</u>.

1987

For "Habiter 87", Grapus once more took over communications,
with more striking slogans: "La création s'achète à La Villette",
"La création à portée de main" [Design for Sale at La Villette,
Design within Easy Reach]. The future was evoked by a "Maison
du futur", using all the new technologies. Unlike the previous
"Habiter", the 1987 version achieved its aims; and plans for a
1988 "Habiter" were already afoot, to be organised by Centre
français des expositions [CFE].
New avenues opened up for French design, in Montreal,
Barcelona, Maastricht and San Francisco. The ranks of the usual

dans les magasins Rich's à Atlanta, Artek en Finlande, Harrod's
à Londres et reste présent dans les principales expositions
professionnelles – Cologne, Londres, Milan, Hong Kong…
Parmi les Cartes blanches de 1986, Christian Duc présente T2
<u>Bonjour Corbu</u>, un siège en cuir et fonte d'aluminium dont la
structure, composée de 2 T, rend hommage au génie structurel
du maître. Les Appels permanents de l'année sont aussi exigeants.
Brolly et Moser proposent le fauteuil <u>Quart d'onde</u>, composé
d'une structure en métal plat et de boudins confortables en
néoprène, René-Jean Caillette la chaise pliante <u>RJC</u> (édition
VIA Diffusion) et Xavier Matégot la collection « <u>XM</u> » (bibliothèque, fauteuil bridge et bureau en métal laqué époxy gris
métallisé, édités par Christian Farjon). Jean-Pierre Caillères
innove avec la table basse mobile <u>Basculator</u>.

1987

Pour « Habiter 87 », Grapus reprend en charge la communication,
avec des slogans plus forts : « La création s'achète à La Villette »,
« La création à portée de main ». L'avenir est évoqué par une
« Maison du futur », qui présente toutes les technologies nouvelles.
Contrairement à la précédente édition, « Habiter 87 » atteint ses
objectifs ; une édition 1988 est déjà prévue, dont l'organisation
est déléguée au Centre français des expositions (CFE).
De nouveaux horizons s'ouvrent pour la création française, à
Montréal, Barcelone, Maastricht, San Francisco. Aux habituels

4 **Xavier Matégot**
Bibliothèque XM2 ; édition :
Christian Farjon Éditions /
XM2 bookcase; producer:
Christian Farjon Éditions, **1986**

5 **Xavier Matégot**
Fauteuil bridge XM3 ;
édition : Christian Farjon
Éditions / XM3 bridge chair;
producer: Christian Farjon
Éditions, **1986**

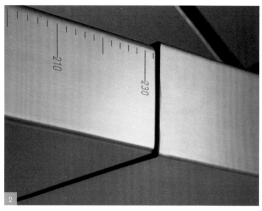

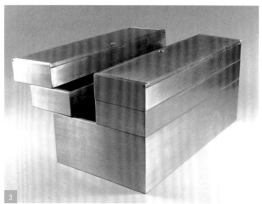

1 **Jean Nouvel**
Rangement coulissant /
Sliding storage unit, **1987**

2 **Jean Nouvel**
Table à rallonge (détail) /
extending table (detail), **1987**

3 **Jean Nouvel**
Table basse BAO / BAO
occasional table, **1987**

salons professionnels de Cologne, Copenhague, Londres, Paris et Tokyo s'ajoutent ceux de Toronto, Hong Kong, Chicago, Valence.

Suite à l'inauguration de l'Institut du monde arabe, conçu par Jean Nouvel et Architecture studio (1981-1987), et sur le conseil d'Odile Fillion, Jean-Claude Maugirard propose une Carte blanche à l'architecte, qui imagine une collection de meubles coulissants en aluminium sophistiquée et technique, à l'image de son architecture. À la suite de cela, Roset éditera deux projets de Jean Nouvel : le canapé Profil (1989) et le fauteuil Saint-James (1990). Paul Chemetov et Borja Huidobro, qui dirigent alors l'imposant chantier du nouveau ministère des Finances (1983-1989), bénéficient également d'une Carte blanche cette année-là. Parmi les Appels permanents, une nouvelle génération de designers propose une vision humoristique et décalée. La révélation vient du poétique Kristian Gavoille, qui travaille chez Philippe Starck depuis 1986. Il conçoit en fonte d'aluminium coulé une table et un luminaire, dessinés en souvenir de Divine, un célèbre travesti. Cette évocation lui permet de réintroduire le tissu, en particulier pour la chaise Señorita Service. Humour encore pour les Delo Lindo (Fabien Cagani et Laurent Matras) qui proposent les chaises Propane, Butane, PMD [Phantasme de la mère Denis]. D'autre part, Bruno Borrione et Bruno Lefebvre proposent des tréteaux et une chaise en bois et acier, Norma, ainsi que le fauteuil bridge B2.

Vitrine de l'éclectisme et de l'effervescence de l'époque, le VIA présente des créateurs qui ne s'inscrivent pas nécessairement

trade fairs in Cologne, Copenhagen, London, Paris and Tokyo were swollen by Toronto, Hong Kong, Chicago and Valencia.

Following the inauguration of the Institut du monde arabe, designed by Jean Nouvel and the Architecture studio (1981–1987), and on the advice of Odile Fillion, Jean-Claude Maugirard offered a Carte Blanche to the architect, who devised a collection of sliding aluminium furniture, both sophisticated and technical, like his architecture. Following that, Roset was to produce two Jean Nouvel projects: the Profil sofa (1989) and the Saint-James armchair (1990). Paul Chemetov and Borja Huidobro, then running the impressive project for the new Ministry of Finance (1983–1989), were also awarded Cartes Blanches that year.

Among the "Permanent Calls", a new generation of designers proposed a witty, off-beat vision. The year's revelation came from the poetic Kristian Gavoille, who had been working with Philippe Starck since 1986. Using cast aluminium, he designed a table and a light, in memory of Divine, the famous drag queen. This evocation enabled him to reintroduce fabric, in particular for the Señorita service chair. Wit again from Delo Lindo (Fabien Cagani and Laurent Matras) who came up with the chairs known as Propane, Butane and PMD [Phantasme de la mère Denis, a popular figure from a series of TV washing machine adverts]. Elsewhere, Bruno Borrione and Bruno Lefebvre proposed trestles and a Norma wood and steel chair, together with the B2 bridge chair.

As a showcase of the moment's eclecticism and buzz, the VIA

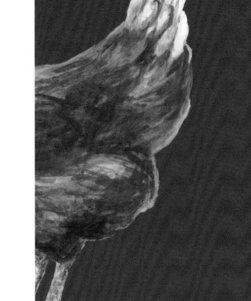

introduced designers who were not necessarily part and parcel of any industrial logic, but raised real questions about the presence of furniture. The wit and irony of Coll-Part were good illustrations of this.

1988

A new micro-economy influenced by Italy appeared in France, involving small producers. In the furniture sector, when a manufacturer comes up with a design product, he manufactures it, puts it on the market, but often comes up against resistance from his distributor network. A producer takes a quite different stance by producing a name and subcontracting manufacture. In Italy, manufacturers usually combine two functions, that of manufacturer, for turnover purposes, and that of producer, to develop future avenues. They thus embrace the two out-of-step tempos of market and design. In this spirit, the VIA created the "Club des Éditeurs" [Producers' Club] to regroup and improve the operating methods of those involved in designed and re-designed furniture. The Club was active in two ways. First, it set up contacts between producers and manufacturers. Second, it offered a showcase for the French and foreign markets. Eleven producers responded favourably to the VIA's proposal, among them VIA Diffusion, Écart international and Fourniture. The first presentation, held at the 1988 Milan Furniture Fair, filled 1200 sq.ft, and created quite a stir.[21]

dans une logique industrielle, mais qui posent de vraies questions sur la présence du meuble. En témoignent l'humour et l'ironie de Coll-Part.

1988

Une nouvelle micro-économie influencée par l'Italie apparaît en France : celle des petits éditeurs. Dans le secteur de l'ameublement, lorsqu'un fabricant conçoit un produit de création, il le fabrique, le met sur le marché, mais se heurte souvent à la résistance de son réseau de distributeurs. Un éditeur adopte une position tout à fait différente en éditant un nom et en sous-traitant la fabrication. En Italie, les industriels combinent en général les deux fonctions : celle de fabricant, pour réaliser du chiffre d'affaires, et celle d'éditeur, pour développer les pistes futures. Ils intègrent ainsi les deux temps décalés de la création et du marché. Le VIA crée dans cet esprit le « Club des éditeurs », pour regrouper et améliorer le fonctionnement des acteurs du mobilier de création ou de recréation. Le Club intervient à deux niveaux. En amont, il permet une mise en relation entre un éditeur et un fabricant. En aval, il offre une vitrine pour le marché français et étranger. Onze éditeurs répondent favorablement à la proposition du VIA, parmi lesquels VIA Diffusion, Écart international, Fourniture… La première présentation, qui se tient au Salon du meuble de Milan en 1988, occupe 1 200 m² et crée l'événement[21].

4 Couverture du catalogue *Club des éditeurs* / Cover of the *Club des éditeurs* catalogue, **1989**

5 Couverture du catalogue *La Gazette du Club des éditeurs* / Cover of the *La Gazette du Club des éditeurs* catalogue

1 **Christian Duc**
Siège T2 Bonjour Corbu /
Bonjour Corbu T2 seat, **1986**

2 **René-Jean Caillette**
Planche de dessins / Drawing
portfolio, **1986**

3 **Jean-Pierre Caillères**
Table basse Basculator /
Basculator occasional table,
1986

4 **René-Jean Caillette**
Chaise RJC ; édition :
VIA Diffusion / RJC chair;
producer: VIA Diffusion, **1986**

5 **Pascal Mourgue**
Secrétaire Face à face ;
édition : Sopamco / Face à
face desk; producer: Sopamco,
1986

6 **Kristian Gavoille**
Table Divine / Divine table,
1987

7 **Coll-Part**
Chaise Pas cap' de s'asseoir/
Pas cap' de s'asseoir chair, **1987**

8 **Kristian Gavoille**
Chaise Señorita Service /
Señorita Service chair, **1987**

9 **Delo Lindo**
Assise Propane / Propane
seat, **1987**

10 **Delo Lindo**
Assise PMD [Phantasme
de la mère Denis] / PMD
[Phantasme de la mère Denis]
seat, **1987**

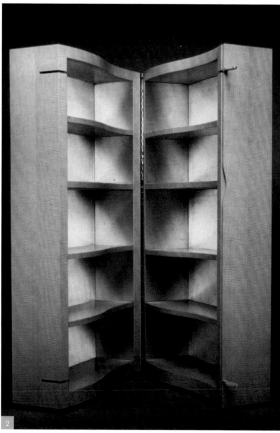

1 **Rena Dumas**
Guéridon, collection
« Okeanis » ; édition :
Fourniture / Pedestal table,
"Okeanis" collection; producer:
Fourniture, **1988**

2 **Rena Dumas**
Bibliothèque, collection
« Okeanis » ; édition :
Fourniture / Bookcase,
"Okeanis" collection;
producer: Fourniture, **1988**

Une nouvelle orientation est donnée au *VIA presse*. Le titre devient une sorte de lettre d'information, qui paraît tous les mois et s'organise autour de deux rubriques : « Projets », axe de la création avec les designers, et « Savoir-faire », axe des industriels. L'image du *VIA informations* est confiée à l'agence BBV. Toutefois, le titre « *VIA presse* » sera repris après trois numéros.

L'idée de tendance qui existe dans l'univers de la mode fait son apparition dans le secteur de l'ameublement avec le Club des tendances, présidé par Joseph Grange et animé par Jean-Claude Maugirard. Il édite chaque année un cahier de tendances, outil au service des industriels et du négoce qui cristallise les aspirations du public à un moment donné. Sa conception est confiée à Nelly Rodi.

« Habiter 88 » est la troisième et dernière édition du Salon de La Villette. À cette occasion, le VIA met l'accent sur les apports des nouvelles technologies, en particulier ceux de la domotique. Du 3 au 12 juin 1988, le VIA présente aussi à la Grande Halle de La Villette l'exposition du bicentenaire « 89 avant-première ». Elle se compose à la fois d'une recherche documentaire sur le meuble en 1789 et d'une étude sur une « chaise révolutionnaire » confiée à huit créateurs. Les résultats sont édités par le VIA à 8 exemplaires. Ces chaises livrent parfois des visions décalées et humoristiques, parmi lesquelles celle d'Élizabeth Garouste et Mattia Bonetti, qui proposent Cocarde.

Près de dix années d'aides à la création ont permis au VIA de constituer une collection emblématique des années 1980 en

A new direction now informed *VIA presse*, which became a sort of newsletter, appearing monthly and revolving around two main headings: "Projets", the design and designers section, and "Savoir Faire", focusing on manufacturers. The image of *VIA-informations* was put in the hands of the BBV agency but after only three issues the title reverted to *VIA presse*.

The notion of trends which exists in the fashion world made its appearance in the furniture section with the Club des Tendances or, literally, Club of Trends, chaired by Joseph Grange and run by Jean-Claude Maugirard. Every year it brought out a book of trends, a tool for manufacturers and the trade, which crystallised the aspirations of the public at any given moment. The book's designer was Nelly Rodi.

"Habiter 88" was the third and last such Fair at La Villette. The VIA emphasised in it the contributions of the new technologies, and in particular home automation. From 3 to 12 June 1988, at the Grande Halle de La Villette, the VIA also presented the bicentennial exhibition "89 avant-première". It consisted of both documentary research on furniture in 1789 and a study of a "revolutionary" chair, involving eight designers. All were produced by the VIA in editions of eight. They sometimes came up with witty, off-beat visions, among them the one presented by Elizabeth Garouste and Mattia Bonetti, with their Cocarde chair.

Nearly ten years of "Design Assistance" enabled the VIA to put together an emblematic collection of the 1980s in France. It was

3-4 **Élizabeth Garouste et Mattia Bonetti**
Siège Hiro-Hito ; édition :
Fourniture / Hiro-Hito seat;
producer: Fourniture, **1988**

shown at the Kunstgewerbemuseum in Berlin, at the De Hasselt Museum in Belgium and at the Victoria & Albert Museum in London. The VIA carried on with its trade exhibitions in Tokyo, Berlin, Zurich, San Francisco, Stockholm, Paris, Cologne, Milan, Valencia, Courtrai and Hong Kong.

The VIA's media success attracted leading figures from the world of decoration, eager to experience a freedom to create thanks to the Cartes Blanches programme. Rena Dumas designed the "Okeanis" collection – a collection in the great tradition of cabinet-making, which was produced by the new company Fourniture, founded by Michel Bouisson. Jean-Michel Wilmotte came up with his refined, architectured "Palmer" furniture, in sanded pine and cast aluminium, also sandblasted, a technique in the tradition of Eileen Gray. Among the "Permanent Calls", Garouste and Bonetti joined the highest ranks of traditional cabinet-making with Hiro-Hito, a gold-leafed seat. For his 1988 "Permanent Call", Jean-Christophe Rama came up with a wood and steel chair which folds up completely at the intersection of the back and seat. A new generation saw the light of day with Thibault Desombre, Christian Ghion & Alain Desso, Éric Jourdan and Frédéric Ruyant, among others.

France. Celle-ci est présentée au Kunstgewerbemuseum de Berlin, au musée de Hasselt (Belgique) et au Victoria & Albert Museum de Londres. Le VIA poursuit ses expositions commerciales à Tokyo, Berlin, Zurich, San Francisco, Stockholm, Paris, Cologne, Milan, Valence, Courtrai et Hong Kong.

Le succès médiatique du VIA attire des personnalités du monde de la décoration, qui viennent éprouver une liberté de création grâce à une Carte blanche. Rena Dumas conçoit la collection en frêne ondé « Okeanis », dans la grande tradition de l'ébénisterie – collection éditée par la jeune maison Fourniture, créée par Michel Bouisson. Jean-Michel Wilmotte conçoit des meubles architecturés raffinés, le mobilier « Palmer » en pin sablé et fonte d'aluminium poncée, une technique dans la tradition d'Eileen Gray. Parmi les Appels permanents, Élizabeth Garouste et Mattia Bonetti s'inscrivent dans la haute facture de l'ébénisterie traditionnelle avec Hiro-Hito, un siège doré à la feuille. Pour son Appel permanent en 1988, Jean-Christophe Rama propose une chaise en bois et acier dont le dossier et l'assise se replient intégralement au niveau de la ligne médiane. Une nouvelle génération se fait jour avec notamment Thibault Desombre, Christian Ghion & Alain Desso, Éric Jourdan, Frédéric Ruyant...

1989

The VIA's museum tour carried on apace, at the Kunstindustrimuseet in Oslo and at the Cooper-Hewitt Museum in New York,

1989

La tournée du VIA dans les musées se poursuit, au Kunstindustrimuseet d'Oslo et au Cooper-Hewitt Museum de New York,

1 **Jean-Christophe Rama**
Chaise pliante / Folding chair,
1988

2 **Bruno Borrione
et Bruno Lefebvre**
Fauteuil bridge B2 / B2
bridge chair, **1987**

3 **Bruno Borrione
et Bruno Lefebvre**
Chaise Norma / Norma chair,
1987

4 **Sylvain Dubuisson**
Chaise Carbone / Carbone
chair, **1989**

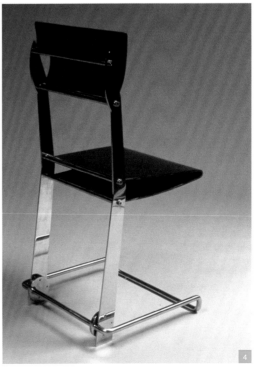

1 **Élizabeth Garouste
et Mattia Bonetti**
Chaise Cocarde / Cocarde
chair, **1988**

2 Document de
« VIA et la Révolution »
à l'exposition
« 89 avant-première » /
Document from
"VIA & la Révolution"
at the "89 avant-première"
exhibition, **1988**

3 **Jean-Michel Wilmotte**
Commodes Palmer
et chaises Palais Royal,
Salon du meuble de Paris ;
édition : Academy /
Palmer chest of drawers
and Palais Royal chairs, Salon
du meuble de Paris; producer:
Academy, **1988**

V.I.A. & la REVOLUTION

V.I.A. 10 Place Sainte-Opportune 75001 PARIS
tel: (1) 42-33-14-33   telex: 216 424 F VIADIF   fax: (1) 42-33-51-88

PHOTO N° 1

15	Chaise Ecusson	CO EC 01
16	Bureau Directoire	CO BU 01
6	Chapeau Plumes	PO CH 01
3	Mazagran	KE MA 01
3	Cruchon à Rhum	KE CR 01
17	Fauteuil Directoire	CO FA 01
3	Gourde Ronde	KE GO 01
3	Pot à Tabac	KE PO 01
3	Gourde deux Etages	KE GO 02
18	Secrétaire Louis XVI	RE SE 01
19	Chaise "Jeu de Paume"	VI JE 01
20	Chauffeuse Paillée	VI PA 01
21	Marionnette	
	"Sans Culotte"	CA MA 02
2	Paravent	VI PA 02
22	Panneau Decor	VI FO 01

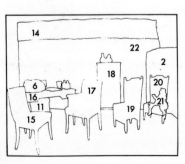

1 **Sylvain Dubuisson**
Bureau 1989 ; édition :
Fourniture / 1989 desk;
producer: Fourniture, **1989**

2 **Sylvain Dubuisson**
Bureau 1989 à l'Élysée ;
réalisé par Fourniture pour
le Mobilier national / 1989
desk at the Elysée; produced
by Fourniture for the Mobilier
national, **1989**

3 **Sylvain Dubuisson**
Chaise L'Aube et le temps
qu'elle dure / L'Aube et le
temps qu'elle dure chair, **1989**

où le VIA organise avec le Comité Colbert « 1789-1989. L'Art de vivre. Decorative art and design in France ». La sélection est rigoureuse : François Bauchet, Christian Duc, Élizabeth Garouste et Mattia Bonetti, Jean-Louis Godivier, Sacha Ketoff, Pascal Mourgue, Nemo, Philippe Starck, Martin Szekely, Jean-Michel Wilmotte.

La galerie du VIA s'ouvre toujours plus à la création européenne et expose Peter Keene, un génial bricoleur anglais, et Atika, un groupe expérimental tchèque.

Le choix du VIA pour les Cartes blanches de l'année met en avant le savoir-faire artisanal et la tradition des arts décoratifs. Garouste et Bonetti élaborent leur première collection éditée par GBH (association de Garouste et Bonetti avec l'industriel Claude Hass) sur le thème du patchwork, avec une approche des matériaux riche et variée (tissus, marbre, bronze...). Renouant avec l'idée d'un mobilier transmissible, Olivier Gagnère emploie une technique d'ébénisterie pour une collection d'une dizaine de pièces plus classiques. Le décorateur Christian Liaigre, lui, aborde le mobilier d'extérieur. Dans un esprit proche du mouvement moderne, Sylvain Dubuisson, qui sera distingué « créateur de l'année » au Salon du meuble de Paris en janvier 1990, collabore avec l'industriel Pauchard (Tolix) pour créer un ensemble exigeant : le fauteuil Aéro en tôle perforée roulée, monté sur roulettes ; la chaise L'Aube et le temps qu'elle dure, en tôle d'aluminium, et la table Portefeuille, au plateau pliant. Il reçoit également un Appel

where the VIA, together with the Colbert Committee, organised "1789–1989, L'Art de vivre. Decorative art and design in France". Selection was rigorous: François Bauchet, Christian Duc, Garouste and Bonetti, Jean-Louis Godivier, Sacha Ketoff, Pascal Mourgue, Nemo, Philippe Starck, Martin Szekely and Jean-Michel Wilmotte.

The VIA Gallery for the year's Cartes Blanches put the stress on artisanal know-how and the decorative arts tradition. Garouste and Bonetti worked out their first collection to be produced by GBH (an association between Garouste, Bonetti and the manufacturer Claude Hass) on the theme of the patchwork, with a rich and varied approach to materials (fabrics, marble, bronze...). Linking back up with the idea of transmittable furniture, Olivier Gagnère used a cabinet-making technique for a collection of ten more classical pieces. The decorator Christian Liaigre, for his part, broached outdoor furniture. In a spirit akin to the modern movement, Sylvain Dubuisson, who was to be elected designer of the year at the 1990 Paris Fair, worked with the manufacturer Pauchard (Tolix) to create a demanding set: the Aéro armchair in rolled, perforated sheet metal, mounted on casters, L'Aube et le temps qu'elle dure [Dawn and the time it lasts] a chair in aluminium sheeting, and the Portefeuille table with its folding top. He was also awarded a "Permanent Call" for a spiral desk titled 1989 and produced by Fourniture.

As a counterpoint, the "Permanent Calls" introduced a selection of projects giving pride of place to individual expression, with

free, colourful and at times ethnic forms. Some notable examples include Sylvia Corrette and her Mille et une nuits [Thousand and One Nights] armchair and "Roxanne princesse des Djinns" stool (Fermob), Anne Liberati and Joris Heetman with their Pin Up chest of drawers (Neotu), and Bénédicte Ollier with her Milou stool (Artistes et modèles).

1990

Summing up the result of ten years of activity, the exhibition "Les Années VIA, 1890-1990" was held at the musée des Arts décoratifs from 24 April to 26 August 1990. It was curated by Yvonne Brunhammer and staged by Andrée Putman, assisted by Bruno Moinard. A fine reconstruction of the chronology and thematic approaches was rendered by an interplay of grids and transparencies. This also offered an opportunity to remind people that the VIA owed its existence to the UNIFA and the CODIFA. Roger Fauroux, Minister of Industry and Territorial Development, confirmed its mission in a letter addressed to Jean-Claude Maugirard. "This mission [...] has made it possible to give a new impetus to furniture design in France and has thereby contributed to the growth and upgrading of France's furniture industries. To guarantee the continued existence of this programme, I wish the mission that is now yours to be pursued. It will encompass new product research, the industrial development of new products,

permanent pour un bureau en hélice, intitulé 1989 et édité par Fourniture.

En contre-point, les Appels permanents introduisent une sélection de projets faisant la part belle à l'expression individuelle, aux formes libres et colorées, parfois ethniques. Citons Sylvia Corrette et son fauteuil Mille et une nuits ou son tabouret de la collection « Roxanne princesse des Djinns » (Fermob), Anne Liberati et Joris Heetman avec leur commode Pin Up (Neotu) ou Bénédicte Ollier avec son tabouret Milou (Artistes et modèles).

1990

Dressant le bilan de dix années d'activités, l'exposition « Les Années VIA, 1980-1990 » se tient au musée des Arts décoratifs du 24 avril au 26 août 1990. Le commissariat est assuré par Yvonne Brunhammer et la scénographie conçue par Andrée Putman, assistée de Bruno Moinard. Une belle restitution de la chronologie et des approches thématiques est rendue par un jeu de trames et de transparences. C'est aussi l'occasion de rappeler que le VIA doit son existence à l'UNIFA et au CODIFA. Roger Fauroux, ministre de l'Industrie et de l'Aménagement du territoire, en confirme la mission dans une lettre adressée à Jean-Claude Maugirard. « Cette mission [...] a permis de donner une impulsion nouvelle à la création de meubles en France et, par-delà, a contribué à l'essor et à la revalorisation des industries françaises de l'ameublement. Pour assurer la pérennité de cette

4 **Sylvain Dubuisson**
Fauteuil Aéro / *Aéro armchair, 1989*

5 Couverture du *VIA presse*, n° 10 ; en haut à droite : tabouret Milou de Bénédicte Ollier / *Cover of VIA presse, no. 10; top right: Milou stool by Bénédicte Ollier, 1989*

1 **Christian Liaigre**
Croquis de la chaise longue
d'extérieur conçue pour un
hôtel / Sketch of the outdoor
chaise longue designed for
a hotel, **1989**

2 **Christian Liaigre**
Chaise longue d'extérieur
conçue pour un hôtel /
Outdoor chaise longue
designed for a hotel, **1989**

3 **Olivier Gagnère**
Croquis de la table / Sketch
of the table, **1989**

4 **Olivier Gagnère**
Table ; édition : Fourniture /
Table; producer: Fourniture,
1989

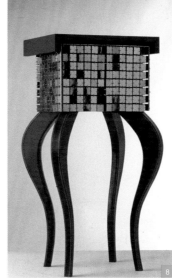

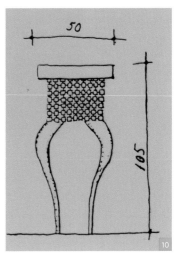

5 **Sylvia Corrette**
Fauteuil Mille et une nuits ;
édition : Fermob / Mille et
une nuits armchair; producer:
Fermob, **1989**

6 **Sylvia Corrette**
Dessin de la collection
« Roxanne princesse des
Djinns » / Drawing of the
"Roxanne princesse des Djinns"
collection, **1989**

7 **Élizabeth Garouste
et Mattia Bonetti**
Dessin de la table basse
Patchwork / Sketch of the
Patchwork occasional table,
1989

8 **Anne Liberati
et Joris Heetman**
Commode Pin Up ;
édition : Neotu / Pin Up chest
of drawers; producer: Neotu,
1989

9 **Élizabeth Garouste
et Mattia Bonetti**
Table basse Patchwork ;
édition : GBH / Patchwork
occasional table; producer:
GBH, **1989**

10 **Anne Liberati**
Croquis de la commode
Pin Up / Sketch of Pin Up chest
of drawers, **1989**

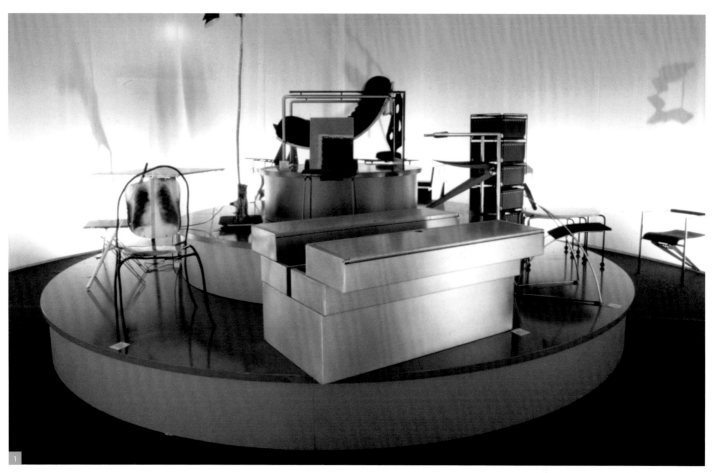

1-4 Vues de l'exposition
« Les Années VIA,
1980-1990 »
au musée des Arts
décoratifs, Paris,
24 avril- 26 août 1990 ;
scénographie : Andrée
Putman, assistée de Bruno
Moinard / Views of the
exhibition "Les Années VIA,
1980–1990" at the musée
des Arts décoratifs, Paris,
24 April–26 August 1990;
exhibition design: Andrée
Putman, assisted by Bruno
Moinard

1 **Andrée Putman**
Coiffeuse La Lune / La Lune
dressing-table, **1990**

2 **Kristian Gavoille**
Armoire lumineuse
Émôaalors / Luminous
Émôaalors wardrobe, **1990**

3 **Kristian Gavoille**
Chaise Plaisir d'A / Plaisir d'A
chair, **1990**

action, je souhaite que la mission qui vous a été impartie se poursuive. Elle englobera tout à la fois la recherche de produits nouveaux, leur développement industriel, le renforcement des liens entre les créateurs et les industriels, la promotion, l'innovation en France ou à l'étranger. S'agissant de produits nouveaux, il me semble que des collaborations pourraient être utilement menées avec le Centre technique du bois et de l'ameublement, mais également avec d'autres acteurs, afin que les possibilités offertes par les nouveaux matériaux et nouvelles techniques de fabrication soient mieux valorisées. Dans cette perspective, il me semble que l'activité de l'association du VIA pourrait être ravivée. Je ne doute pas que vous saurez définir et mettre en œuvre, avec le comité de développement des industries de l'ameublement et l'ensemble de la profession, les modalités de cette relance [22]. » La réponse de Jean-Claude Maugirard réaffirme son engagement. « Le VIA a choisi jusqu'à maintenant la carte de la création pilotée par de petites entreprises. Dix ans après, on peut constater que nous n'avions pas complètement tort, en ce sens qu'une création radicale ne peut émaner que de petites entreprises, pour qui l'innovation est le seul moteur véritable et la seule ligne produit marketing juste. Nous avions fait un choix orienté sur des phénomènes entre guillemets "de style" [...]. Cela a porté ses fruits : il y a un très grand nombre de talents reconnus aujourd'hui dans le monde entier que nous avons aidés à un moment. Le marché du meuble s'est consolidé vers le mobilier contemporain. [...]

strengthened links between designers and manufacturers and promotion and innovation in France and abroad. Where new products are concerned, it seems to me that there could be useful collaboration between the Centre Technique du Bois et de l'Ameublement [the CTBA has since become the FCBA)], as well as with other parties, so that the possibilities offered by new materials and new manufacturing techniques are better developed. In this respect, it seems to me that the activity of the VIA association might be rekindled. I have no doubt that you will be able to define and implement methods for so doing, together with the Comité de développement des industries de l'ameublement and the furniture trade as a whole."[22] Jean-Claude Maugirard's answer reasserted his commitment. "Up to now, the VIA has elected the creative design card, steered by small companies. Ten years on, we can say that we were not altogether wrong insofar as radical design can only come from small firms for whom innovation is the sole real driving force, and the only proper form of product marketing. We made a choice focused on phenomena to do with so-called 'style'[...]. This has born fruit: there is a very great deal of talent today being recognised throughout the world which we have helped at one moment or another. The furniture market has become consolidated in the direction of contemporary furniture. [...] All those involved in design reckon that the VIA's programme to do with France's creative aura in our area of activity has been suc-

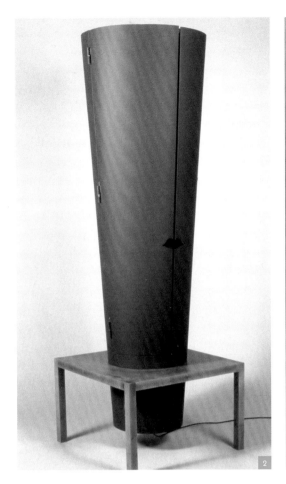

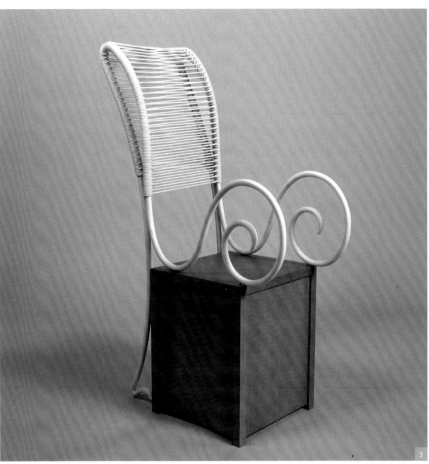

cessfully conducted. We still defend the idea that this design must be developed in the industrial sector, to respond to the desire expressed by the Ministry of Industry to push ahead with research applying new technologies."[23]

This was the moment chosen by the VIA to leave Les Halles, a neighbourhood that had become too geared towards clothing and too expensive, to set up shop at 4-8, Cour du Commerce Saint-André (6th arrondissement), a less well-trodden quarter, but popular with lovers of contemporary and decorative art. The new, larger premises offered on the ground floor an exhibition area which would permit two simultaneous presentations: the large gallery for the Cartes Blanches, plastic artists' research and new technologies; the small gallery as a dynamic venue for young designers through the "Permanent Calls". Because the VIA's communicational tools have always been carefully nurtured, *VIA presse* was taken on by an outstanding graphic designer, Ruedi Baur.

The VIA also turned eastward, by co-producing with the Berlin Cultural centre (curator: Brice d'Antras) the exhibition "Meubles de l'imaginaire", to be held in Berlin, Budapest, Prague and Vienna.

The year's Cartes Blanches encouraged, among other things, the work of Andrée Putman. The ambassadress of French tradition pounced on the opportunity to examine the development of a mass-produced line and designed a small piece halfway between a dressing-table and a desk – La Lune would be

L'ensemble de la création estime que l'action du VIA concernant l'aura créative de la France dans notre domaine a été menée à bien. Nous continuons à défendre l'idée que cette création doit être développée dans le secteur industriel, pour répondre à la volonté du ministère de l'Industrie de pousser plus avant des recherches mettant en œuvre de nouvelles technologies[23]. »

C'est le moment que choisit le VIA pour quitter les Halles, un quartier devenu trop orienté sur la confection et trop cher, pour s'établir au 4-6-8, cour du Commerce Saint-André (6e arrondissement), un lieu plus retranché, mais où se retrouvent les amateurs d'art contemporain et d'arts décoratifs. Plus grand, le nouvel espace offre au rez-de-chaussée un espace de vente, et à l'étage un espace d'exposition qui permet deux présentations simultanées : la grande galerie pour les Cartes blanches, les recherches de plasticiens ou les nouvelles technologies ; la petite galerie pour accueillir de façon dynamique la jeune création avec les Appels permanents. Les outils de communication du VIA ayant toujours fait l'objet d'un soin particulier, le *VIA presse* est repris par un remarquable graphiste, Ruedi Baur.

Par ailleurs, le VIA se tourne vers l'Est en coproduisant avec le Centre culturel de Berlin (commissariat : Brice d'Antras) l'exposition « Meubles de l'imaginaire », qui sera présentée à Berlin, Budapest, Prague et Vienne.

Les Cartes blanches de l'année encouragent, entre autres,

le travail d'Andrée Putman. L'ambassadrice de la tradition française saisit l'occasion pour étudier la mise au point d'une production en série et conçoit un petit meuble intermédiaire entre coiffeuse et bureau – La Lune sera éditée par Poltrona Frau dix-sept ans plus tard. Kristian Gavoille propose un design plus narratif et inspiré du quotidien avec l'armoire lumineuse Émôaalors ou encore la chaise Plaisir d'A. Enfin, dans le sillage de l'exposition « Les Magiciens de la terre » (1989) au Centre Pompidou, qui vient de mettre à l'honneur la thématique du métissage, Yamo incarne une démarche « ethnique », réinventant son histoire et sa culture algérienne pour produire une collection en rotin : « Ce sont des meubles à racines. »

1991

Le VIA présente le Club des éditeurs aux salons de Paris, Cologne, Milan, Tokyo, ainsi que sur un nouveau salon espagnol, le MID. Vingt et un éditeurs sont également à l'honneur dans l'exposition « VIA création et industrie. Une aventure exemplaire du mobilier français contemporain », présentée en Belgique au Grand-Hornu, parmi lesquels Fermob, Neotu, Écart international.
La nouvelle galerie du VIA permet des présentations plus nombreuses, souvent très médiatiques. C'est dans ce nouveau lieu convivial que le public parisien découvre, pour la première fois en France, les créations du jeune Australien Marc Newson pour l'éditeur japonais IDEE.

produced by Poltrona Frau seventeen years later. Kristian Gavoille submitted a more narrative design, inspired from the daily round with the luminous cupboard, Émôaalors, and the Plaisir d'A chair. Lastly, in the wake of the exhibition "Les Magiciens de la Terre" (1989), which had just given pride of place to the theme of hybridisation at the Centre Pompidou, Yamo incarnated an 'ethnic' approach, reinventing his history and his Algerian culture to produce a collection in rattan: "This is furniture with roots".

1991

The VIA introduced the Club des Éditeurs at the Paris, Cologne, Milan and Tokyo Fairs, as well as at a new Spanish fair, the MID. Twenty-one producers, including Fermob, Neotu, and Écart international, were also featured in the exhibition "Via création et industrie – une aventure exemplaire du mobilier français contemporain", presented in Belgium at the Grand-Hornu.
The VIA's new gallery permitted more presentations, often with plenty of media coverage. It was in this new user-friendly venue that the Paris public discovered, for the first time in France, the designs and work of the young Australian Marc Newson, for the Japanese producer IDEE.
The only Carte Blanche for 1991 was awarded to Martine Bedin, who renewed with tradition with her Persona Non Grata sofa and an armchair upholstered with fabric by Hermès.

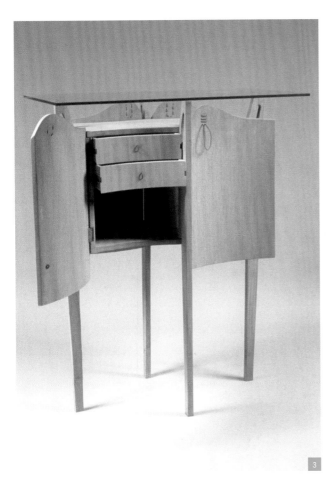

The VIA revealed designers who focused on form, reality and function, in the footsteps of François Bauchet and Martin Szekely. This trend, illustrating a weariness with "gaudy postmodern"[24] taste, was asserted with the "Permanent Calls", among them Éric Jourdan, proposing a re-rereading from the classics to modernity, René Bouchara and Eugène Brunelle. It also brought Algerian design to the fore, with Cherif Medjeber, aka Cherif, and Abdelkader Abdi, who created the small Houn cabinet. The interest in Algerian design was confirmed by the show "Abdi, Cherif, Yamo" held at the Institut du monde arabe that same year.

The year was marked by the entry of fashion into the VIA world. From 8 to 22 November 1991, in "Surexpositions" [Over-exposures] at the VIA gallery, Rei Kawabuko had exhibited her new collection of furniture devised for Comme des Garçons,[25] underscoring the constructional and volumetric qualities shared by the worlds of fashion and furniture. The furniture was also shown that same year in Tokyo, at Comme des Garçons.

1992

In keeping with its open-minded approach, the VIA now worked for an entire industry. It undertook a study of surface states with the CTBA and also developed specific operations with other sectors like the lighting group GIL [Groupement des industries du luminaire] and the tableware committee CAT [Comité des

L'unique Carte blanche de l'année 1991 est confiée à Martine Bedin, qui renoue avec la tradition avec le canapé Persona non grata et un fauteuil dont le tissu est édité par Hermès.

Le VIA révèle des créateurs qui se concentrent sur la forme, la réalité, la fonction, dans le sillage de François Bauchet et Martin Szekely. Cette tendance, qui témoigne d'une lassitude du goût « postmoderne bariolé[24] », se confirme avec les Appels permanents, parmi lesquels Éric Jourdan, qui propose une relecture des classiques de la modernité, René Bouchara ou Eugène Brunelle. C'est aussi la mise en lumière du design algérien, avec Cherif Medjeber, dit « Cherif », et Abdelkader Abdi, qui crée le petit cabinet Houn. L'intérêt du design algérien est confirmé par l'exposition « Abdi, Cherif, Yamo » qui se tient à l'Institut du monde arabe la même année.

L'année est aussi marquée par l'entrée de la mode dans l'univers du VIA. Du 8 au 22 novembre 1991, Rei Kawakubo présente à la galerie du VIA, dans « Surexpositions », sa nouvelle collection de mobilier conçue pour Comme des Garçons[25], soulignant les qualités de construction et de volume communes aux univers de la mode et du meuble. Le mobilier sera également présenté cette même année à Tokyo, chez Comme des Garçons.

1992

Fidèle à son esprit d'ouverture, le VIA travaille au service de toute une industrie. Il entreprend avec le CTBA (Centre technique du

3 **Abdelkader Abdi**
Cabinet Houn / Houn cabinet, **1991**

4 **Yamo**
Chaise C17 / C17 chair, **1991**

5 **Cherif**
Guéridons / Pedestal tables, **1991**

1-4 **Rei Kawakubo**
Trois chaises et un fauteuil /
Three chairs and one armchair,
1991

5 **Rei Kawakubo**
Carton d'invitation de
« Surexpositions », galerie
du VIA, 8-22 novembre
1991 / Invitation to the
"Surexpositions" exhibition,
VIA gallery, 8–22 November 1991

2

3

4

1 **Jean-Charles
de Castelbajac**
Carton d'invitation
de « Ma Maison au VIA » /
Invitation to "Ma Maison
au VIA", **1992**

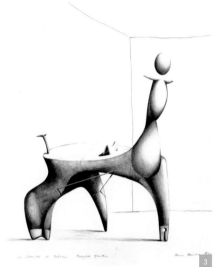

arts de la table].The marketing policy was continued through VIA Diffusion.

For the Paris Furniture Fair (10–14 January 1992), the VIA chose "L'Âge de crystal" as its theme, seeking to highlight ways of working different materials, such as birch, oak, wood chips, stone, cement and steel. In his staging of the exhibition, the VIA's architect and set designer, Yves Gradelet, integrated creativity within a sales dynamic, sparking both astonishment and interest among visitors.

Then, from 24 March to 6 April, came the exhibition of the first furniture collection by fashion designer Jean-Paul Gaultier, with, in particular, his "Meubles mobiles", which cunningly re-interpreted the wardrobe trunks used in great expeditions of yore. The Galeries Lafayette chain would subsequently exhibit and market his VIA-produced models. October saw the presentation of "La Maison de Jean-Charles de Castelbajac"; this time the fashion designer set up a partnership with Ligne Roset.

For his furniture show "Racines" [Roots], Christian Astuguevieille explored a sensory approach by covering furniture with a second skin of rope and hemp. An exhibition at the VIA, then at Verona, inspired by Nicole Wagner-Vriz's book *"Décoration de l'imaginaire"*, juxtaposed literary texts with the inventiveness of designers like Bruno Borrione.

For their Carte Blanche, Delo Lindo submitted a re-reading of everyday objects, taking a new slant on the medallion chair by stripping it and using digital control to pierce the moulded

bois et de l'ameublement) une étude sur les états de surface et développe des opérations spécifiques avec d'autres secteurs de la maison tels que le GIL (Groupement des industries du luminaire) ou le CAT (Comité des arts de la table). La politique de commercialisation se poursuit avec VIA Diffusion.

Pour le Salon du meuble de Paris (10-14 janvier 1992), le VIA choisit une thématique, « L'Âge de cristal », qui cherche à mettre en avant le travail de la matière – bouleau, chêne, débits de bois, pierre, ciment, acier… Yves Gradelet, architecte et scénographe du VIA, met la créativité au service d'une dynamique commerciale, en proposant une scénographie qui suscite l'étonnement et l'intérêt du visiteur.

Vient ensuite, du 24 mars au 6 avril, l'exposition de la première collection de meubles du créateur de mode Jean-Paul Gaultier, avec notamment ses « meubles mobiles », qui réinterprètent astucieusement les malles cabines des grandes expéditions. Les Galeries Lafayette vont ensuite exposer et commercialiser ses modèles, édités par le VIA. En octobre est présentée « Ma Maison au VIA » de Jean-Charles de Castelbajac ; le styliste établira cette fois un partenariat avec Ligne Roset.

Christian Astuguevieille explore, pour son exposition de meubles « Racines », une approche sensorielle en recouvrant les meubles d'une seconde peau de corde et de chanvre. Enfin, une exposition au VIA puis à Vérone, inspirée du livre de Nicole Wagner-Vriz, *Décoration de l'imaginaire*, confronte des textes littéraires avec l'inventivité des designers, tel Bruno Borrione.

2 **Christian Astuguevieille** Commode Tacneu présentée dans l'exposition « Racines » / Tacneu chest of drawers presented at the "Racines" exhibition, **1993**

3 **Bruno Borrione** Dessin « La Chambre de Tahoser » / Drawing, "La Chambre de Tahoser", **1991**

4 **Bruno Borrione** Chaise Taureau / Taureau chair, **1993**

1 **Jean-Paul Gaultier**
Croquis pour le Dizainier /
Sketch for the Dizainier, **1992**

2 **Jean-Paul Gaultier**
Dizainier / Dizainier, **1992**

3 **Jean-Paul Gaultier**
Fauteuil Ben Hur / Ben Hur
armchair, **1992**

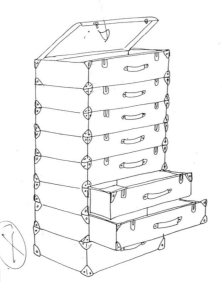

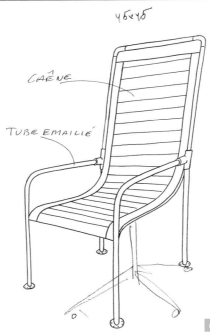

4 **Jean-Paul Gaultier**
Vue d'ensemble de « House
Mode » / Overall view
of "House Mode", **1992**

5 **Jean-Paul Gaultier**
Chaise Métro / Métro chair,
1992

6 **Jean-Paul Gaultier**
Croquis de la chaise Métro /
Sketch of Métro chair, **1992**

Mode et Design, divergences et convergences
Fashion and Design, Divergences and Convergences

Silvia Franceschini
Doctorante au Politecnico de Milan
Doctoral Student, Politecnico di Milano

La signature récente, en juin 2009, d'une convention entre le VIA et l'IFM (Institut français de la mode) pour leur coopération dans l'enseignement de l'option « Design - cadre de vie » exprime la volonté des industries de la création française de soutenir les synergies intersectorielles[1]. Pour Gérard Laizé, « les entreprises du secteur de l'ameublement manquent cruellement de cadres dans les domaines du marketing et du management de la création. L'IFM a acquis une véritable expertise en termes de formation supérieure en la matière. C'est en toute logique que j'ai souhaité ce rapprochement. De son côté l'IFM désirait étendre son champ d'intervention au cadre de vie. »

Les années 1980 voient brièvement se rapprocher les champs d'intervention de la création de mode et du design produit de mobilier. Le VIA expérimente, dès 1991, les créateurs de mode : « Les créateurs ne sont plus figés dans leur discipline [...]. Nous vivons une époque de décloisonnement des genres », affirme Jean-Claude Maugirard, qui ajoute : « Pourquoi ne pas bénéficier d'un phénomène porteur tel que la mode pour promouvoir la création française[2] ? »

Ainsi, Rei Kawakubo, déjà présente dans le design depuis 1983 avec des meubles édités par l'Italien Pallucco, est la première à montrer en 1991, dans la galerie du VIA, une « surexposition » de ses meubles en fer-blanc laqué, aux côtés de sa collection Printemps-Été sur le thème du non-fini. « Je crée les vêtements et les meubles de la même façon, en souhaitant exprimer librement l'air du temps[3] ». S'intéressant à « l'espace entre le vêtement et le meuble[4] », la créatrice japonaise de Comme des Garçons conçoit ce dernier comme un second vêtement.

En 1992, Jean-Paul Gaultier, déjà édité par les Trois Suisses, répond à l'invitation du VIA avec la collection « Meubles mobiles[5] », qui comprend des meubles et commodes attachés-cases, un dizainier-valise, un miroir porte-bagages, une chaise de métro, un confident et un fauteuil Ben-Hur montés sur roues. On reconnaît dans ses « objets trouvés » un goût du détournement qui caractérise les collections de mode du créateur, qui se plaît à croiser plusieurs héritages, de la rue à la haute couture, à mélanger les genres et les époques.

La même année, Jean-Charles de Castelbajac expose la collection « Ma maison au VIA » : « J'ai commencé dans la mode avec des tissus de maison. Je me suis intéressé au monde de la maison avec l'idée de créer un mode de vie, un univers, d'accéder [...] à une espèce de pérennité qui n'existe pas dans la mode[6]. »

Les appels aux créateurs de mode à devenir créateurs de pièces de mobilier resteront sans suite au VIA, « sans doute parce qu'ils

The recent signature, in June 2009, of an agreement between the VIA and the French fashion institute IFM [Institut français de la mode] concerning their cooperation in the teaching of the "Design: Living Environment" elective subject, conveys the desire of French design industries to support intersectoral synergies.[1] According to Gérard Laizé, "There is a dire shortage of marketing and design management executives within the furniture sector. The IFM has acquired remarkable expertise in this field in terms of graduate training. So it seemed perfectly logical to me that we should join forces. For its part, the IFM wanted to extend its brief to include the living environment." The 1980s saw the dynamics of fashion and design draw briefly closer. In 1991, the VIA started calling upon fashion designers: "Designers are no longer frozen in their discipline [...]. We are living in a period when genres are being decompartmentalised", declared Jean-Claude Maugirard, adding: "Why not make the most of a flourishing phenomenon like fashion to promote French creative work and design?".[2]

Rei Kawakubo was already part of the design world in 1983, with furniture produced by the Italian Pallucco. In 1991, in the VIA gallery, she was the first to show an "over exposure" of her painted white iron furniture, alongside her Spring-Summer collection on the theme of the unfinished. "I create clothes and furniture in the same way, eager to freely express the mood of the times."[3] With an interest in "the space between clothing and furniture",[4] the Japanese designer of Comme des Garçons sees furniture like a second item of clothing.

In 1992, Jean-Paul Gaultier, already produced by the Trois Suisses, replied to the VIA's invitation with the collection "Meubles mobiles"[5], which included briefcase chests-of-drawers, a ten-drawer suitcase, a luggage-rack mirror, a metro seat, a tête à tête chair and a Ben Hur armchair on casters. We can see in his "objets trouvés" a liking for appropriation, which hallmarks the designer's fashion collections, for he enjoys overlapping several legacies, from the street to haute couture, and mixing genres and periods.

That same year, Jean-Charles de Castelbajac exhibited the collection "Ma maison au VIA": "I started out in fashion with household fabrics. I became interested in the world of house-and-home with the idea of creating a lifestyle, a world, and having access [...] to a sort of ongoing thing which doesn't exist in fashion."[6]

Calls to fashion designers to become designers of pieces of furniture were not followed up at the VIA "probably because they were more in tune with exercises in style," analyses Gérard

Laizé today. The two areas of creation nevertheless continued to overlap, but without becoming muddled, as with the exhibition "Commodes comme mode" in 1995, where twenty-two pairs of clothes and items of furniture suggested a reading of intersecting influences.

Commenting on the convergence and divergence of fashion and design, Gérard Laizé pointed out, in a speech to the IFM in June 2009, that "in terms of actual disciplines, there are no grounds for opposing the two notions, because they are complementary. Confusion only arises when they are assimilated to specific business sectors: clothing with fashion or worse still, a decorative style with design. It is only by looking into the areas of activity of each of these creative methodologies that one can really measure their fundamental differences, but also what each brings to the other.

The ultimate creative act, which entails 'putting into shape', has an unfortunate tendency to confine the appreciation of design to its merely formal aspect. While the aim of furniture design is to conceive permanent functional solutions in response to new behavioural paradigms, fashion design is able to trigger consumer stimuli in a more immediate way, according to the tastes and tropisms of the day. The other lesson drawn from the fashion sector experience relates to the way the supply is structured. Back in the Seventies and Eighties, the sector changed its approach from one of meeting needs through a 'product' policy to an approach offering a 'clothing array', based on comprehensive supply concepts: clothes and accessories. This has yet to be done between furniture, lighting and accessories, in the context of the living environment.

Design and fashion must remain mutually beneficial while preserving a separate identity[7]."

1. "Création d'un nouveau cursus 'Design-cadre de vie'", VIA and IFM press release, 22 June 2009.
2. Annick Colonna-Cesari, "Chic, une déco cousue main", *L'Express*, 29 October 1992.
3. Rei Kawakubo, text of "Surexpositions" 7–22 November 1991, Paris, VIA gallery.
4. Sophie Tasma-Anargyros, "Rei Kawakubo", *Intramuros International Design Magazine*, no. 34, January–February 1991, pp.30–31.
5. Adolf Loos (1870–1933) wrote about furniture in the very early years of the 20th century: "only moveable furniture can be modern, as modern as our shoes, our clothes, our leather suitcases and our cars", in Adolf Loos, *La Suppression des meubles, Paroles dans le vide, 1897–1900*, (Paris: Champ Libre, 1979), pp. 283–284.
6. "La déco selon Castelbajac", *Le Figaro*, 9 October 1992.
7. Speech by Gérard Laizé, "Modes & Design" symposium, Institut français de la mode, 13 June 2009, in the framework of the Designer's Days.

se sont davantage prêtés à des exercices de style », analyse aujourd'hui Gérard Laizé. Pour autant, les deux champs de création continuent de se rencontrer, sans toutefois se confondre, comme à l'occasion de l'exposition « Commodes comme mode » en 1995, où vêtements et mobiliers, regroupés par paires, croisent des influences.

Sur les convergences et les divergences entre mode et design, Gérard Laizé précise, lors d'une intervention à l'IFM en juin 2009, qu'« en termes de discipline, opposer ces deux notions n'est pas fondé puisqu'elles sont complémentaires. La confusion s'établit lorsqu'on les assimile à des secteurs d'activité particuliers : l'habillement pour la mode ou, pire, un style décoratif pour le design. C'est en s'intéressant au champ d'intervention de chacune de ces méthodologies créatives que l'on mesure ce qui les distingue fondamentalement et, en même temps, ce qu'elles apportent l'une à l'autre.

L'acte créatif final qui consiste à "mettre en forme" a trop tendance à limiter l'appréciation du design à son seul aspect formel. Si le design a vocation à concevoir des solutions fonctionnelles pérennes en réponse à de nouveaux paradigmes comportementaux, le stylisme sait activer de façon plus immédiate des stimuli consommatoires en fonction des goûts et des tropismes de l'époque. L'autre enseignement tiré de l'expérience du secteur de la mode concerne la construction de l'offre. Dès les années 1970-1980, ce secteur est passé d'une démarche de couverture de besoins par une politique "produit" à une démarche "panoplie vestimentaire", fondée sur des concepts d'offre complète : vêtements et accessoires. Ce qui reste à faire dans le domaine du cadre de vie entre mobilier, luminaires et accessoires.

Design et mode sont deux disciplines vouées à se nourrir, pas à se confondre [7] ».

1. « Création d'un nouveau cursus "Design-cadre de vie" », Communiqué de presse VIA et IFM, 22 juin 2009.
2. Annick Colonna-Cesari, « Chic, une déco cousue main », *L'Express*, 29 octobre 1992.
3. Rei Kawakubo, texte de « Surexpositions », 7-22 novembre 1991, Paris, galerie du VIA.
4. Sophie Tasma-Anargyros, « Rei Kawakubo », *Intramuros international design magazine*, n° 34, janvier-février 1991, p. 30-31.
5. Adolf Loos (1870-1933) écrit sur les mobiliers au tout début du XXᵉ siècle : « seuls les meubles mobiles peuvent être modernes, aussi modernes que nos chaussures, nos vêtements, nos valises de cuir et nos automobiles », dans Adolf Loos, *La Suppression des meubles. Paroles dans le vide, 1897-1900*, Paris, Champ Libre, 1979, p. 283-284.
6. « La déco selon Castelbajac », *Le Figaro*, 9 octobre 1992.
7. Intervention de Gérard Laizé, colloque « Modes & Design », Institut français de la mode, 13 juin 2009, dans le cadre des Designer's Days.

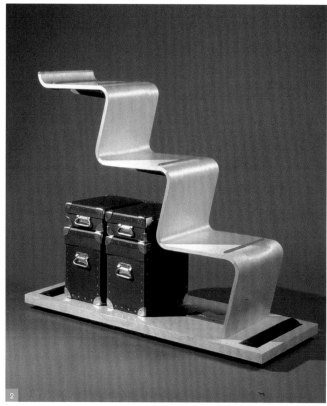

Pour leur Carte blanche, les Delo Lindo proposent une relecture des objets du quotidien et revisitent la chaise médaillon en la dépouillant, utilisant la commande numérique pour percer le contreplaqué moulé du dossier. Éric Raffy, lui, conçoit une collection de « meubles de proximité » qui évoquent le nomadisme (étagère Nuage).

Les Appels permanents de cette année distinguent notamment des réalisations de Christian Biecher (fauteuil <u>Warmond</u>), Ronan Bouroullec (<u>Console et lampadaire</u>), Matali Crasset (chaise-banc <u>Sayonara</u>) et Martin Szekely (collection « Initiales »).

1993

Afin de communiquer avec un public toujours plus exigeant et de mieux tendre vers le débat d'idées, VIA Diffusion lance une nouvelle publication, *Les Villages*. Remplaçant le *VIA presse*, *Les Villages* paraissent chaque année à l'occasion du Salon du meuble de Paris [26]. La direction d'ouvrage est confiée à Christine Colin. Le thème du village est repris par le VIA au Salon avec l'idée de la place de village. Le même décor est utilisé au Salon du meuble de Milan. Enfin, le VIA participe au premier salon consacré au mobilier d'extérieur, le « Sisel vert », qui se tient à Paris cette même année.

Une des Cartes blanches de 1993 est confiée à Christophe Pillet, qui réalise un ensemble de prototypes en plastique satiné. Ce matériau l'incite à réfléchir sur l'objet ordinaire et à axer ses recherches sur la légèreté et la simplicité. Ébéniste de formation

plywood of the back. Éric Raffy, for his part, devised a collection of "hands-on furniture" conjuring up nomadism, such as the Nuage [<u>Cloud</u>] staircase-cum-storage unit.

The "Permanent Calls" that year focused in particular on works by Christian Biecher (<u>Warmond</u> armchair), Ronan Bouroullec (<u>Console table and light</u>), Matali Crasset (<u>Sayonara</u> bench-chair) and Martin Szekely ("Initials" collection).

1993

In order to communicate with an ever more demanding public, and better widen the discussion of ideas, VIA Diffusion launched a new publication, *Les Villages*. Replacing the *VIA Presse* organ, *Les Villages* appeared annually for the Paris Furniture Fair.[26] The editorship went to Christine Colin. The village theme was taken up by the VIA at the Paris Furniture Fair with the idea of the village square. The same décor was used at the Milan Furniture Fair. Lastly, the VIA took part in the first fair devoted to outdoor furniture, the "Sisel vert", held in Paris that same year.

One of 1993's Cartes Blanches went to Christophe Pillet, who made a set of prototypes in satin-finished plastic. This material prompted him to reflect on the ordinary object and focus his research on lightness and simplicity. With his "<u>Tara</u>" collection (produced by Atlantis in 1996), Thibault Desombre, a cabinet-maker by training and Tour de France companion, championed

et Compagnon du Tour de France, Thibault Desombre défend avec la collection « Tara » (éditée par Atlantis en 1996) une honnêteté du travail, une sincérité de l'exécution, un respect du matériau.

Parmi les bénéficiaires des Appels permanents, Christian Biecher étudie la sophistication des matières avec le bureau Arti et la chaise Yvon, conçue pour le galeriste Yvon Lambert. Éric Jourdan propose des meubles aux formes parfaitement épurées, avec notamment son fauteuil M3. Christian Ghion et Patrick Nadeau donnent au bureau Célimène une sensualité par le dessin et la couleur.

1994

Une année importante qui mène le VIA vers une nouvelle orientation stratégique. Le changement procède d'une volonté d'inciter les industriels à développer davantage leur politique d'innovation et de création. À cet effet, et pour favoriser leur implication, l'UNIFA a souhaité qu'une personnalité du milieu industriel guide l'action du VIA, témoigne Georges Cambour, délégué général de l'UNIFA depuis 1989. C'est ainsi que Philippe A. Mayer, industriel lui-même (Triconfort), a été choisi pour devenir le président du VIA, un signe fort pour la profession. Pour animer ses orientations et encourager le mouvement, Philippe A. Mayer choisit en novembre 1994 un homme de marketing, Gérard Laizé, qui devient alors directeur général

honest work, straightforward execution and a respect for materials.

Among the "Permanent Calls" beneficiaries, Christian Becher examined the sophistication of materials with the Arti desk and the Yvon chair, designed by the gallery-owner Yvon Lambert. Éric Jourdan proposed furniture with perfectly spare forms, with, in particular, his M3 armchair. Christian Ghion and Patrick Nadeau lent their Célimène desk a sensual quality, through its design and colour.

1994

This was an important year which took the VIA in a new strategic direction. The change came from a desire to urge manufacturers to further develop their innovation and design policy. To this end and to encourage their involvement, the UNIFA wanted a figure from the industrial world to take over the VIA's programme, according to Georges Cambour, UNIFA's managing director since 1989, thus it was that Philippe A. Mayer, a manufacturer himself (Triconfort), was chosen as VIA president, a strong signal for the trade. To coordinate his ideas and encourage the new movement, in November 1994 Philippe A. Mayer appointed a marketing man, Gérard Laizé, as the VIA's director general. Jean-Claude Maugirard, who had been at the head of the VIA since the association's origins, had conducted a highly specialised programme, design-wise. He had given a

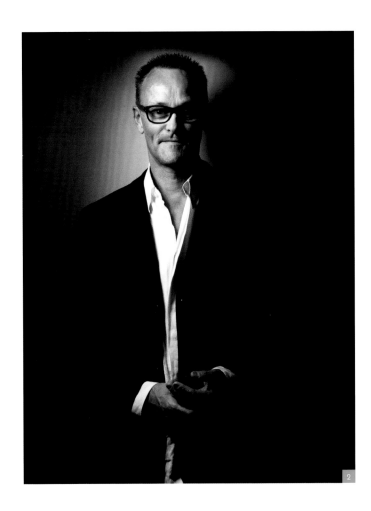

very positive image of French design, but his goals had not always been understood by manufacturers. This was why there had been a desire for a radical change of structure. Following his replacement, Jean-Claude Maugirard became artistic director and pursued his line of thinking for the benefit of the VIA and the trade.

As soon as he was appointed director general Gérard Laizé was handed the task of re-galvanising relations between the VIA and furniture manufacturers. For budgetary reasons, but also with an eye on the effectiveness and relevance of its programmes, the VIA had cause to focus once more on its primary task: promoting industrial innovation from the viewpoint both of styles and forms associated with technologies, and of market developments, thus taking part in the formulation of a competitive image of the sector. Gérard Laizé put a stop to VIA Diffusion's loss-making activities on the basis that the VIA, as an institution, should not compete with the business of producers.

After training in business and economics, Gérard Laizé specialised in strategic marketing. Some twenty-five years as a marketing director in different sectors (optical products, watches, pharmaceutical products, wines and spirits) earned him the job of international marketing director for the Habitat Group. His preferences have always leaned towards creativity in every area. In his very first months as VIA's director, he embarked upon a line of thinking involving in-depth analysis of the industrial structure and the societal context.

du VIA. Jean-Claude Maugirard, qui était à la tête de l'association depuis l'origine, avait mené une action très en pointe sur le plan de la création. Il avait donné une image de la création française très positive, mais ses objectifs n'étaient pas toujours compris des industriels. C'est la raison pour laquelle il a été souhaité un changement radical de structure. Remplacé, Jean-Claude Maugirard devient directeur artistique, poursuivant sa réflexion sur la création, au service du VIA et de la profession.

Dès sa nomination en tant que directeur général, Gérard Laizé se voit confier la mission de redynamiser les relations du VIA avec les fabricants. Pour des raisons budgétaires, mais également par souci d'efficacité et de pertinence dans ses actions, le VIA est amené à se recentrer sur sa mission première : valoriser l'innovation industrielle tant du point de vue des styles et des formes liées aux technologies que de l'évolution du marché, et ainsi participer à l'élaboration d'une image performante du secteur. L'activité déficitaire de VIA Diffusion est interrompue, Gérard Laizé considérant que le VIA, en tant qu'institution, n'a pas à concurrencer les éditeurs, dont c'est la vocation.

Après une formation économique et commerciale, Gérard Laizé s'est spécialisé en marketing stratégique. Quelque vingt-cinq années d'activité en tant que directeur marketing dans différents secteurs (lunetterie, horlogerie, produits pharmaceutiques, vins et spiritueux) l'ont conduit à exercer la fonction de directeur Marketing international du groupe Habitat. Son goût l'a toujours amené à privilégier la créativité dans tous les

1 **Delo Lindo**
Chaises de la collection
« Butterfly », section
« Village » du Salon
du meuble de Paris / Chairs
from the "Butterfly" collection,
« Village » at the Salon
du meuble de Paris, **1993**

2 Portrait de Gérard Laizé /
Portrait of Gérard Laizé, **1998**

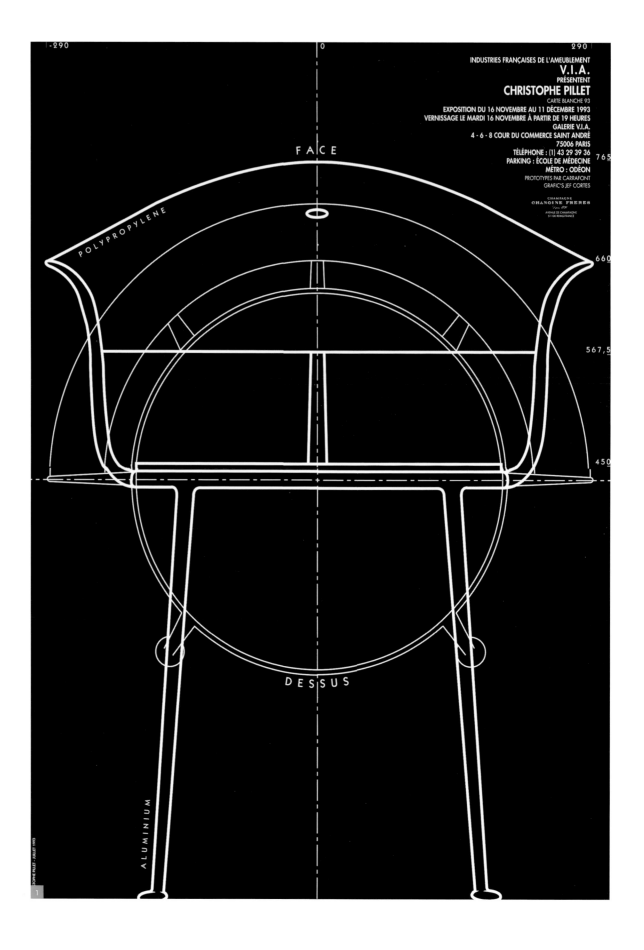

1 **Christophe Pillet**
Affiche-invitation de
« Christophe Pillet, Carte
blanche 93 », galerie du
VIA / "Christophe Pillet, Carte
blanche 93" poster-invitation,
VIA gallery, **1993**

2 **Éric Jourdan**
Buffet Traversant /
Traversant sideboard, **1994**

3 **Éric Jourdan**
Fauteuil Traversant /
Traversant armchair, 1994

4 **Christian Biecher**
Chaise Yvon / Yvon chair,
1993

5 **Christian Ghion
et Patrick Nadeau**
Bureau Célimène / Célimène
desk, **1993**

1 Vue de l'exposition
« Meubles d'en France »,
Cologne / "Meubles d'en
France" exhibition, Cologne,
1994

domaines. Dès les premiers mois de son entrée en fonction, il entame une réflexion qui analyse en profondeur le tissu industriel et le contexte sociétal.

La boutique de vente est supprimée. De ce fait, l'espace dédié aux expositions s'agrandit d'autant et permet de proposer de nouvelles découvertes, telles que Fabrice Berrux, ou de rendre hommage aux designers confirmés, tels que Rena Dumas, Migeon et Migeon, Pascal Mourgue ou Irena Rosinski.

Le Salon du meuble de Paris accueille pour la première fois les industriels du contemporain dans la zone « Métropole ». Le VIA développe une analyse sur la nouvelle génération du *low design* dans la publication *Les Villages. Modernité et modestie*.

L'exposition « Meubles d'en France », projetée sous la direction de Maugirard et coproduite par l'AFAA [27], suggère un jeu de miroir entre tradition et modernité. Itinérante, elle est présentée dans quinze capitales du monde entre octobre 1994 et décembre 1995.

Pour la Carte blanche du VIA, Éric Jourdan appréhende le meuble sous un angle inhabituel : il se concentre sur le dos, trop souvent négligé, et en ajoute le fond pour le rendre manipulable. Il conçoit ainsi les meubles « Traversants » (méridienne, buffet), qui inscrivent son travail dans une démarche plus plasticienne.

1995

Pour formaliser les changements structurels du VIA, les statuts en sont modifiés. L'association compte désormais un président non

The VIA shop was closed. As a result, the space earmarked for exhibitions was duly enlarged and made it possible to offer new discoveries such as Fabrice Berrux and pay tribute to seasoned designers like Rena Dumas, Migeon & Migeon, Pascal Mourgue and Irena Rosinski.

For the first time, the Paris Furniture Fair welcomed manufacturers of things contemporary to the "Metropolis" zone. The VIA developed an analysis of the new generation of 'low design' in the publication *Les Villages. Modernité et modestie* in 1994.

The exhibition "Meubles d'en France", supervised by Maugirard and jointly produced by the AFAA,[27] suggested a mirror effect between tradition and modernity. A travelling show, it was presented in fifteen capital cities around the world between October 1994 and December 1995.

For the VIA's Carte Blanche, Éric Jourdan grasped furniture from an unusual angle: he focused on the back, too often overlooked, and made holes in it, to make it easier to handle. He thus designed "Traversants" pieces (day bed, sideboard), which lent a more plastic approach to his work.

1995

To formalise the VIA's structural changes, the statutes were altered. The association now had a non-salaried president and a director general. Furthermore, each year the UNIFA drew up a new strategic plan which was applied to organisations

2 Couverture du catalogue
*Les Villages. Modernité
et modestie* / Cover of the
*Les Villages. Modernité
et modestie* catalogue, **1994**

3 Couverture du catalogue
*Les Villages. Fonction
et fiction* / Cover of the
*Les Villages. Fonction
et fiction* catalogue, **1996**

under its managerial wing, the IPEA, the VIA and the GEM. During this year, Gérard Laizé drew up new areas of research for the VIA. The new director's goal was to regalvanise the sector; his ambition was impressive, but so were the obstacles. Furniture has to do with heritage and patrimony, and the pace of renewal is slow.[28] To trigger a desire to make purchases, he envisaged two solutions: on the one hand, innovation, to stimulate the idea that consumers would benefit from using new designs and, on the other, the proposal of a comprehensive supply of items for households, encompassing furniture, lighting, carpets, and accessories. He also extended his area of investigation to the office/bureau sector, to kitchens, and to local authorities.

The VIA's new director was also a communicator, expressing himself on the matter of "the distribution of contemporary design" right back in January, in the Furniture Fair issue of the magazine *Intramuros*. He then organised a conference on the promotion of plastic in the home, as well as a lecture in Helsinki titled "The Challenge of Complexity". This desire to communicate and inform was seen as a much-needed aspect of his task. As often as possible, Gérard Laizé shared the outcome of the VIA's thinking and offered its recommendations to manufacturers, the public, and students, hosting more and more lectures over the years.

At the recommendation of the president Philippe A. Mayer, the VIA's geographical reconciliation with manufacturers occurred in October 1995. The new area known as "Les Voûtes" [The

salarié et un directeur général. Par ailleurs, l'UNIFA définit chaque année une nouvelle orientation stratégique qui s'applique aux organismes relevant de sa gouvernance, l'IPEA, le VIA, le GEM.

Gérard Laizé définit cette année-là de nouveaux axes de recherche pour le VIA. L'objectif du nouveau directeur est de redynamiser le secteur ; son ambition est grande, mais les obstacles aussi. Le meuble relève du patrimonial et son rythme de renouvellement est lent [28]. Pour déclencher le désir d'achat, il envisage deux solutions qui sont, d'une part, l'innovation, pour susciter l'idée de bénéfice d'usage chez le consommateur, et, d'autre part, la proposition d'une offre complète pour les espaces domestiques, englobant meubles, luminaires, tapis et accessoires. Il ouvre également son champ d'investigation au secteur du bureau, de la cuisine et des collectivités. Des groupes de travail sont organisés avec les professionnels, par spécialité, pour dégager des pistes innovantes.

Le nouveau directeur du VIA est aussi un communiquant, qui s'exprime sur « la distribution du contemporain » dès le mois de janvier dans le magazine *Intramuros*, à l'occasion du Salon du meuble. Il organise ensuite un colloque sur la valorisation du plastique dans l'habitat, ainsi qu'une conférence à Helsinki, intitulée « The Challenge of Complexity ». Cette volonté de transmission est envisagée comme une nécessité de sa mission. Gérard Laizé partage le plus souvent possible le fruit des réflexions du VIA et propose ses recommandations aux industriels, au public et aux étudiants... Il assure lui-même la présentation de

1

1 Vue extérieure de la galerie
du VIA au Viaduc des arts,
29-35, avenue Daumesnil/
The exterior of the gallery VIA,
Viaduc des arts, 29-35
Daumesnil avenue

conférences, toujours plus nombreuses au fil des années.
Sur la préconisation du président Philippe A. Mayer, le rapprochement géographique du VIA avec les industriels s'opère en octobre 1995. Le nouvel espace « Les Voûtes », au Viaduc des arts, avenue Daumesnil, fait face à l'UNIFA. Le nouveau lieu, aménagé par Jean-Michel Wilmotte, s'agrémente d'un centre de documentation professionnelle des industries françaises de l'ameublement. Parallèlement, le VIA est rejoint par l'IPEA. L'exposition inaugurale de la galerie, qui ouvre le 15 novembre, est consacrée à une présentation des lauréats du Grand prix Colbert des jeunes créateurs en arts appliqués.

Le Salon du meuble est l'occasion de présenter deux expositions proposées par Jean-Claude Maugirard : « Le Paris des créateurs » et « Commodes comme mode », cette dernière étant également montrée à Milan et à Cologne. Pour leur troisième édition, *Les Villages* développent le thème *Autentik*.

Afin de mieux contrôler le suivi des subventions, une nouvelle relation aux écoles est mise en place, avec des projets précis. Le VIA propose aussi des pistes de recherches : les premiers axes proposés sont « Son, image, mobilier » et « Plié-déplié ».

Pour sa Carte blanche, Pierre Charpin explore de nouvelles typologies, de nouvelles proportions et utilise la mousse de polyuréthane rigide pour la chaise Jobré, le rocking-chair Campmeeker, le Téléviseur encastrable et trois projets d'étagères. Jean-Marie Massaud propose « un imaginaire constructif[29] » avec, entre autres, Ghosthome, un fauteuil empilable en polypropylène injecté,

Vaults], at the Viaduc des arts, on Avenue Daumesnil, stood opposite the UNIFA. The new premises, refurbished by Jean-Michel Wilmotte, also boasted a professional documentation centre for the French furniture industries. In tandem, the VIA was rejoined by the IPEA. The gallery's opening show, on 15 November, was devoted to a presentation of the winners of the Grand Prix Colbert for young designers in the applied arts.

The Furniture Fair offered a chance to present two exhibitions proposed by Jean-Claude Maugirard: "Le Paris des créateurs" and "Commodes comme mode", a play on words on chests-of-drawers as fashion items, which was also put on in Milan and Cologne. For their third edition, *Les Villages* developed the theme *Autentik*.

To keep a better grip on grant monitoring, a new relationship with schools was introduced, with precise projects. The VIA also proposed avenues of research: the first areas submitted were "Sound, image, furniture" and "Folded-Unfolded".

For Pierre Charpin's Carte Blanche he explored new typologies and new proportions, and made use of rigid polyurethane foam for the Jobré chair, the Campmeeker rocking-chair, the built-in or fitted television and three kinds of shelving. Jean-Marie Massaud submitted "a constructive imagination"[29] with, *inter alia*, Ghosthome, a stackable armchair made of injected polypropylene, a series of "Liquid Light" lamps and the Luba Luft shelf unit.

The "Permanent Calls" were marked by innovative designs:

Stéphane Bureaux and Jean-Louis Frechin invented a <u>Bump</u> storage chest made of green, yellow, orange and white plastic stackable modules. Élodie Descoubes and Laurent Nicolas produced the <u>Feutre</u> armchair, which evolved from a layered leaf-like structure; Dominique Mathieu came up with a collection featuring a tubular structure, in particular the <u>Stella</u> desk. Christian Ghion and Patrick Nadeau submitted <u>Oh, Marie-Laure</u>, a table made of moulded plywood, and Vincent Baurin produced a pouf made with a light mould and a molecular technique, called <u>Noli me tangere</u>.

1996

To fully grasp the impact of the sociological, psychological and psycho-affective impact on the furbishing of the home, the VIA ushered in a line of forward-looking thinking by questioning philosophers, sociologists, town- and city-planners and architects about the development of customs and life styles. The furniture environment is a natural extension of body language. To further pursue this line of thinking, a conference on the theme "L'innovation au service du bien-être de l'homme" [Innovation for the benefit of well-being] brought together, among others, François Barré, Jacques Derrida, Jean Nouvel, and Ettore Sottsass.[30]
To illustrate the new management's commitments, the VIA decided to innovate in its presentation at the Furniture Fair, with

une série de lampes « <u>Liquid Light</u> » et l'étagère <u>Luba Luft</u>. Les Appels permanents sont marqués par des créations innovantes : Stéphane Bureaux et Jean-Louis Frechin inventent un cube de rangement <u>Bump</u>, composé de modules en plastique vert, jaune, orange ou blanc qui peuvent s'emboîter ; Élodie Descoubes et Laurent Nicolas le fauteuil <u>Feutre</u>, qui évolue en fonction de l'effeuillage ; Dominique Mathieu une collection dont la structure est en tube, notamment avec le bureau <u>Stella</u>. Christian Ghion et Patrick Nadeau proposent <u>Oh, Marie-Laure</u>, une table en contreplaqué moulé, et Vincent Beaurin un pouf réalisé avec un moule léger et une technique moléculaire, <u>Noli me tangere</u>.

1996

Pour comprendre l'impact du contexte sociologique, psychologique et psychoaffectif sur l'aménagement de la maison, le VIA initie une réflexion prospective en interrogeant des philosophes, des sociologues, des urbanistes et des architectes sur l'évolution des mœurs et des modes de vie. L'environnement mobilier est naturellement un prolongement de la gestuelle. Afin de poursuivre cette réflexion, un colloque sur le thème de « L'innovation au service du bien-être de l'homme » réunit, entre autres, François Barré, Jacques Derrida, Jean Nouvel, Ettore Sottsass [30]...
Pour illustrer les engagements de la nouvelle direction, le VIA décide d'innover dans sa présentation au Salon du meuble avec

2 **Jean Nouvel et Paco Rabanne** Commode BAO et robe Sirène dans l'exposition « Commodes comme mode », Salon du meuble de Paris / BAO chest of drawers and Sirène dress, "Commodes comme mode" exhibition, Salon du meuble de Paris, **1995**

3 Vue de l'exposition « La Maison des cinq sens », Salon du meuble de Paris / "La Maison des cinq sens" exhibition, Salon du meuble de Paris, **1996**

1 **Pierre Charpin**
Téléviseur encastrable /
Fitted television unit, **1995**

2 **Pierre Charpin**
Chaise Jobré [jaune] /
Jobré [yellow] chair, **1995**

3 **Pierre Charpin**
Fauteuil à bascule
Campmeeker / Campmeeker
rocking-chair, **1995**

4 **Jean-Marie Massaud**
Fauteuil Ghosthome /
Ghosthome armchair, **1995**

5 **Jean-Marie Massaud**
Étagère Luba Luft /
Luba Luft shelf, **1995**

6 **Jean-Marie Massaud**
Lampe Liquid Light /
Liquid Light lamp, **1995**

1 Vue de l'exposition
« La Maison des cinq sens »/
"La Maison des cinq sens"
exhibition, 1996

« La Maison des cinq sens ». La scénographie, accessoirisée, met en situation des prototypes d'Appels permanents et de Cartes blanches de 1995 et propose une promenade sensorielle dans des pièces à vivre. Cette présentation d'un art de vivre contemporain est reprise à la galerie et connaît une fréquentation exceptionnelle (8 300 personnes en 4 semaines). Des expositions thématiques, parfois transdisciplinaires, viennent renforcer la stratégie du VIA : « Cinéma et mobilier », « Artistes et meubles en carton » ou « Les Janus de l'industrie » (une collaboration avec l'Institut français du design). Bien entendu, les expositions dédiées aux créateurs se poursuivent, avec le travail de Thibault Desombre ou d'Agnès et Hiroyuki Yamakado, notamment.
La publication *Les Villages* développe le thème *Fonction et fiction*, une analyse du design narratif.
Cette année-là, une première Carte blanche est attribuée à Joon-Sik Oh, qui crée avec un minimum de matière un espace de confort et de partage avec les fauteuil et canapé Agora, dédiés à la vie familiale. Une seconde est attribuée à matali crasset, qui propose avec W at hôm un environnement de travail domestique répondant à la place grandissante de l'ordinateur à la maison. Deux modules (« la pensée et le chantier de la pensée », « la mémoire et l'outil ») composent ce projet, qui se caractérise par sa dimension globale et témoigne de la volonté de Gérard Laizé d'orienter le design vers des réponses fonctionnelles. Enfin, Tsé & Tsé (Catherine Levy et Sigolène Prébois) créent de discrets paysages domestiques avec la table basse Voici et

"La Maison des cinq sens". The set, complete with props, featured prototypes of 1995 "Permanent Calls" and Cartes Blanches and proposed a sensory stroll through living-rooms. This presentation of a contemporary art of living was taken up at the VIA gallery, where it clocked up an outstanding number of visitors (8,300 in four weeks). Theme-based shows, at times cross-disciplinary, bolstered the VIA's strategy: "Cinéma et Mobilier" [Film and Furniture], "Artistes et meubles en carton" [Cardboard Furniture], and "Les Janus de l'industrie" [The Januses of Industry], a joint venture with the Institut français du design. Needless to say, exhibitions devoted to designers carried on, with the work of Thibault Desombre, Hiroyuki and Agnès Yamakado in particular.
The publication *Les Villages* developed the theme *Fonction et fiction*, an analysis of narrative design.
A first Carte Blanche went to Joon-Sik Oh, who, with a minimum of material, created a communal leisure area with the Agora armchair and sofa, dedicated to family life. A second was awarded to matali crasset, who, with W at hôm, submitted a household work environment responding to the ever-increasing prominence of the home computer. Two modules, ("la pensée et le chantier de la pensée", "la mémoire et l'outil") formed this project, hallmarked by its global dimension, and illustrative of Gérard Laizé's desire to steer design toward functional answers. Lastly, Tsé & Tsé (Catherine Lévy and Sigolène Prébois) created discreet domestic scapes with the

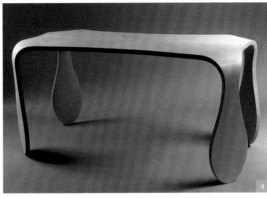

Voici occasional table and the Voilà console desk, both with a porcelain top and acacia structure.

Among the nine designers receiving "Permanent Calls", Dominique Mathieu submitted a desk (Buro), a VIA-Sollac partnership. Ronan Bouroullec heralded a demanding style with his Hole wall shelves in glass and oukoume multi-ply with birch veneer. Patrick Jouin created a comfortable set with the Good Light bed, the Steel Life chair and the Light Watt lamp, all in a discreet and elegant design.

Lastly, the VIA was asked to chaperone the design of a chair earmarked for the refectory of the La Tourette monastery built by Le Corbusier, with the backing of the Ministry of Culture. The project selected was the one submitted by Jasper Morrison.

la console Voilà, toutes deux composées d'un plateau en porcelaine et d'une structure en acacia.

Parmi les neuf créateurs qui ont reçu un Appel permanent, Dominique Mathieu propose un bureau (Buro), un partenariat VIA-Sollac ; Ronan Bouroullec annonce un style exigeant avec l'étagère murale Hole en verre et multiplis oukoumé plaqué bouleau ; Patrick Jouin propose un ensemble confortable avec le lit Good Light, la chaise Steel Life et la lampe Light Watt, au design discret et élégant.

Enfin, le VIA est sollicité pour accompagner la création d'une chaise destinée au réfectoire du couvent de La Tourette, réalisé par Le Corbusier, avec le concours du ministère de la Culture. Le projet sélectionné est celui de Jasper Morrison.

2 **Joon-Sik Ho**
Fauteuils et canapé Agora /
Agora armchair and sofa, **1996**

3 **Stéphane Bureaux
et Jean-Louis Frechin**
Cubes de rangement Bump /
Bump storage cubes, **1995**

4 **Christian Ghion
et Patrick Nadeau**
Bureau Oh, Marie-Laure /
Oh, Marie-Laure desk, **1995**

1997

Upheld and encouraged by UNIFA's new chairman, Henri Griffon, who took up his appointment in January, the VIA's forward-looking approach continued and its in-depth analysis of the ways society was changing was expressed in an article by Gérard Laizé published in *Les Villages 1997*, "Objets-types et archétypes". He re-asserted the need for a programme of creative design and innovation, in these words: "Even if there exists, among designers, a clear desire to innovate, in particular through the use of new materials, the fact of not allying this type of initiative to the desire to obtain a truly advantageous

1997

Confirmée et encouragée par le nouveau président de l'UNIFA, Henri Griffon, qui entre en fonction en janvier, la démarche prospective du VIA se poursuit et l'analyse approfondie des mutations de la société est exprimée dans un texte de Gérard Laizé publié dans *Les Villages 1997. Objets-types et archétypes*. Y réaffirmant la nécessité d'une action de création et d'innovation, il constate en effet : « Même s'il existe chez les designers une volonté affichée d'innover, notamment par l'utilisation de nouveaux matériaux, le fait de ne pas soumettre ce type d'initiative à la volonté d'obtenir un véritable bénéfice d'usage pour l'utilisateur réduit souvent

celle-ci à un exercice plasticien qui n'engage que son auteur. »
Gérard Laizé invite « à raisonner conceptuellement un nouveau
produit avant d'en imaginer la forme. » L'ambition est de considérer le marché dans une perspective globale et de poser la question du cadre de vie et de son confort.

À l'étranger, l'année est marquée par la participation du VIA à la
West Week. Pour l'occasion est présentée à la Feldman Gallery
de Los Angeles l'exposition « Design with a French Twist ».

Pour le Salon du meuble de Paris, le VIA organise sa deuxième
exposition thématique, « Homo domus. Variations sur le confort
de l'homme », scénographiée par Philippe Daney. Dans un mono-
lithe noir, les meubles provenant essentiellement des Appels
permanents et des Cartes blanches de 1996 sont répartis selon
différentes fonctions – une pièce commune, un espace d'intimité,
un espace junior, etc. –, sans cloisons de séparation, laissant ainsi
apparaître des interactions entre les différents espaces. Le visiteur
découvre la proposition à partir d'une passerelle située à trois
mètres de hauteur. Des mimes professionnels jouent les attitudes
des usagers dans l'espace domestique. Parallèlement est proposé
un colloque sur le thème « Nouveaux champs de création pour
demain ». L'exposition a ensuite été présentée dans la galerie du
VIA, déployant l'hypothèse du confort sous ses multiples aspects.
Patrick Jouin se saisit de cette thématique pour sa Carte
blanche, qui sera présentée au Salon de 1998 : « le sujet du
confort me convenait parfaitement, car il est ouvert, hors de
toute tendance. Par définition, les espaces imaginés par le

benefit for the user often reduces the initiative to a plastic
exercise, merely involving its author." Gérard Laizé invited
people "to work out a new product conceptually before
imagining its form." The goal was to regard the market in a
global perspective, and to raise the issue of the living
environment and its comfort.

Abroad, the year was marked by the VIA's participation in the Wert
Week. To mark the occasion it presented at the Feldman Gallery
in Los Angeles the exhibition "Design with a French Twist".

For the Paris Furniture Fair, the VIA addressed this in its second
theme-based show, "Homo domus: Variations sur le confort de
l'homme", staged by Philippe Daney. In a black monolith, furniture mostly derived from the 1996 "Permanent Calls" and Cartes
Blanches were arranged on the basis of different functions: a
communal room, a private space, a junior space, etc., with no
partitions, thus showing interactions between the different spaces. The visitor discovered the proposition from a footbridge set
at a height of ten feet. Professional mimes enacted user attitudes
in the household space. At the same time there was a conference
on the theme "Nouveaux champs de création pour demain" [New
Areas of Design for Tomorrow]. The exhibition was then shown in
the VIA gallery, developing the hypothesis of comfort in all its
varied forms.

Patrick Jouin took up this theme for his Carte Blanche, which
would be presented at the 1998 Fair: "The subject of comfort
suited me down to the ground, because it's open, and outside

2 **Jasper Morrison**
Chaise La Tourette /
La Tourette chair, **1996**

3 **Ronan Bouroullec**
Étagère Hole / Hole shelf,
1996

any trend. By definition, the spaces devised by the VIA are prospective spaces, and I liked the idea of developing the notion of a different comfort, visual and perceptible." The designer created the Morphée [Morpheus] sofa-bed, a low rug-table called Cosmic Thing, and the Wonderwall screen-light. Ronan Bouroullec, for his part, had already come up with an "exploded kitchen" in 1994. For his Carte Blanche he took things a step further with his Cuisine désintégrée [Disintegrated Kitchen], produced by Cappellini, whose essential functions were deliberately separated: water, heat, storage, conservation. "Why should the kitchen be a single bloc?" Using simple materials (moulded monobloc plastic, light and translucent plastics, wood) he designed a light construction. "It's a friendly, non-authoritarian kitchen, like the simple fruit and vegetable box you find at the market."[31]

Among the twenty-three "Permanent Calls", there was the noteworthy appearance of projects laying claim to an eco-design approach. Thus Marianne Guedin made shelves of polyurethane foam made from maize and coloured, while Jeanne Huber designed her recycled Hop waste-paper bins.

In quite a different style, Sophie Larger designed Glup (produced by Ligne Roset), a pouf filled with polystyrene balls making explicit reference to the 1969 "Sacco". Pascal Bauer reinvented space with his Liberi shelving, tallying with an ongoing lifestyle, because the linear can be made to fit to the nearest inch. This item was produced by Sintesi. Alfredo Häberli & Christophe Marchand invented a "platform to release body energy", called

VIA sont des espaces prospectifs, et j'ai aimé l'idée de développer une idée d'un autre confort, visuel, sensible. » Le designer crée un canapé-lit Morphée, un tapis-table basse Cosmic Thing, la lampe-paravent Wonderwall. Ronan Bouroullec, lui, avait déjà pensé une « cuisine éclatée » en 1994. Pour la Carte blanche, il va encore plus loin avec la Cuisine désintégrée (éditée par Cappellini), dont les fonctions essentielles sont volontairement séparées : l'eau, le feu, le rangement, la conservation. « Pourquoi une intégralité supposée de la cuisine ? » En partant de matériaux simples (plastique moulé monobloc, plastiques translucides, bois), il conçoit une construction légère : « C'est une cuisine amicale, non autoritaire, à l'image du simple cageot de fruits ou de légumes que l'on trouve sur le marché [31]. »

Parmi les vingt-trois Appels permanents, on remarque l'apparition de projets qui se réclament d'une démarche d'éco-conception. Ainsi, Marianne Guedin conçoit des étagères en mousse de polyuréthane produite à base de maïs et teintée dans la masse, tandis que Jeanne Huber imagine des poubelles recyclées Hop.

Dans un tout autre registre, Sophie Larger crée Glup (édité par Ligne Roset), un pouf rempli de billes de polystyrène qui se réfère explicitement au Sacco de 1969. Pascal Bauer repense l'espace avec ses étagères Liberi (éditées par Sintesi), qui répondent à un mode de vie évolutif, puisque le linéaire peut s'adapter au centimètre près. Alfredo Häberli et Christophe Marchand

1 **matali crasset**
« W at hôm », projet
prospectif de mobilier
informatique domestique,
vue d'ensemble de la Carte
blanche : « la mémoire »,
« l'outil », « le chantier
de la pensée », « la pensée » /
"W at hôm", Prospective project
for a computer household work
environment, general view of the
Carte Blanche: "the memory",
"the tool", "the thinking site",
"the thought"
1996

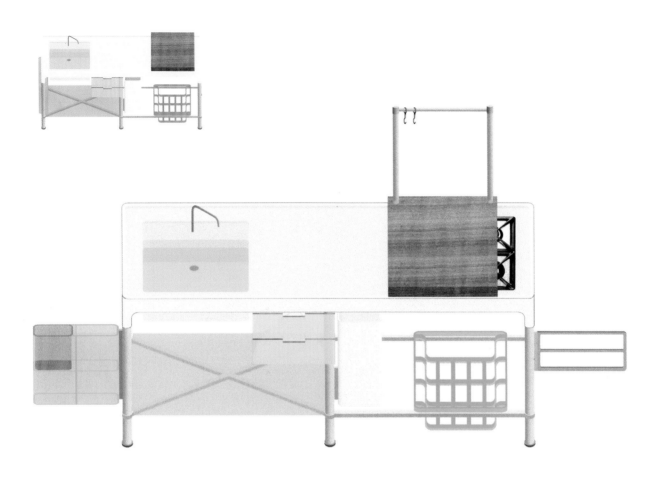

2 **Ronan Bouroullec**
Dessins de la Cuisine
désintégrée ; projet édité
par Cappellini / Disintegrated
kitchen, drawings; project
produced by Cappellini, **1997**

1 **Patrick Jouin**
Chaise Steel Life ; édition :
Fermob / Steel Life chair;
producer: Fermob, **1996**

2 **Patrick Jouin**
Vue d'ensemble de la Carte
blanche / Overall view of the
Carte Blanche, **1997**

3 **Pascal Bauer**
Étagères Liberi ; édition :
Sintesi / Liberi shelf unit;
producer: Sintesi, **1997**

1 **Alfredo Häberli et Christophe Marchand**
Banquette Matrable /
Matrable settee, **1997**

2 **Sophie Larger**
Pouf Glup ; édition :
Ligne Roset / Glup seat;
producer: Ligne Roset,
1997

3 **Dominique Mathieu**
Bureau Buro / Buro desk,
1996

4 **Jeanne Huber**
Poubelles Hop / Hop
waste-paper bins, **1997**

inventent une « plate-forme pour la libération de l'énergie corporelle », <u>Matrable</u>, zone multi-fonctionnelle pour la détente ou le travail, où les accoudoirs recouvrent diverses fonctions interchangeables.

1998

La réflexion prospective du VIA se poursuit sous l'impulsion de Gérard Laizé, qui préface un véritable manifeste dans : 00. *Et si on remettait les compteurs à zéro ? Hypothèses pour des futurs probables* : « Identifier dans un contexte de mutation les grands courants d'évolution sociologique (nouvelles mœurs, nouvelles structures de la vie familiale, nouveaux courants de pensée...) qui peuvent influencer, dans leurs fondements, les affectations spatiales de l'habitat et la conception des objets mobiliers qui composent notre environnement de vie quotidienne, privé ou professionnel, qu'il concerne nos activités principales ou nos loisirs. Traitant de nouvelles logiques fonctionnelles fondamentales, cette démarche remet l'homme au cœur de la réflexion, avec comme souci permanent l'amélioration de son bien-être et de son confort [...] Il nous est apparu qu'il est temps d'appréhender l'acte de création de tous ces objets qui concourent à l'aménagement du cadre de vie de l'homme avec une logique différente [32]. » La présentation des Appels permanents et des Cartes blanches de 1997 au Salon du meuble de Paris se fait l'écho de cinq hypothèses pour le futur. « Le luxe de maturité », avec une

<u>Matrable</u>, a multi-purpose leisure or work zone, where the arm-rests had various interchangeable functions.

1998

The VIA's forward-looking thinking carried on with Gérard Laizé's impetus, expressed in his preface to a virtual manifesto in :00. *Et si on remettait les compteurs à zéro ? Hypothèses pour des futurs probables* [And what if we put the clocks back to zero? Hypotheses for likely futures]: "Identifying, in a context of change, the major trends of sociological evolution (new habits, new family life structures, new lines of thought...) which may fundamentally influence the habitat's spatial allocations and the design of furniture items making up our everyday living environment, be it private or professional, whether it has to do with our main activities or our leisure activities. Dealing with new and basic forms of functional logic, this approach puts people back at the hub of reflection, with the improvement of their well-being and comfort, an ongoing concern [...] The time seems to us to have come to understand the creative act behind all those objects which contribute to the arrangement of people's lifestyles with a different logic."[32] The VIA's presentation of its 1997 "Permanent Calls" and Cartes Blanches at the Paris Furniture Fair echoed the five hypotheses for the future. "Le luxe de maturité", staged by Laurent Nicolas, combined high-quality manufacture with new technologies. "Les nouveaux essentiels", staged by Delo Lindo, presented a new market for first time home-owners.

For in tandem with encompassing mobility involving an affective impartiality towards furniture's patrimonial dimension, the right price encouraged accessibility. "L'essence des sens" proposed, by way of a set by Laure Meyrieux, an environment halfway between the virtual and the functional, trying to awaken the mind. "Le confort protecteur" evoked a comforting bubble. This space was designed in reaction to an outside world deemed to be aggressive. Last of all, "Le bionique", staged by Zébulon, examined the possible bases of a new dynamic ergonomics, better adapted to the present-day human morphology, as well as to postures associated with people's new activities.

Under the editorship of Christine Colin, *Les Villages. Terminologie et Pataquès* [Terminology and Confusion] attempted to clarify the meaning of words such as decorative arts, applied arts, arts and crafts, design, and so on.

At the Cologne Fair, on 20 January 1998, the VIA organised in the Neptunbad swimming pool an evening that made history. The iconoclastic and cheeky presentation of the 1997–1998 collection of VIA furniture, signed by Yves Gradelet, in cahoots with Coll-Part, was seen as a symbol of the renewal of French furniture design. Promoted at the VIA from 4 May to 28 June, the exhibition «Esprit d'en France» sought, through a new slant on either the past or the present, to promote the culture of French furniture worldwide as a source of inspiration.

For the first time, from 6 to 19 April, the 1998 Labels selection was exhibited in the VIA gallery. The Labels had hitherto only been

scénographie de Laurent Nicolas, croise la haute facture avec les nouvelles technologies. « Les nouveaux essentiels », avec une scénographie des Delo Lindo, présente un nouveau marché du premier équipement. Car parallèlement à la mobilité qui entraîne un désintéressement affectif vis-à-vis de la dimension patrimoniale du mobilier, la justesse du prix des choses en favorise l'accessibilité. « L'essence des sens » propose à travers une scénographie de Laure Meyrieux un environnement à mi-chemin entre le virtuel et le fonctionnel, qui cherche à éveiller l'esprit. « Le confort protecteur » évoque une bulle rassurante. Cet espace est conçu en réaction à un monde extérieur estimé agressif. Enfin « Le bionique » étudie, dans une scénographie de Zebulon, les bases possibles d'une nouvelle ergonomie dynamique, mieux adaptée à la morphologie actuelle de l'homme ainsi qu'aux postures liées à ses nouvelles activités.

Sous la direction de Christine Colin, *Les Villages. Terminologie et pataquès* tente de clarifier le sens des mots arts décoratifs, arts appliqués, métiers d'art, design...

Au Salon de Cologne, le 20 janvier 1998, le VIA organise dans l'ancienne piscine Neptunbad une soirée qui fait date. La présentation iconoclaste et impertinente de la collection 1997-1998 des meubles du VIA, signée Yves Gradelet, avec la complicité de Coll-Part, est perçue comme le symbole du renouveau de la création du mobilier français. Présentée au VIA du 4 mai au 28 juin, l'exposition « Esprit d'en France », conçue à partir de l'ouvrage du même titre, veut promouvoir dans le monde la culture du mobilier français

2 Couverture de *Mobiliers nomades pour générations passeport*, numéro hors-série de *Beaux-Arts Magazine* / Cover of *Mobiliers nomades pour générations passeport*, a special issue of *Beaux-Arts Magazine*, **1998**

3 Couverture du livre *: 00. Et si on remettait les compteurs à zéro ? Hypothèses pour des futurs probables* / Cover of the book *:00. Et si on remettait les compteurs à zéro ? Hypothèses pour des futurs probables*, **1998**

1 Vue de l'exposition
« Design with a French
Twist » / "Design with a French
Twist" exhibition, Feldman
Gallery, Los Angeles, **1997**

2-3 **Vues de l'exposition « Esprit d'en France », galerie du VIA, 4 mai-28 juin 1998** / "Esprit d'en France" exhibition, VIA gallery, 4 May–28 June 1998

1

(qu'elle soit une reformulation d'hier ou bien d'aujourd'hui). Pour la première fois, du 6 au 19 avril, la sélection des Labels 1998 est exposée dans la galerie du VIA. Les Labels n'étaient jusque-là présentés que dans les salons professionnels. Désormais, ils sont montrés au public. Quant à l'exposition « Mobiliers nomades pour générations passeport », du 5 septembre au 31 décembre à la galerie, elle questionne le voyage, un marché en perpétuelle croissance, ainsi que le « nomadisme ». À l'occasion paraît un hors-série de *Beaux-Arts Magazine* codirigé par Gérard Laizé [33].

1999

Le VIA propose au Salon du meuble de Paris le thème « Son, image et confort ». Cet inventaire de solutions imaginées autour de la dernière génération de matériel audiovisuel est présenté dans un espace convivial. Une occasion de mettre en scène les Appels permanents et les Cartes blanches. Parallèlement, la publication *Les Villages 1999. Confort et inconfort* offre le témoignage d'industriels sur ce thème dans les secteurs du bureau ou de la cuisine, par exemple.

Dans sa galerie, le VIA entame une série de présentations de design international qui mettront dorénavant à l'honneur un pays différent chaque année. Cette démarche illustre la volonté d'ouverture aux autres cultures et encourage les échanges. Le Québec ouvre la voie. En septembre, le VIA s'associe à la réflexion de trois créateurs sur « La nature du futur. Une nature apprivoisée ».

presented at trade fairs. Now they were being shown to the public. As for the exhibition "Mobiliers nomades pour générations passeport, held in the gallery from 5 September to 31 December, it questioned travelling, an ever-growing market, as well as "nomadism". *Beaux Arts magazine* published a special issue to mark the occasion, to which Gérard Laizé contributed.[33]

1999

The VIA came up with the theme "Son, image et confort" for the Paris Furniture Fair. This list of imagined solutions centred on the latest generation of audio-visual equipment was shown in a user-friendly space, providing an opportunity to present the "Permanent Calls" and Cartes Blanches. In tandem, the publication *Les Villages 1999. Confort et inconfort* offered reports from manufacturers on this theme in the office and kitchen sectors, for example.

In its gallery the VIA initiated a series of international design shows, henceforward paying tribute to a different country each year. This approach illustrated its desire to open up to other countries and encourage exchanges. Quebec in Canada was the first. In September, the VIA associated three designers with this line of thinking on "La nature du futur. Une nature apprivoisée" [The Nature of the Future. A Nature Tamed]. Projects by Ross Lovegrove, Stéphane Maupin and the Luxlab collective (Jean-Marie Massaud, Patrick Jouin and Thierry Gauguin) were presented. The latter reintroduced an original space with a

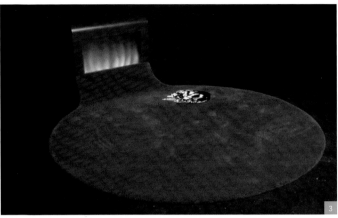

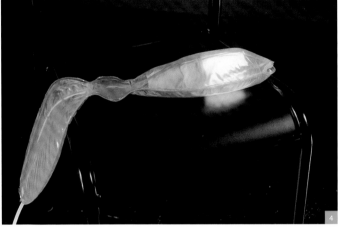

changeable floor (earth), liquid table (water) and a meta-hearth (fire). In Asia the VIA held an "Art de Vivre à la française" exhibition for the China-Shanghai Furniture Fair.

The Cartes Blanches questioned the single function of furniture: Andreas Aas, in particular, proposed, with his <u>009</u>, three tables in one: a wooden 'soul' sandwiched between two translucent polyurethane shells.

The "Permanent Calls", for their part, came under the auspices of experimentation. François Azambourg, then embarking on a lengthy collaboration with the VIA, proposed associating wood and foam to create, through this subtle alchemy, a chair and a dressing table with footrest. Erwan Bouroullec created the unadorned <u>Un et demi</u> [One and a Half] day bed, whose fibreglass shell was covered with foam resin and woollen cloth (produced by Domeau & Pérès), and Elsa Francès and Jean-Michel Policar created a luminous <u>Dé Light</u> table (produced by Ligne Roset). Somewhere between dream and wit, the Radi Designers Group reinvented household comfort with the <u>Sleeping Cat</u> rug, combining fireplace and dozing cat (produced by Kreo).

2000

To celebrate the VIA's twentieth anniversary, and the fortieth Furniture Fair, the Exhibition "L'école française, un siècle de création mobilière" [The French School, a Century of Furniture Design], accompanied by a publication, presented a

Sont ainsi présentés les projets de Ross Lovegrove, de Stéphane Maupin et du collectif Luxlab (Jean-Marie Massaud, Patrick Jouin et Thierry Gauguin). Ces derniers restituent un espace des origines avec sol mutable (la terre), table liquide (l'eau) et méta-foyer (le feu). En Asie, le VIA organise une exposition « Art de vivre » à la française pour le salon Furniture China-Shanghai.

Les Cartes blanches remettent en cause la fonction unique du meuble. Andreas Aas, notamment, propose avec <u>009</u> trois tables en une : une « âme » en bois prise en sandwich entre deux coques translucides de polyuréthane.

Les Appels permanents sont placés, pour leur part, sous le signe de l'expérimentation. François Azambourg, qui entame alors une longue collaboration avec le VIA, propose d'associer bois et mousse pour créer par cette subtile alchimie une chaise et une chauffeuse avec repose-pied. Erwan Bouroullec crée la méridienne épurée <u>Un et demi</u>, dont la coque en fibre de verre est recouverte de résine mousse et d'un drap de laine (édition Domeau & Pérès), Elsa Francès et Jean-Michel Policar une table lumineuse <u>Dé Light</u> (édition Ligne Roset). Entre rêve et humour, les Radi Designers réinventent avec le tapis <u>Sleeping Cat</u> le confort domestique en combinant le feu de cheminée et le chat endormi (édition Kreo).

2000

Pour célébrer les vingt ans du VIA et les quarante ans du Salon du meuble, l'exposition « L'École française, un siècle de création

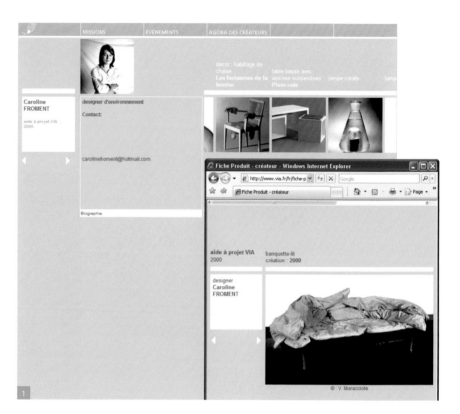

1 Capture écran de
l'« Agora des créateurs »,
accessible sur le site
internet du VIA / Screen
capture of the "Agora
des créateurs", accessible
on the VIA website, **2009**

2 **Jean-Louis Guinochet**
Petit banc et tabouret
Ta-Ba / Ta-Ba small bench
and stool, **2000**

3 **Jean-Marc Gady**
Méridienne **Moods** / Moods
day bed, **2000**

4 **François Duris**
Bibliothèque **Treillis** ;
édition : Habitat / Treillis
bookcase; producer: Habitat,
2000

mobilière », accompagnée d'une publication, présente un vaste panorama de la création française. Le VIA présente au Salon du meuble de Paris un nouvel outil documentaire destiné à la profession, « L'Agora des créateurs ». Cette base de données, mise en place sur le site internet du VIA, rassemble des dossiers complets sur les créateurs français (biographie, spécialités, listes et visuels des travaux réalisés). Toujours placée sous la direction de Christine Colin, la collection « Les Villages » devient « Design & ». Le premier opus est consacré aux liens entre *Design & utopies*.

Depuis plusieurs années le VIA, en collaboration avec le CTBA, incite les designers et le monde industriel à s'intéresser à d'autres matériaux et technologies que ceux traditionnellement utilisés dans l'industrie de l'ameublement. « À partir du moment où l'on mise sur une innovation, notamment le transfert d'exploitation d'une matière qui n'est pas destinée à l'origine au mobilier, on sait que cela va favoriser un nouveau champ de création et d'application », indique Gérard Laizé. Le regroupement par spécialité a permis aux fabricants de cuisines du CTBA de mettre en œuvre une consultation et de retenir sept projets, dont ceux de Kristian Gavoille et de Jean-Louis Guinochet. Ce programme inaugure une nouvelle méthodologie. Un groupement d'industriels (mobilier de bureau, cuisine, salle de bain, par exemple) est à l'origine d'une étude ergonomique sur une problématique précise. Ensuite, une consultation est organisée par le VIA sur la base d'un cahier des charges. Après quoi les projets retenus font l'objet d'une exposition ou d'une publication.

sweeping overview of French design. At the Paris Furniture Fair, the VIA showed a new documentary tool designed for the trade, "L'Agora des créateurs". This database, set up on the VIA website, brought together complete dossiers on French designers (biography, specialities, lists and visuals of works completed). Still edited by Christine Colin, *Les Villages* became *Design &*. The first issue was devoted to the links between *Design & utopies*.

For several years the VIA, together with the CTBA, had been urging designers and the industrial world to take an interest in materials and technologies other than those traditionally used in the furniture industry. "From the moment when one focuses on an innovation, in particular the transferred use of a matter not originally earmarked for furniture, one knows that this will encourage a new field of design and application", observed Gérard Laizé. The regrouping by speciality enabled the CTBA's kitchen manufacturers to come up with a consultation and use seven projects, including those of Kristian Gavoille and Jean-Louis Guinochet. This programme ushered in a new methodology. A group of manufacturers (office furniture, kitchens, bathrooms, for example) lay at the root of an ergonomic study of a precise issue. Then a consultation was organised by way of the VIA, based on a set of specifications, after which the projects used were either exhibited, or featured in a publication.

Christian Biecher came up with an ambiguous Carte Blanche, "Intérieur supermoderne", a "heterogeneous and coherent"

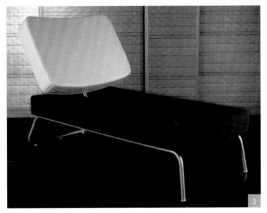

ensemble mixing different influences and sensibilities – the luxurious and the popular, crystal and steel – with, in particular, Strip, a reclining chaise longue made of expanded polyurethane on a steel frame; Étoile ouverte [Open Star], a low cupboard in natural birch plywood decorated with marquetry in wenge, walnut and cherry; Tile, an occasional table in crystal squares mounted on a matt chrome steel frame with the top in extra-white glass; Mono, a monobloc armchair in Mediabag talqueet polypropylene, and an interactive flat-screen TV set, protected by a cover in silver plastified canvas. The project was jointly funded by CLP Marqueterie, Poltrona Frau and Baccarat. More geared to technique, the L Design Carte Blanche (Arik Levy and Pippo Lionni), "Composite", explored technology transfer and material appropriation, especially with the use of Alucobond® and Dibond®, composite materials stemming from the second work, the bees' nest with its tubular structure in polycarbonate used in the automobile industry, neoprene, laminate, and Priplak®, all treated with a strict graphic style and a soft spot for the lightweight. We should also mention the Double Layer and U-Chair seats, the Super Light table, the CD Shelf storage unit and the U-Shelf bookshelves (partly produced by Roset/Cinna).

The "Permanent Calls" directed their research towards extremely interesting new typologies and new materials and uses. François Azambourg questioned the actual manufacturing process with the Pack chair, designed to be sold in a cover with expanding

Christian Biecher livre une Carte blanche ambiguë, « Intérieur supermoderne », un ensemble « hétérogène et cohérent » mêlant différentes influences et sensibilités – le luxe et le populaire, le cristal et l'acier –, avec notamment Strip, une chaise longue inclinable en polyuréthane expansé sur structure en acier ; Étoiles, une armoire basse en contreplaqué de bouleau naturel décoré de marqueterie en wenge, noyer et merisier ; Tile, une table-guéridon en carreaux de cristal montés sur une structure en acier chromé mat avec plateau en verre extra-blanc ; Mono, un fauteuil monobloc en polypropylène talqué, et Mediabag, un téléviseur interactif à écran plat, protégé par une housse en toile plastifiée argentée. Le projet a été cofinancé par CLP marqueterie, Poltrona Frau et Baccarat. Plus axée sur la technique, la Carte blanche de L Design (Arik Levy et Pippo Lionni), « Composite », explore le transfert de technologie et le détournement des matériaux, notamment avec l'utilisation de l'Alucobond® et du Dibond® (matériaux composites issus du second œuvre), du nid d'abeille à structure tubulaire en polycarbonate employé dans l'industrie automobile, du néoprène, du stratifié ou encore du Priplak®, le tout traité avec une écriture graphique rigoureuse et un attrait pour la légèreté. On peut citer les chaises Double Layer et U-Chair, la table Super Light, le rangement CD Shelf et la bibliothèque U-Shelf (édition partielle Roset/Cinna).

Les Appels permanents orientent leurs recherches sur les pistes passionnantes des nouvelles typologies, des nouveaux matériaux et usages. François Azambourg interroge le processus

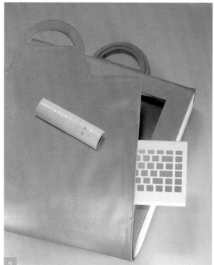

1 **Christian Biecher**
Vue de la Carte blanche
avec l'armoire basse Étoiles,
la table-guéridon Tile et le
fauteuil Mono / View of Carte
Blanche with the Étoiles low
chest, Tile pedestal table
and Mono armchair, **2000**

2 **Christian Biecher**
Sac Media Bag / Media Bag,
2000

3 **Christian Biecher**
Chaise longue Strip / Strip
chaise longue, **2000**

4 **L Design**
Chaises U-Chair / U-Chairs,
2000

5 **L Design**
Chaise Double Layer
(profil) / Double Layer chair
(in profile), **2000**

6 **L Design**
Chaises Double Layer /
Double Layer chairs, **2000**

7 **L Design**
Rangements U-Shelf
et CD Shelf ; édition :
Roset/Cinna / U-Shelf
and CD Shelf; producer:
Roset/Cinna, **2000**

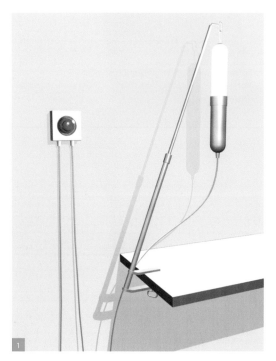

même de fabrication avec la chaise Pack, conçue pour être vendue sous étui et dont la mousse se dilate sur simple manipulation de l'acquéreur. Erwan Bouroullec invente un espace dans l'espace avec le Lit clos (édité par Cappellini). François Duris crée une bibliothèque Treillis, éditée par Habitat. Jean-Marc Gady livre Moods, une méridienne composée d'un dossier coulissant qui lui permet de se transformer en lit. Jean-Louis Guinochet et Bernard Moïse conçoivent chacun des éléments à système combinatoire, respectivement Ta-Ba, petit banc et tabouret en matière plastique, et Book Book, éléments de rangement superposables. Xavier Moulin imagine des objets hybrides avec Paddybag, sac-siège, et la lampe Baladeuse, en gel polyuréthane et PVC. Mobilité et légèreté sont aussi les qualités des lampes de Frédéric Ruyant et d'Inga Sempé. Cette dernière crée la lampe à poser Double, dont le réflecteur à double-coque est entièrement modulable.

2001

Au Salon du meuble de Paris, le VIA présente l'exposition « Matières en lumière », une mise en scène des Aides à projet et des Cartes blanches innovantes en matière de revêtements de surface qui, par leur composition et/ou leur structure, produisent des effets décoratifs et sensoriels. Le nouvel opus des *Villages. Design & gammes* propose une étude de l'offre sur le marché. Le dépôt des projets des Appels permanents ne se faisant plus

foam rubber. Erwan Bouroullec invented a space within a space with his Press-bed (produced by Cappellini). François Duris created a Treillis shelf unit produced by Habitat. Jean-Marc Gady came up with Moods, a day bed consisting of a sliding back to turn it into a proper bed. Jean-Louis Guinochet and Bernard Moïse each designed units based on a combinatory system, respectively Ta-Ba, a small plastic bench and stool, and Book Book, stackable storage units. Xavier Moulin came up with hybrid items with Paddybag, a bag-seat, and the Baladeuse portable light made of polyurethane gel and PVC. Mobility and lightness were also the salient qualities of the lights made by Frédéric Ruyant and Inga Sempé. The latter designed the table light Double, with a completely modular double-shell reflector.

2001

At the Paris Furniture Fair, the VIA put on the exhibition "Matières en lumière" [Light on Matter], a presentation of the "Design Assistance" and Carte Blanche programmes, with their innovative surface coverings producing, through their composition and/or structure, both decorative and sensory effects. The new issue of *Les Villages. Design & gammes*, focused on a study of market supply.

Because the registration of the "Permanent Calls" projects was no longer made throughout the year but on two precise dates fixed by the VIA, they were renamed Aides à project [Project

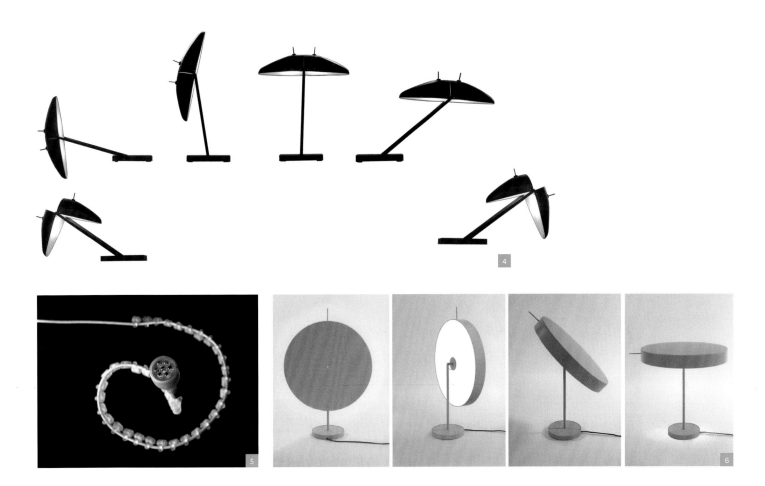

Assistance], a name that was to come into effect in 2002. Two committees made up of professionals and figures in the trade and VIA members convened to appraise the quality of the proposals submitted, one for the "Project Assistance" scheme, the other for the Cartes Blanches.

The 2001 Carte Blanche was, as it happens, awarded to the Radi Designers Group,[34] who came up with a line of furniture based on a pallet manufacture technology transfer. Made using the Twin-Sheet procedure, two sheets of thermoformed plastic whose seams form a decorative interplay, the "Gamme X" collection included in particular a bench, a table, a low table, a modular bookshelves. The "Permanent Calls" programme attempted to reinvent the tactile and visual relations between object and user. With the help of clipper ball-and-socket joints in polycarbonate, Stéphane Bureaux made the Biomorphe light, which coiled as desired on an indefinite length of wire. Elsa Francès and Jean-Michel Policar got a simple finger movement to vary the brightness of the light with their On Air lamp. Inga Sempé came up with a swivel Lamp in aluminium and Plexiglas, whose position caused the light to vary. Lastly, Frédéric Sofia designed a new body language for his Do The Right Thing lamp, its switch activated by a punch.

Matt Sindall, for his part, embarked on a line of thinking about perception, proposing the Chromatique chair, whose colour range varied with the application of a lenticular film.

That year, the VIA gallery played host to the young generation

toute l'année mais à deux dates précises fixées par le VIA, ils sont rebaptisés « Aides à projet » (appellation qui deviendra effective en 2002). Deux commissions constituées de professionnels, de personnalités et de membres du VIA se réunissent pour évaluer la qualité des propositions, l'une pour les Aides à projet, l'autre pour les Cartes blanches.

La Carte blanche est justement confiée aux Radi Designers[34], qui conçoivent une gamme de mobilier sur la base d'un transfert technologique de fabrication de palettes. Réalisée suivant le procédé Twin-Sheet, deux feuilles de plastiques thermoformées dont les lignes de soudure dessinent un jeu décoratif, la collection « Gamme X » comprend notamment un banc, une table, une table basse et une bibliothèque modulable.

Les Appels permanents tentent de réinventer les relations tactiles et visuelles entre l'objet et son usager. Stéphane Bureaux compose à l'aide de rotules à clipper en polycarbonate la lampe Biomorphe, qui s'enroule à loisir sur une longueur de câble indéfinie. Elsa Francès et Jean-Michel Policar permettent, grâce à un simple glissement de doigt, de faire varier l'intensité de la lumière avec le luminaire On Air. Inga Sempé propose une lampe Orientable, en aluminium et Plexiglas, dont la position fait varier la lumière. Enfin, Frédéric Sofia imagine une nouvelle gestuelle pour la lampe Do the Right Thing, dont l'interrupteur est activable par un coup de poing. Menant pour sa part une réflexion sur la perception, Matt Sindall propose la chaise Chromatique, qui varie selon le spectre colorimétrique grâce à l'application d'un film lenticulaire.

4 **Inga Sempé**
Lampe à poser Double /
Double table light, **2000**

5 **Stéphane Bureaux**
Luminaire Biomorphe /
Biomorphe lamp, **2001**

6 **Inga Sempé**
Lampe Orientable /
Directional lamp, **2001**

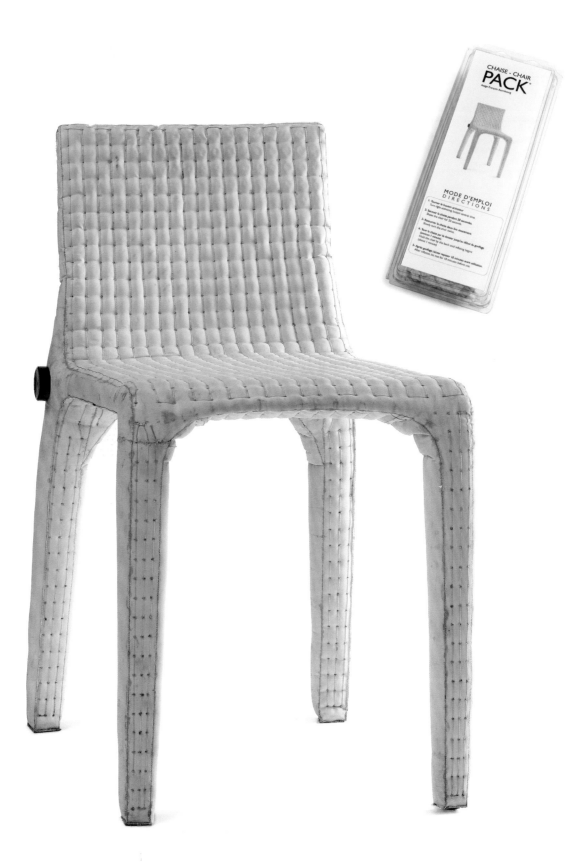

1 **François Azambourg**
Chaise Pack et son
emballage / Pack chair
and its wrapping, **2000**

2 **Radi Designers**
Table Gamme X (détail) /
Gamme X table (detail), **2001**

3 **Radi Designers**
Table basse Gamme X /
Gamme X low table, **2001**

4 **Radi Designers**
Table et banc Gamme X /
Gamme X table
and bench, **2001**

5 **Radi Designers**
Bibliothèque modulable
Gamme X / Gamme X modular
bookshelves, **2001**

1 **Stéphane Bureaux**
Chair-i, avec toile
transparente / Chair-i, with
transparent cloth, **2002**

2 **Stéphane Bureaux**
Chair-i, avec coque
injectée / Chair-i, with injected
plastic shell, **2002**

3 **Stéphane Bureaux**
Chair-i, avec habillage
mousse et tissu / Chair-i,
with foam and fabric
upholstery, **2002**

Cette année-là, la galerie du VIA accueille la jeune génération des designers japonais, ainsi qu'un hommage à Pascal Mourgue.

Le soutien aux écoles se poursuit à travers la signature de conventions avec neuf établissements, avec les interventions régulières de Michel Bouisson dans une trentaine de lieux (animation de workshops et de conférences, participation à des jurys). Comme chaque année, le VIA présente dans la galerie les travaux des écoles ; soixante-six d'entre eux sont également présentés au Salon du meuble.

2002

Christian Pierret, ministre délégué à l'Industrie, confie à Pascal Morand, directeur général de l'IFM (Institut français de la mode) et à Gérard Laizé, directeur général du VIA, la mission d'étudier la création d'une « Cité de la mode et du design » à Paris, un programme orienté vers le développement économique des entreprises utilisatrices de la création. L'expertise respective des deux organismes, l'un orienté vers la formation, l'autre vers l'aide à la création, devait servir d'ancrage à ce projet, avec l'ambition d'une synergie et d'une modélisation intersectorielle. Le projet est formalisé puis remis à Nicole Fontaine, nouvellement nommée ministre déléguée en novembre. Malgré l'intérêt reconnu de cette démarche, le projet d'une cité dédiée au design français n'a toujours pas abouti, faute d'un engagement politique ferme.

of Japanese designers; it also paid tribute to Pascal Mourgue. Support for schools carried on with the signing of agreements with nine establishments and regular involvements by Michel Bouisson in some thirty places (organising workshops and lectures, jury membership). As every year, the VIA showed school work in its gallery; sixty-six of them were also exhibited at the Furniture Fair.

2002

Christian Pierret, acting Minister of Industry, gave Pascal Morand, director general of the fashion institute IFM [Institut français de la mode] and Gérard Laizé, director general of the VIA, the task of examining the creation of a "Cité de la mode et du design" in Paris, a programme geared towards the economic growth of companies using design. The respective expertise of the two organisations would help to set this project on solid bases, with the goal of inter-sectorial synergy and modelling. The project was formalised and then passed to Nicole Fontaine, appointed acting minister in November. Despite the acknowledged value of this approach, the "cité" dedicated to French design has still not materialised, for want of firm political commitment.

The 2002 Furniture Fair offered an occasion to present, for the first time, some of the consultancy activities undertaken by the VIA in various regions: "Aramis" in Rhône-Alpes, "CreaOuest" in the Nantes-Pays de la Loire region, "Design" in Lorraine. By

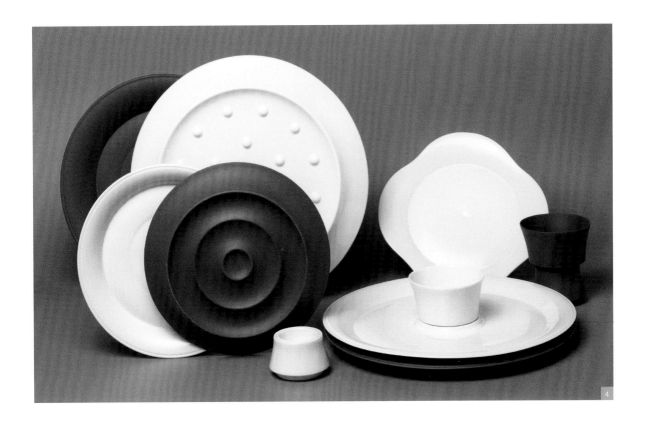

4 **François Bauchet**
Service de table
Résonance/ *Résonance
dinner service,* **2002**

determinedly pursuing the invitation to develop improvements, under the particular influence of the New Information and Communication Technologies [NICT], the VIA launched a new "Specific Call", "Comment meubler l'espace" [How to Furnish Space]. It offered up a line of thinking about viewing space, in partnership with Thomson Multimédia and the CTBA, which launched the competition "On/Off, Technologies domestiques". Among the five projects selected, we should mention the Tolozan multimedia unit, by Éric Jourdan (Ligne Roset), and the award-winning project by the designers Arnaud Gournac, Florian Jarry, Kevin Léné and Guillaume Penanguer. The unit consisted of Dodown, a screen-rug forming a variable-geometry area for the family clan, fitted with a wide plasma screen (Theus) and a palette screen system (Rhea).

At the rate of four publications a year, the *Lettre de l'innovation*, drawn up in collaboration with the CTBA and put online on the VIA website, presented technical innovations, trade information and observations made by the VIA following visits to twenty five or thirty international fairs.

The 2002 Carte Blanche marked the VIA's policy of openness by for the first time broaching tableware. François Bauchet brought out the "Resonance" service in collaboration with the CRAFT [Centre de recherche sur les arts du feu et de la terre], the Imerys tableware company and Haviland, which produced this new line. Stéphane Bureaux, for his part, innovated with an experimental seating project, using variable finishes: Chair-i.

L'édition du Salon du meuble 2002 est l'occasion de présenter pour la première fois des actions de conseil engagées par le VIA en région : « Aramis » en Rhône-Alpes, « CreaOuest » en région Nantes-Pays de la Loire, « Design » en Lorraine. Poursuivant avec détermination l'invitation à faire évoluer l'aménagement, sous l'influence notamment des nouvelles technologies de l'information et de la communication (NTIC), le VIA lance un nouvel Appel spécifique, « Comment meubler l'espace ». Celui-ci propose une réflexion sur l'espace de visionnage, en partenariat avec Thomson Multimédia et le CTBA, qui lancent le concours « On/Off, Technologies domestiques ». Parmi les cinq projets sélectionnés, on peut citer l'ensemble multimédia Tolozan d'Éric Jourdan (Ligne Roset) ou le projet lauréat du concours réalisé par les designers Arnaud Gournac, Florian Jarry, Kevin Léné et Guillaume Penanguer. L'ensemble comprend Dodown, un tapis-écran composant un espace à géométrie variable pour la tribu familiale, équipé d'un large écran plasma (Theus) et d'une palette écran (Rhea).

À raison de quatre publications par an, la *Lettre de l'innovation*, rédigée en collaboration avec le CTBA et mise en ligne sur le site internet du VIA, présente des innovations techniques, des informations professionnelles et les observations faites par le VIA suite à la visite de vingt-cinq à trente salons internationaux.

Une des Cartes blanches de 2002 marque la politique d'ouverture du VIA en abordant pour la première fois les arts de la table. François Bauchet réalise ainsi le service Résonance en collaboration avec le CRAFT, la société Imerys tableware et la société

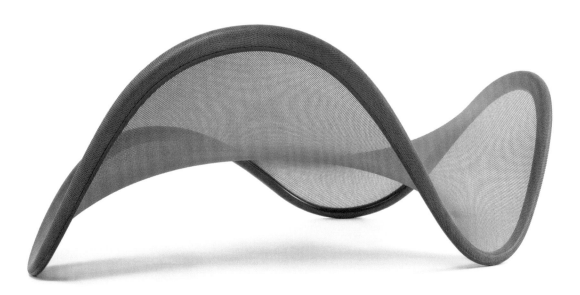

1 **Mark Robson**
Siège Quantum ; édition :
Zanotta / Quantum seat;
producer: Zanotta, **2002**

Haviland, qui édite cette nouvelle ligne. Stéphane Bureaux, lui, innove avec un projet expérimental de chaises à finition variable : Chair-i. Combinant impératifs industriels de la production en grande série et nécessité pour les distributeurs d'offrir des produits diversifiés, sa structure pliante peut être recouverte soit d'une toile transparente, soit d'une coque injectée, ou encore d'un habillage en mousse et tissu.

Soutenus par des Aides à projet, An-Archi propose Alice, un fauteuil hybride entre siège et vêtement. François Azambourg présente le luminaire Yvette, un tressage de fibre optique à émission latérale (édition Ligne Roset). Olivier Peyricot cherche une solution confortable et légère à la fois avec ses Cales humaines, des modules en polyuréthane permettant une assise à même le sol. Le projet, produit en collaboration avec l'APCI (Agence pour la promotion de la création industrielle), sera édité sous le nom « Body Props » par Edra. Mark Robson invente Quantum, un siège construit d'une unique pièce en tension qui fait à la fois office de piètement et de châssis, complétée par une assise en tissu élastomère (édition Zanotta).

2003

Si les éditeurs français peinent à réaliser à quel point le design est médiatique et porteur, l'Italie édite en revanche nombre de créateurs français : Olivier Peyricot chez Edra, Dominique Mathieu et Pierre Charpin chez Zanotta, Philippe Starck chez

Combining industrial dictates of mass production with the need for distributors to offer diversified products, its folding structure could be covered either with see-through cloth, or an injected shell, or a cladding in foam and fabric.

Supported by the "Design Assistance" scheme, An-Archi proposed Alice, a hybrid armchair, between seating and clothing. François Azambourg presented the Yvette light, a fibre optic weave with lateral radiance (produced by Ligne Roset). Olivier Peyricot sought both a comfortable and light solution with his Human Wedges, polyurethane modules that could be placed directly on the floor. The project produced in conjunction with the APCI [Agence pour la promotion de la création industrielle] would be produced under the name of Body Props by Edra. Mark Robson invented Quantum, a seat made from a single piece, in a state of tension, acting as both legs and frame, and completed by a seat in elastomer fabric (produced by Zanotta).

2003

While French producers were still coming to grips with the true potential and media impact of design, more than a few French designers had turned to Italy: Peyricot at Edra, Dominique Mathieu and Pierre Chapin at Zanotta, Philippe Starck at Kartell, Jean-Marie Massaud at Liv'it, Matt Sindall at Sawaya & Moroni, Ronan and Erwan Bouroullec, Christian Ghion and Inga Sempé at Cappellini... The list was lengthy and symptomatic of the non

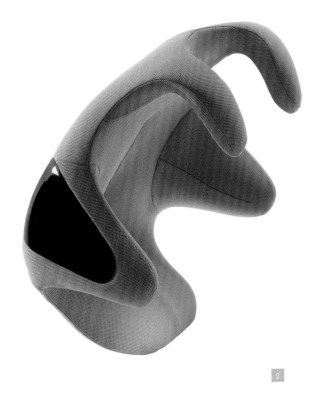

2

3

pro-active attitude of French manufacturers. This observation bolstered Gérard Laizé in his mission and prompted him to intervene as often as possible among manufacturers. Throughout France he stepped up training schemes and lectures so as to activate the innovation process in production and distribution. "Design & Communication" analysed, with the help of examples, the sector's communications strategy, one of the possible levers for re-galvanising consumption.

To counter the shortcomings in communications, Michael Bouisson created the "Lundis du VIA", a weekly forum for exchanging ideas around a given theme. On 24 November, the first round table focused on "La critique : pratique et enjeux" [Criticism: practice and challenges].

Designers pursued their incursions into changing the uses of furniture. Olivier Peyricot, for example, designed for his Carte Blanche his Wear Your Seat, a made-to-measure seat and prosthesis for the body in one. Frédéric Ruyant came up with a solution devoted to the household environment with "Mobile Home", a four-bloc system with adjustable volumes combining with as many functions (Bartable, Bed Facilities…).

In the "Design Assistance" scheme, Séverine Szymanski proposed an innovative incorporation of plants in the home with her Carrés de jardin [Garden Squares], a modular system in ceramic and stainless steel, making it possible to create hill-like undulations. Lastly, François Azambourg reinvented lightness with

Kartell, Jean-Marie Massaud chez Liv'it, Matt Sindall chez Sawaya & Moroni, Ronan et Erwan Bouroullec, Christian Ghion, Inga Sempé chez Cappellini… La liste est longue et symptomatique de la lenteur de réaction des industriels français. Ce constat conforte Gérard Laizé dans sa mission et le pousse à intervenir le plus souvent possible auprès des industriels. Sur l'ensemble du territoire français, il multiplie formations et conférences afin d'activer le processus d'innovation dans l'édition, la production et la distribution.

« Design & Communication » analyse, à l'aide d'exemples, la stratégie de communication du secteur, un des leviers possibles pour réactiver la consommation.

Pour palier au déficit de communication, Michel Bouisson crée les « Lundis du VIA », un temps d'échange autour d'un thème. Le 24 novembre, la première table ronde porte sur « La critique : pratique et enjeux ».

Les créateurs poursuivent leur prospection en direction d'un changement des usages. Olivier Peyricot, par exemple, imagine pour sa Carte blanche Wear Your Seat, à la fois assise sur mesure et prothèse pour le corps. Frédéric Ruyant propose une solution dédiée à l'environnement domestique avec « Mobile Home », un système de quatre blocs aux volumes combinables correspondant à autant de fonctions (table Bartable, lit Bed Facilities…).

Parmi les Aides à projet, Séverine Szymanski propose une intégration du végétal dans l'habitat innovante avec les Carrés de jardin, un système modulaire en céramique et inox qui permet

2 **Olivier Peyricot**
Wear Your Seat / Wear Your Seat, **2003**

3 **Olivier Peyricot**
Cales humaines ; édition : Edra / Human wedges; producer: Edra, **2002**

1

2

1 **Frédéric Ruyant**
Penderie Wall Corridor /
Wall Corridor wardrobe, **2003**

2 **Frédéric Ruyant**
Lit Bed Facilities /
Lit Bed Facilities, **2003**

3 **Frédéric Ruyant**
Tapis-sol Ground
Generation / Ground
Generation rug, **2003**

4 **Frédéric Ruyant**
Table Bartable / Bartable
table, **2003**

5 **Éric Jourdan**
Tapis multimédia Tolozan /
Tolozan multimedia rug, **2002**

6 **Erwan Bouroullec**
Lit clos / Press-bed, **2000**

5

3

4

6

1 **Séverine Szymanski**
Carrés de jardin / Garden
Squares, **2003**

de créer un vallonnement. Enfin, François Azambourg réinvente la légèreté avec la chaise Very Nice, grâce à une savante et ingénieuse triangulation de tiges balsa entoilée de soie ou de polyester thermo-rétractable et thermocollant (édition Domeau & Pérès).

the Very Nice chair, weighing just 25 ounces, thanks to a shrewd and ingenious triangulation of balsa rods, wrapped in silk, and thermo-retractable and thermo-adhesive polyester (produced by Domeau & Pérès).

2004

Le VIA présente au Salon du meuble la mise en situation d'un aménagement contemporain intitulé « L'appartement », réalisé en collaboration avec le designer Frédéric Ruyant. Pour la cinquième année consécutive, le VIA participe au « off » du Salon international du meuble de Milan.

La galerie du VIA propose une exposition, « Design d'elles », qui rend hommage aux femmes designers, de Charlotte Perriand à Marie Compagnon, en présentant une sélection de pièces de mobilier et d'objets. Comme les années précédentes, le VIA met à l'honneur un pays : 2004 est l'année du design islandais. À cette occasion se tient la table ronde « Design nordique, quoi de neuf ? ». Enfin, l'exposition thématique « Sport et design » fait l'inventaire des nouveaux matériaux et des nouvelles technologies mis au service de la performance humaine.

Pour sa Carte blanche, Jean-Michel Policar explore l'espace formel et imaginaire de la fenêtre et traduit avec une maquette grandeur nature les possibilités d'une réaffectation spatiale de « cet entre-deux intérieur-extérieur ». Ce projet conduit une vision environnementale tout à fait originale.

2004

At the Furniture Fair the VIA presented a contemporary project entitled "L'Appartement", created in conjunction with the designer Frédéric Ruyant. For the fifth year running, the VIA took part in the 'off' section of the Milan International Furniture Fair.

The VIA gallery put on an exhibition, "Design d'elles", as a tribute to women designers from Charlotte Perriand to Marie Compagnon, through a selection of items of furniture and objects. As in previous years, the VIA gave pride of place to a particular country: 2004 was the year of Icelandic design. To mark the occasion there was a round table entitled "Design nordique – quoi de neuf ?" [Nordic Design – what's new?]. Lastly, the theme show "Sport and Design" offered a listing of the new materials and new technologies available to enhance human performance.

For his Carte Blanche, Jean-Michel Policar explored the formal and imaginary space of the window and, using a life-size maquette, conveyed the possibilities of a spatial re-allocation of this "no man's land between interior and exterior". This project introduced an altogether original environmental vision.

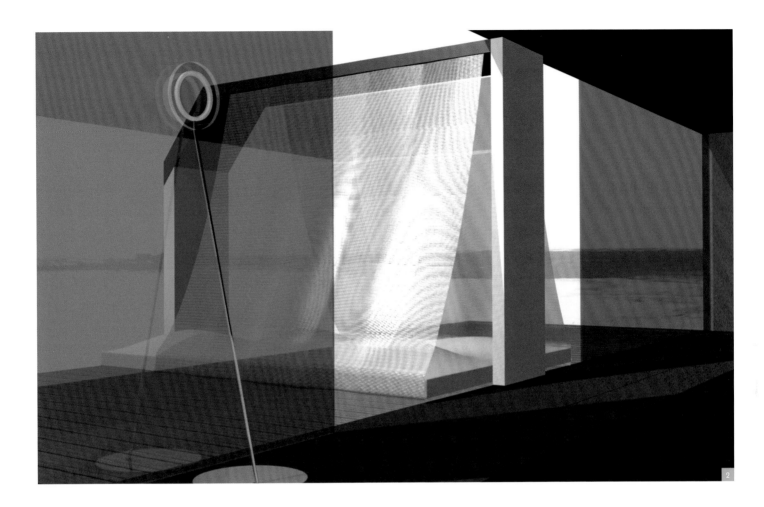

2 **Jean-Michel Policar**
3D de la Carte blanche /
3D of the Carte Blanche, **2004**

The "Design Assistance" scheme also explored the experimental field. Guillaume Bardet created the Équilibre light, a subtle alchemy of technology and style in space. Saleem Bhatri proposed his Right in Tension table, bench and screen, a reinterpretation of the qualities of wood (flexibility, rigidity, aesthetics), guided by a concern for cost-cutting for the materials involved. Alexia Michel de Chabannes, for her Goom seat, applied the technique of traditional basketry, weaving reeds made of foam rubber. With Sybila, Nestor Perkal updated the dining-room table, above all by using as a centre piece one or more functional or decorative porcelain objects, such as under-platters, fruit bowls and candlesticks.

Les Aides à projet explorent également le champ expérimental. Guillaume Bardet crée le luminaire Équilibre, une subtile alchimie de technologie et d'écriture dans l'espace. Saleem Bhatri propose table, banc et paravent Right in Tension, une relecture des qualités d'usage du bois (flexibilité, rigidité, esthétique) guidée par le souci d'économie de matière. Alexia Michel de Chabannes, pour l'assise Goom, met en œuvre la technique de la vannerie traditionnelle, tissant des joncs de caoutchouc mousse. Nestor Perkal réactualise avec Sybila la table de salle à manger avec surtout, plaçant au centre un ou plusieurs éléments fonctionnels ou décoratifs en porcelaine – dessous de plat, coupe à fruits, bougeoirs...).

2005

The VIA's task broadened: it takes more than ten arms, as Corentin illustrated back in 1981, to produce and transcribe studies and their desired back-up. The UNIFA asked the VIA to draw up, in conjunction with Daniel Rozensztroch, a book of trends earmarked for classic furniture manufacturers exhibiting in "Le Village" at the Furniture Fair. Meanwhile, the VIA was also entrusted with the task of organising the 2005 Research Area in "La Métropole". This contemporary section of the Fair presented twenty-eight experimental projects associating a designer and the manufacturer of a specific material or technology. The VIA also helped with the management of the

2005

La mission du VIA s'élargit : il faut plus de dix bras, comme Corentin l'illustrait déjà en 1981, pour produire et retranscrire les études et les accompagnements souhaités. L'UNIFA charge, d'une part, le VIA d'élaborer, en collaboration avec Daniel Rozensztroch, un cahier de tendances destiné aux fabricants de mobilier classique qui exposent dans « Le Village » au Salon du meuble. D'autre part, le VIA est chargé d'organiser l'édition 2005 de l'espace « Recherches » de « La Métropole ». Cette section contemporaine du Salon présente vingt-huit projets expérimentaux associant un designer et le fabricant d'un matériau ou d'une technologie spécifique. Le VIA accompagne

1

1 **Saleem Bhatri**
Paravent Right in Tension /
Right in Tension screen, **2004**

2 **Alexia Michel de Chabannes**
Assise Goom / Goom armchair, **2004**

3 **Saleem Bhatri**
Table et banc Right in Tension / Right in Tension table and bench, **2004**

également la gestion du stand « Haute Facture », qui concrétise la naissance d'un nouveau groupement de spécialités au sein de l'UNIFA et réunit une dizaine d'éditeurs de mobilier et objets contemporains haut de gamme. Le VIA présente son programme d'aides à la création, notamment les résultats d'un Appel spécifique mené depuis trois ans sur les nouvelles notions de confort, et en particulier sur les sièges de relaxation. Sur quarante projets, les quatre prototypes retenus et présentés sont d'Éric Jourdan (Relax), Arik Levy, Bernard Moïse et Frédéric Sofia (Zéro G).

Depuis son arrivée à la direction du VIA, Gérard Laizé entreprend des études prospectives et des analyses de tendances. *Domovision 2005-2010. Les courants d'évolution du cadre de vie et leur mode d'emploi* représente l'aboutissement d'années de préconisations. L'ouvrage devient un outil stratégique indispensable pour les industriels et sert de support de réflexion et de démonstration pour les nombreuses interventions et formations entreprises par le VIA. Réalisé à la demande du Salon du meuble, en collaboration avec l'agence &Loeb Innovation, il propose en effet une étude approfondie des grands courants contemporains de création et une vision prospective à l'horizon 2010.

Le VIA exporte la culture française dans le cadre de l'exposition « France. Des maisons à vivre » organisée par UbiFrance à Pékin du 5 au 9 juillet, en présence de designers français comme Christian Biecher, Éric Gizard, Éric Hourdeaux, pour lesquels

"Haute Facture" [High Style] stand, which acknowledged the burgeoning of a new group of specialities within the UNIFA, bringing together ten furniture producers and makers of upmarket contemporary items. The VIA presented its "Design Assistance" programme, in particular the findings of a "Specific Call" conducted over the past three years on new notions of comfort, and in particular easy chairs. Out of forty projects, the four prototypes chosen and presented were by Éric Jourdan (Relax), Arik Levy, Bernard Moïse and Frédéric Sofia (Zéro G).

Since his arrival as director of the VIA, Gérard Laizé had been undertaking forward-looking studies and trend analyses. *Domovision 2005-2010. Les courants d'évolution du cadre de vie et leur mode d'emploi* [Lifestyle development trends and their instructions for use] represented the culmination of years of recommendations. The book became a vital strategic tool for manufacturers and acted as a back-up for thinking and demonstration for many activities and training schemes undertaken by the VIA. Carried out at the request of the Furniture Fair, in conjunction with the &Loeb Innovation agency, he proposed an in-depth study of the major contemporary tendencies in design, looking forward towards 2010.

The VIA exported French culture as part of the exhibition "France. Des maisons à vivre" [Houses for Living In] organised by UbiFrance in Beijing from 5 to 9 July, with French designers like Christian Biecher, Éric Gizard and Éric Hourdeaux, giving

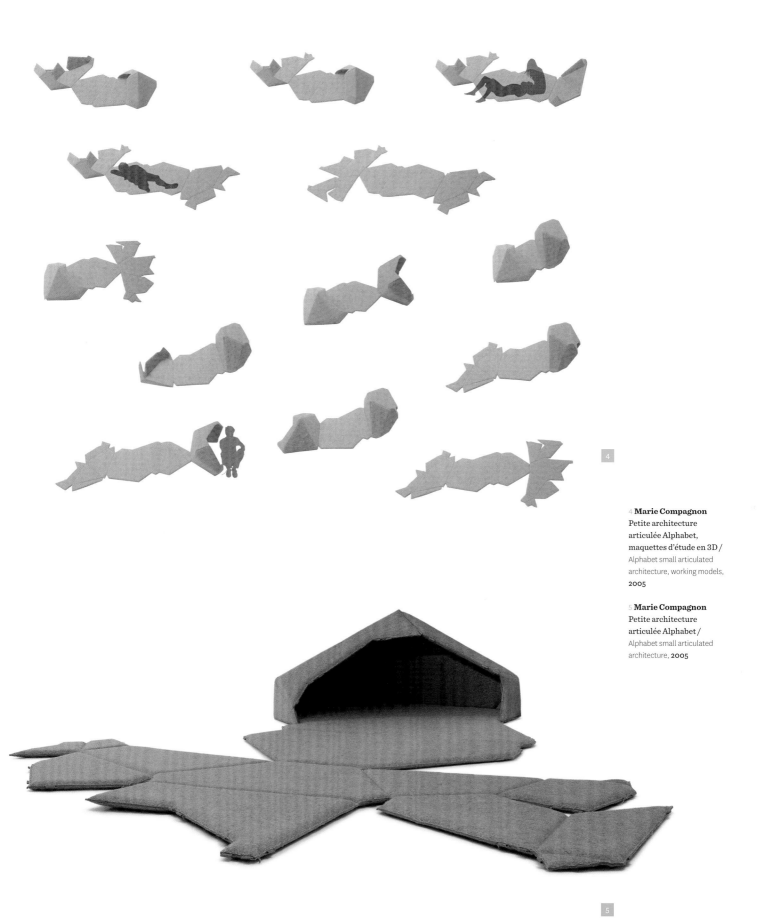

4 **Marie Compagnon**
Petite architecture
articulée Alphabet,
maquettes d'étude en 3D /
Alphabet small articulated
architecture, working models,
2005

5 **Marie Compagnon**
Petite architecture
articulée Alphabet /
Alphabet small articulated
architecture, **2005**

1

2

1 **Pascal Bauer**
Table Nok / Nok table, 2005

2 **Philippe Nigro**
Bibliothèque Étagère pour
livres / Bookshelf, 2005

c'est l'occasion d'organiser des rendez-vous d'affaires. Le VIA présente aussi cette année-là l'exposition « À chacun sa chaise » au salon Habitat & Jardin de Lausanne. À Milan, une scénographie audacieuse d'Yves Gradelet drape la présentation du VIA de Lycra.

La galerie du VIA présente les expositions « Hieraujourd'huidemain » à l'occasion du vingt-cinquième anniversaire de l'Atelier mobilier de l'ENSAD, « Mobikadabra dedans-dehors », seconde saison de « Mobidécouverte - les enfants designers », « Jeunes éditeurs français » et « Haute facture contemporaine française ». L'exposition thématique « VidéHome » s'intéresse quant à elle à l'univers du *home cinema*, pour lequel sont ici proposées de nouvelles applications.

Une Carte blanche est confiée à François Azambourg, qui propose avec « Ultra Light Attitude » d'étudier la métaphore du nid d'abeille appliquée à différentes échelles de l'habitat. Il compose ainsi un univers poétique et délicat avec le fauteuil <u>Cuir-Mousse</u> (en partenariat avec Hermès), une pluie lumineuse, <u>Brindilles</u>, une horloge <u>Pixel</u>, un tapis <u>Fokker DVII</u> (également intitulé <u>Camouflage</u>), des panneaux muraux translucides en carton alvéolé ou encore des coupes à fruits dont les moules ont été fabriqués par les abeilles.

Les Aides à projet traduisent l'intérêt des designers à explorer les limites de la matière. Pascal Bauer présente <u>Nok</u>, une table transformable dont le plateau unique, savante combinaison en résine élastomère, ne laisse apparaître aucune trace de

them an opportunity to set up business meetings. That year, the VIA also presented the exhibition "À chaque sa chaise" at the Salon Habitat & Jardin in Lausanne. In Milan the same year, a daring set by Yves Gradelet draped the VIA presentation in Lycra.

The VIA gallery put on "Hieraujourd'huidemain"[Yesterdaytoday tomorrow]" to mark the 25th anniversary of the ENSAD Furniture Workshop, "Mobikadabra dedans-dehors" [inside-outside], the second season of the child-oriented "Mobidécouverte – les enfants designers", "Jeunes éditeurs français", a tribute to young French producers, and "Haute facture contemporaine française" [Contemporary French High Style]. The theme show "VidéHome", for its part, focused on home cinema devices and featured new applications.

A Carte Blanche was awarded to François Azambourg, who came up with "Ultra Light Attitude", an examination of the bees' nest metaphor applied to the home on different scales. He conjured up a poetic and delicate world with his <u>Leather-Foam</u> armchair (in partnership with Hermès), a shower of light, <u>Brindilles</u> [Twigs], a <u>Pixel</u> clock, a <u>Fokker DVII</u> rug (also called <u>Camouflage</u>), translucent wall panels in honeycombed cardboard and fruit bowls whose moulds were made by bees.

The "Design Assistance" scheme conveyed designers' interest in exploring the boundaries of matter. Pascal Bauer presented <u>Nok</u>, a transformable table whose single top, a canny combination of elastomer resin, displayed no traces of bending.

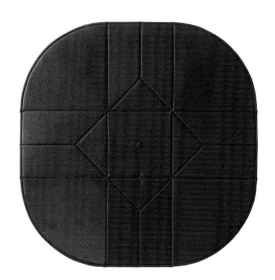

3

Marie Compagnon created <u>Alphabet</u>, a rug, architectured in felt and expanding in 3-D to become, in turn, screen, partition, cabin, rock and shelter. Philippe Nigro innovated with <u>The Book Shelf</u>, a vertical spiral in wood supported on metal uprights.

2006

A new eco-friendly aid programme was launched with "Chêne de Bourgogne" [Burgundian Oak], to promote solid wood design. The VIA also organised for the Paris Furniture Fair a tour of fifteen trendy houses, entitled "24 heures de la vie d'une maison", an approach based on the Domovision research tool.
A new consultation was launched by the VIA on the theme "Quatrième âge : autonomie et soins à domicile" [Fourth Age: Autonomy and Home Care]. The projects selected included, those of Florence Doléac, François Azambourg and Élodie Poidatz.
The VIA put on the "Innovations" exhibitions at the Saint-Etienne Biennale of International Design, and "Design France: experimentation and production" at the Milan Fair. For the VIA's 25th anniversary, the Designers' Agora widened its documentary base to the European countries: 641 files on French designers and 212 for European designers could now be freely accessed via the website.
Mathieu Lehanneur's Carte Blanche, "Elements", ushered in a series of works based on basic scientific research. His acclaimed

pliage. Marie Compagnon crée <u>Alphabet</u>, un tapis architecturé en feutre qui évolue en trois dimensions pour devenir tour à tour écran, paravent, cabane, rocher ou abri. Philippe Nigro innove avec l'<u>Étagère pour livres</u>, une spirale verticale en bois qui prend appui sur des montants métalliques.

2006

Une nouvelle opération d'aide à l'éco-conception est menée avec « Chêne de Bourgogne » pour promouvoir la création en bois massif. Le VIA organise également pour le Salon du meuble de Paris un parcours d'une quinzaine de maisons de tendances, intitulé « 24 heures de la vie d'une maison », une démarche fondée sur l'outil de recherche Domovision.
Une nouvelle consultation est lancée par le VIA sur le thème « Quatrième âge : autonomie et soins à domicile ». Les projets sélectionnés sont, entre autres, ceux de Florence Doléac, François Azambourg et Élodie Poidatz.
Le VIA présente les expositions « Innovations », à la Biennale internationale de design de Saint-Étienne, et « Design France : expérimentation et production », au Salon de Milan. À l'occasion du vingt-cinquième anniversaire du VIA, l'Agora des créateurs élargit sa base documentaire aux pays européens : 641 dossiers de créateurs français et 212 de designers européens sont consultables en libre accès sur le site.
La Carte blanche de Mathieu Lehanneur, « Éléments », inaugure

3 **Grégory Lacoua**
Tapis-tabouret Du fil et une aiguille / Du fil et une aiguille rug-stool, **2006**

1 Vue de l'exposition
« À chacun sa chaise », salon
Habitat & Jardin, Lausanne,
26 février-6 mars 2005 /
"À chacun sa chaise" exhibition,
Salon Habitat & Jardin,
Lausanne,
26 February–6 March 2005

2 Vue de l'exposition
« Sport et design », galerie
du VIA, 3 septembre-
26 décembre 2004 / "Sport
et design" exhibition, VIA gallery,
3 September–26 December 2004

1 **François Azambourg**
Vue de la Carte blanche
« Ultra Light Attitude »,
Salon du meuble de Paris /
Carte Blanche, "Ultra Light
Attitude", Salon du meuble
de Paris, **2005**

2 **Mathieu Lehanneur**
Vue de la Carte blanche
« Éléments », Salon du
meuble de Paris / Carte
Blanche, "Éléments", Salon
du meuble de Paris, **2006**

1

2

une série de travaux qui s'appuient sur la recherche fondamentale scientifique. Remarquée, sa solution apporte du mieux-être en plaçant au centre de sa réflexion le corps, lieu d'échanges (thermiques, gazeux, sonores) et de régulation permanente. Mathieu Lehanneur invente cinq éléments autonomes qui modifient les paramètres extérieurs subis par le corps. K propose un ajustement de la lumière en cas de déficit, O diffuse de l'oxygène pur dans l'habitat, dB capte en permanence le niveau sonore pour le couvrir d'un bruit blanc, C° perçoit et régule les variations de température, Q diffuse par nébulisation du quinton, un sérum qui active les défenses de l'organisme.

Parmi les dix-neuf Aides à projet, Swann Bourotte crée Jellyfish, un projet né du détournement d'une gaine industrielle protégeant des câbles informatiques. Ce maillage translucide enserre et dissimule des LEDs, qui diffusent la lumière (Ligne Roset). Thomas Dusserre envisage les vacances avec La Transportable, une table qui associe rigidité du bois et souplesse du textile pour s'enrouler et se ranger dans une housse. Antoine Fritsch et Julien Mélique imaginent Minoluce, un luminaire qui évoque les caractéristiques physiques d'un squelette recouvert d'une peau. Citons encore Du fil et une aiguille de Gregory Lacoua, qu'une ingénieuse gestuelle permet de transformer soit en tapis soit en tabouret, ou encore Play, d'Antoine Phelouzat, un système de rangement évoquant le principe du puzzle, conçu grâce à un moulage de polystyrène expansé.

solution introduced a greater wellbeing aspect, achieved by placing at the heart of his thinking the human body – a centre of exchanges (thermal, gaseous, acoustic) and ongoing regulation. Mathieu Lehanneur invented five autonomous elements modifying the external parameters to which the body is subject. K proposed a light adjustment in the event of a shortage; O released pure oxygen into the dwelling, dB permanently captured the sound level to cover it with white noise, Co picked up and regulated temperature variations and Q released quinton, a serum which activates the body's defences, by nebulisation.

Among the nineteen "Design Assistance" projects, Swann Bourotte created JellyFish, a project resulting from the appropriation of an industrial sheath protecting computer cables. This translucent mesh fitted tightly around and hid light-diffusing LEDs (Ligne Roset). Thomas Dusserre imagined holidays with La Transportable, a table combining the rigidity of wood and the suppleness of textiles, meaning that it could be rolled up and stored in a cover. Antoine Frisch and Julien Mélique designed Minoluce, a light conjuring up the physical features of a skeleton covered with a skin. Other highlights included Du fil et une aiguille [Needle and Thread] by Gregory Lacoua, which an ingenious movement transformed into either a rug or a stool, and Play, by Antoine Phelouzat, a storage system evoking the puzzle principle, devised using an expanded polystyrene mould.

2007

The VIA did not need the Environment Conference to include the notion of sustainable development among its leading criteria. It also features in all the specifications and conditions drawn up by the VIA as part of the "Specific Calls", and the training schemes in schools.

At the Paris Furniture Fair, the VIA inaugurated a "Libre à l'édition" space offering professional designers the possibility of putting forward prototype projects to producers. To help designers, the VIA published for the Fair a legal guide covering environmental design, JADE. The interest and success of the first Domovision was repeated in 2007 with *Domovision 2007-2012. Les courants d'évolution du cadre de vie et leur mode d'emploi*, also devised this time around with the &Loeb Innovation agency.

The VIA's participation in the Milan Fair included a special exhibition titled "VIA Paris Design France". For the first time, the VIA took part in the "100% Design" fair in London, in association with the 'high style' group, in particular Ligne Roset.

The VIA gallery offered Jean-Marie Massaud a chance to take over the vaulted ceiling, in order to present his rigorous, forward-looking world. In the spirit of heritage promotion, which is invariably part and parcel of the VIA's briefs, the gallery also put on the show "Steiner et l'aventure du design". Lastly, "Berlin des créateurs" illustrated the dynamics of this capital city on the move.

2007

Le VIA n'a pas attendu le Grenelle de l'environnement pour inscrire la notion de développement durable parmi les critères de choix de ses projets. Celle-ci figure également dans tous les cahiers des charges élaborés par le VIA dans le cadre des Appels spécifiques et des formations dans les écoles.

Lors du Salon du meuble de Paris, le VIA inaugure un espace « Libre à l'édition » qui offre aux designers professionnels la possibilité de proposer des projets prototypés aux éditeurs. Pour accompagner les créateurs, le VIA publie à cette occasion un guide juridique appliqué au design d'environnement, le *JADE*. L'intérêt et le succès du premier Domovision est réitéré en 2007 avec *Domovision 2007-2012. Les courants d'évolution du cadre de vie et leur mode d'emploi*, conçu cette fois encore avec l'agence &Loeb Innovation.

La participation du VIA au Salon de Milan se distingue par l'exposition « VIA Paris Design France ». Pour la première fois, le VIA participe au salon « 100 % design » à Londres, en association avec le groupement de la haute facture, notamment Ligne Roset.

La galerie du VIA offre à Jean-Marie Massaud l'occasion de s'approprier l'espace des voûtes afin d'y présenter son univers rigoureux et prospectif. Dans le registre de la valorisation du patrimoine, qui fait toujours partie des missions du VIA, la galerie présente également « Steiner et l'aventure du design ». Enfin, le « Berlin des créateurs » rend compte de la dynamique de cette capitale en mutation.

3 **Swann Bourotte**
Luminaire Jellyfish ;
édition : Lignet Roset /
Jellyfish light; producer: Ligne Roset, **2006**

4 Vue de l'exposition
« Jean-Marie Massaud »,
galerie du VIA, 2 janvier-
8 avril 2007 / *"Jean-Marie Massaud" exhibition, VIA gallery, 2 January–8 April 2007*

1 **Marie-Aurore Stiker-Metral**
Trois étapes indiquant le principe de façonnage de la chaise La Pliée / Three stages in the hewing of the La Pliée chair, **2007**

2 **Marie-Aurore Stiker-Metral**
Chaise La Pliée ; édition : Lignet Roset / La Pliée chair; producer: Ligne Roset, **2007**

Les deux Cartes blanches « viennent nourrir deux préoccupations importantes dans l'acte de conception des objets : l'usage et la forme » (Michel Bouisson). Inga Sempé invente ainsi des objets « super normaux », dont la fonction est immédiatement perceptible, notamment une <u>Lampe à double orientation</u>, un <u>Étau vide-poche</u>, une <u>Valise étagères</u> et une <u>Boîte-loupe</u>. Les principes sont à chaque fois clairement révélés, mécaniques, simples et logiques. Pour sa Carte blanche « W (double you) », qui comprend, entre autres, l'étagère, la fenêtre et le miroir intitulés <u>Les Cousins</u> et le fauteuil <u>It Got in the Way</u> ou la table <u>Migration</u>, Matt Sindall questionne le rapport de la perception visuelle à l'ornement à partir d'un unique motif : le cercle.

On compte treize Aides à projet pour cette année, parmi lesquelles les 5.5 designers [35], qui illustrent avec humour la question du style avec la lampe <u>Style IV</u>. Les autres projets relèvent d'une réflexion fonctionnelle exigeante : Ammar Eloueini et François Brument abordent avec <u>Chair #71</u> une approche numérique du processus de création, un principe de fabrication industriel de modèles uniques par prototypage rapide. Philippe Nigro traduit avec les rangements <u>Cross Unit</u> une démarche fonctionnelle à l'aide d'éléments combinables qui s'enchevêtrent. Noé Noviant, avec les chaises encastrables <u>Bougez les meubles !</u>, invente une dépendance maligne entre des chaises reliées par des pieds torsadés. Pour la mezzanine <u>Entreciel</u>, Sylvain Rieu-Piquet applique sur une structure

The two Cartes Blanches "nurtured two important concerns in the act of object design: use and form." (Michel Bouisson). Inga Sempé thus invented "super normal" objects, with an instantly perceptible function, in particular a <u>Dual-directional lamp</u>, a pocket tray entitled <u>Étau vide-poche</u>, a <u>Shelved Suitcase</u> and a <u>Box magnifying-glass</u>. In each instance the principles were clearly revealed, mechanical, simple and logical. Matt Sindall's "W (double you)" Carte Blanche, which included in particular the shelving, window and mirror all called <u>Cousins</u>, the <u>It Got in the Way armchair</u> and the <u>Migration</u> table, challenged the relation between ornament and function based on a single motif: the circle.

There were thirteen "Project Assistance" proposals in 2007, including the 5.5 designers,[35] who wittily illustrated the style issue with their <u>Style IV</u> light. The other projects focused on a demanding functional line of thinking: with their <u>Chair#71</u>, Ammar Eloueini and François Brument developed a digital approach to the creative design process, an industrial manufacturing principle involving one-off models using fast prototyping. With <u>Cross Unit</u>, Philippe Nigro conveyed a functional approach with the help of combinable dovetailed elements. Noé Noviant, with the meubles stackable chairs <u>Bougez les meubles !</u> [Move the Furniture!], invented a clever dependence between chairs linked by cabled legs. For the <u>Entreciel</u> [Mid-Sky] mezzanine, Sylvain Rieu-Piquet applied the traditional basketry technique to a steel structure. Lastly,

3

4

Marie-Aurore Stiker-Metral lent form to her <u>La Pliée</u> folded chair by bending sheet aluminium (model produced and coordinated by Ligne Roset).

en acier la technique de la vannerie traditionnelle. Enfin, Marie-Aurore Stiker-Metral met en forme sa chaise <u>La Pliée</u> par un façonnage de tôle en aluminium (modèle édité et décliné par Ligne Roset).

2008

The new version of the Paris Furniture Fair, renamed "Meuble Paris", was held at Le Bourget. At it, the VIA presented its design aid programme with the Cartes Blanches and the "Design Assistance" scheme, as well as the new "Domovision 2008-2013", focusing on three new subjects: the café, hotel and restaurant environment, the methodology of colour –important for personalising supply – and the development of measurements affecting furniture design, especially seating. The VIA's research into cafés, hotels and restaurants also led it to design the experimental space at the Équip'Hotel fair in Paris. The VIA also took part in the 6th International Design Biennale at Saint-Etienne, organising "Cinq conversations au café" with the designers François Azambourg, Laurent Massaloux, Sylvain Dubuisson, Jean-Louis Frechin and Philippe Rahm. It also asserted its international presence with presentations at Cologne, Courtrai, Milan, Montreal, Moscow, New York, Singapore, Stockholm, Tokyo, Udine, Verona, and five events in China…
The exhibition "Matières à cultiver" [Matter for Cultivation], asserting the VIA's commitments to eco-design, met with much success. For the occasion, the set design by Yves

2008

La nouvelle version du Salon du meuble de Paris, rebaptisé « Meuble Paris », se tient au Bourget. Le VIA y présente son programme d'aides à la création avec les Cartes blanches et les Aides à projet, ainsi que le nouveau *Domovision 2008-2013*, qui se penche sur trois nouveaux sujets : le cadre de vie des cafés, hôtels et restaurants, la méthodologie de la couleur – une nécessité pour personnaliser l'offre – et l'évolution des mensurations, qui influe sur la conception du mobilier, en particulier sur le siège. Les recherches du VIA concernant les cafés, hôtels et restaurants (CHR) l'amènent aussi à concevoir l'espace expérimental du salon Équip'Hôtel à Paris. Le VIA participe également à la sixième édition de la Biennale internationale du design de Saint-Étienne, en organisant « Cinq conversations au café » avec les designers François Azambourg, Laurent Massaloux, Sylvain Dubuisson, Jean-Louis Frechin et Philippe Rahm. Il confirme également sa présence à l'international avec des présentations à Cologne, Courtrai, Milan, Montréal, Moscou, New York, Singapour, Stockholm, Tokyo, Udine, Vérone et cinq interventions en Chine…

1

1 **Ammar Eloueini
et François Brument**
Chaise Chair #71 /
Chair #71, **2007**

2 **Philippe Nigro**
Rangements Cross Unit ;
édition : Sintesi / Cross Unit
storage units; producer: Sintesi,
2007

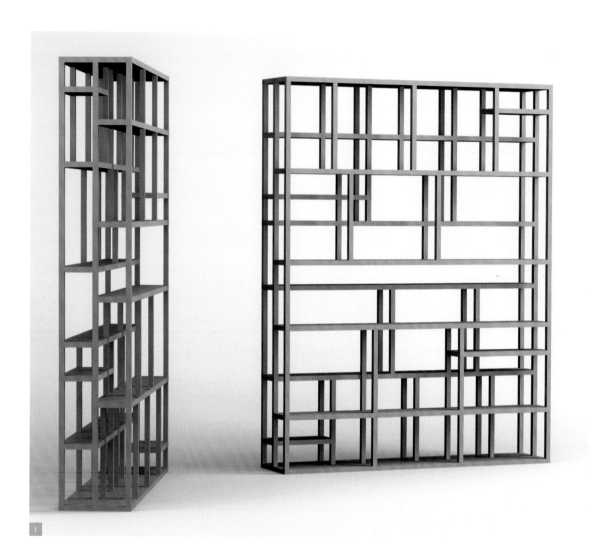

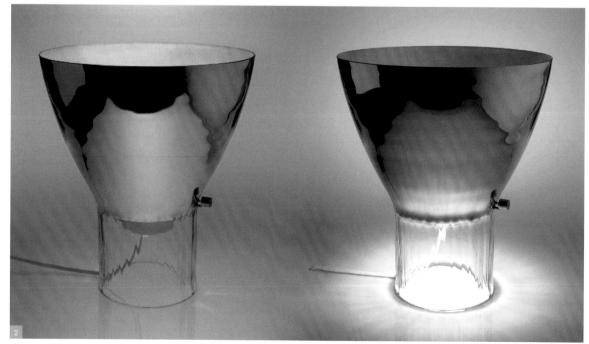

1 **Inga Sempé**
Étagère à double accès
(de profil et de face) / Double
access shelves (in profile and
face on), **2007**

2 **Inga Sempé**
Lampe à double
orientation / Dual-directional
lamp, **2007**

4

3

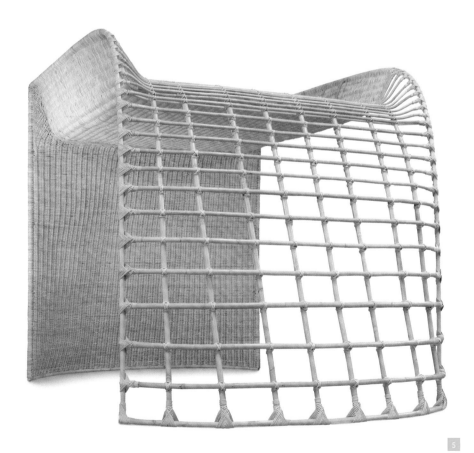

5

3 **Mostapha El Oulhani,
Jérôme Garzon
et Fred Sionis**
Rangement Fossile ;
édition : Roche Bobois /
Fossile storage unit; producer:
Roche Bobois, **2008**

4 **Adrien Rovero**
Tabouret Particule /
Particule stool, **2008**

5 **Sylvain Rieu-Piquet**
Mezzanine Entreciel /
Entreciel mezzanine, **2007**

 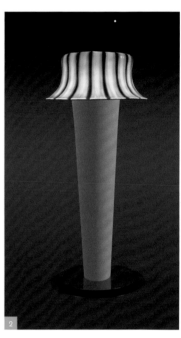

1-2 **Bina Baitel**
Luminaire Pull-over /
Pull-over light, **2008**

3 **Samuel Accoceberry,**
Étagère Infinity / Infinity
shelves, **2008**

L'exposition « Matières à cultiver », qui confirme les engagements du VIA en matière d'écoconception, rencontre un grand succès. Pour l'occasion, la scénographie d'Yves Gradelet dresse sous les voûtes de la galerie un remarquable chemisage en bambou. Sont aussi organisées une table ronde sur « L'état des lieux de la recherche dans le domaine du bois et des fibres », l'exposition « Mobi junior », qui réunit les prototypes issus des saisons 1 et 2 de « Mobidécouverte - les enfants designers », et enfin l'exposition « Prisunic et le design, une aventure unique ». Organisé à l'occasion du quarantième anniversaire du premier catalogue Prisunic de vente par correspondance de mobilier, cet événement fait également l'objet d'un livre coédité avec les éditions Alternatives.

Encore une fois, le VIA encourage la réflexion prospective avec la Carte blanche accordée à Jean-Louis Frechin. Son projet, « Interfaces », intègre les nouvelles ressources numériques à des éléments de mobilier pour améliorer le cadre de vie : lustre Wanetlight M / Interface(s) « dessiner la lumière », ou étagère intelligente Waaz AL / Interface(s) « support de la musique ».

Le projet partenarial, nouveau volet du programme d'aide à la création, ambitionne de mettre directement en relation le créateur et l'industriel. La première expérience s'ouvre avec le projet du divan Intersection, coordonné par le designer Philippe Nigro et associant les artisans selliers, tapissiers (Compagnons du devoir) et l'Institut des matériaux souples.

Les Aides à projet proposent également des objets mutants

Gradelet involved the erection of a remarkable bamboo lining beneath the gallery ceiling. Also organised were a round table on wood and fibre research, "L'état des lieux de la recherche dans le domaine du bois et des fibres", the show "Mobi Junior", bringing together the prototypes from the first and second seasons of "Mobidécouverte – les enfants designers", and lastly the exhibition "Prisunic et le design, une aventure unique". This event, commemorating the 40th anniversary of the first Prisunic furniture mail-order catalogue, was also marked by a book jointly published with Éditions Alternatives. Once again, the VIA encouraged forward-looking thinking with the Carte Blanche awarded to Jean-Louis Frechin. His "Interfaces" project incorporated new digital resources with furniture elements to improve the living environment: the Wanetlight M lamp/Interface(s), "to draw light", and the Waaz AL/Interface(s) smart shelving, "a medium for music".

The partnership project, a new departure for the design aid programme, aimed to make a direct link between designer and manufacturer. The initial experiment kicked off with the Intersection divan project, coordinated by the designer Philippe Nigro, bringing in saddlers, upholsterers (the Compagnons du devoir) and the Institut des matériaux souples.

The "Design Assistance" scheme also proposed mutant objects with, in particular, Samuel Accoceberry, whose Infinity shelves were made with tough but supple leaves of wood running along walls (produced by Vange). Bina Baitel, for her part, designed

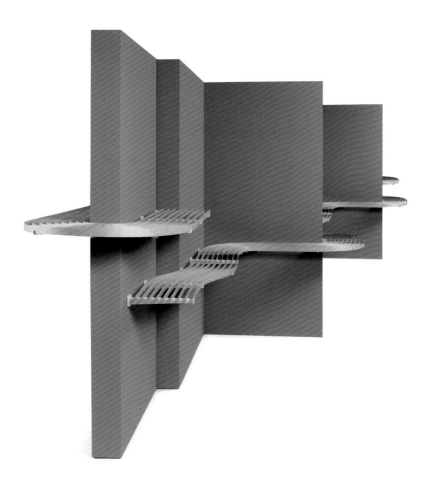

3

a Pull-over light that could be coiled like a collar to produce variable brightness. Mostapha El Oulhani, Jérôme Garzon and Fred Sionis made a terracotta landscape with Fossil honeycombs (Roche Bobois). As for Adrien Rovero, he designed Particule, a stool consisting of three identical legs in particle board glued with a natural adhesive.

2009

The VIA kicks off the year with a new edition of its Domovision forecast thinking tool. In addition to the review of factors of influence in the development of our society and analysis of the major creation trends, the work devotes a large section to the senior market and to intergenerational relationships. It envisages the necessary requirements, in terms of planning, for this fast expanding population.

The VIA's know-how in the living environment sector was promoted by its partnership with the IFM [Institut français de la mode] within the Postgraduate Fashion and Design Management Programme. For the first time, the VIA organised a specific course with a Design and Living Environment Option, whose goal was to train future managerial staff in production and distribution companies in this on-the-move sector (furniture, lighting, decoration, technological products, gardens, DIY). Its aim was to strengthen the level of skill in design and supply marketing management. The course tallied

avec, en particulier, Samuel Accoceberry, dont l'étagère Infinity est constituée de lames de bois souples et résistantes qui courent le long des murs (éditée par Vange). Bina Baitel imagine pour sa part un luminaire, Pull-over, qui peut s'enrouler comme un col afin de produire une intensité lumineuse variable. Mostapha El Oulhani, Jérôme Garzon et Fred Sionis composent un paysage en terre cuite avec les alvéoles Fossile (Roche Bobois). Quant à Adrien Rovero, il conçoit Particule, un tabouret constitué de trois pieds identiques en particules de bois encollées avec un adhésif naturel.

2009

Le VIA débute l'année avec une nouvelle édition de son outil de réflexion prospective, Domovision. Outre l'actualisation des facteurs d'évolution de notre société et l'analyse des grands courants de création, l'ouvrage consacre un important dossier aux seniors et aux relations intergénérationnelles. Il envisage les besoins, en termes d'aménagement, nécessaires pour cette population en forte croissance.

L'expertise du VIA dans le secteur du cadre de vie est valorisée par le rapprochement avec l'IFM (Institut français de la mode) au sein du « Programme postgraduate de management mode et design ». Pour la première fois, le VIA structure un programme spécifique, « Option design et cadre de vie », qui a pour objectif de former les futurs cadres des entreprises de production et

1 Vue de l'exposition
« Matières à cultiver »,
galerie du VIA, 12 janvier-
16 mars 2008 / "Matières à
cultiver" exhibition, VIA gallery,
12 January–16 March 2008

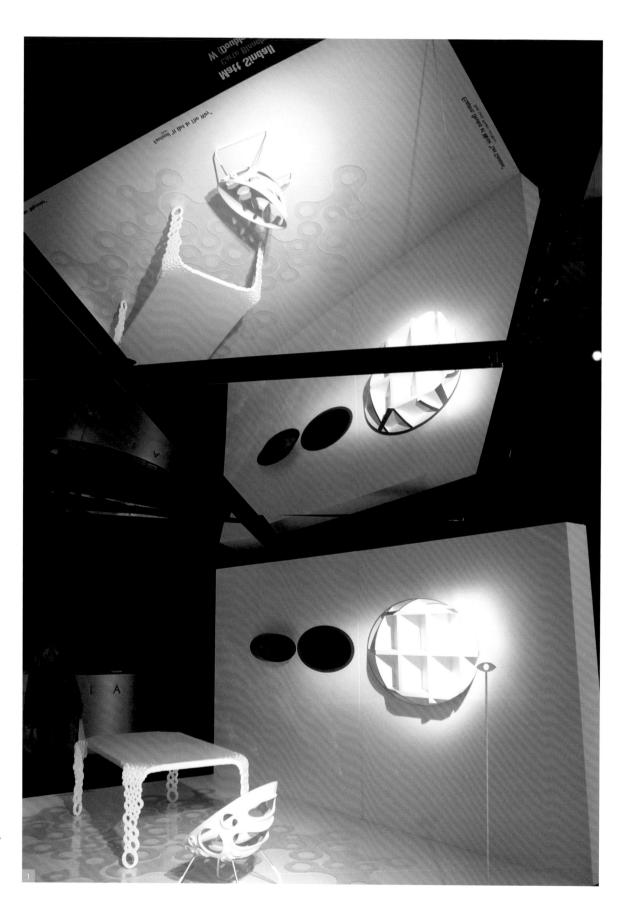

1 **Matt Sindall**
Vue de la Carte blanche
« W (double you) »,
Salon du meuble de Paris /
Carte Blanche, "W (double
you)", Salon du meuble
de Paris, **2007**

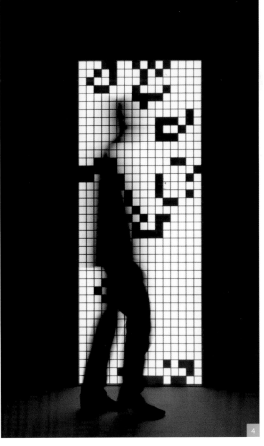

2 **Jean-Louis Frechin**
Vue de la Carte blanche
de 2008 « Interface »,
« Paris / Design en
mutation », Centre de
design de l'UQAM, Montréal,
16 janvier-1ᵉʳ mars 2009 /
Carte Blanche, "Interface",
"Paris/Design en mutation",
UQAM Design Centre, Montreal,
16 January–1 March 2009

3 **Jean-Louis Frechin**
Détail du lustre Wanetlight
M / Detail of the Wanetlight M,
2008

4 **Jean-Louis Frechin**
Porte WaDoor UP /
WaDoor UP, **2008**

1 **Vue du stand VIA,
Salon international
du meuble de Paris,
5-9 janvier 2006** / The VIA
stand, Salon international
du meuble de Paris,
5–9 January 2006

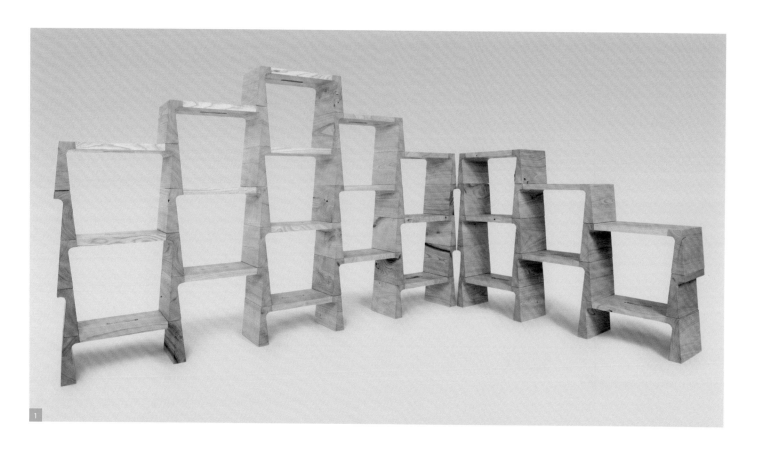

de distribution de ce secteur en pleine mutation (ameublement, luminaire, décoration, produits technologiques, jardin, bricolage). Son ambition est de renforcer le niveau de compétence en matière de management de la création et de marketing de l'offre. Le cursus répond à la volonté affirmée du ministère de l'Économie, de l'Industrie et de l'Emploi de créer des synergies intersectorielles pour soutenir les industries de la création. La collaboration est officialisée par la signature d'une convention, le 19 juin 2009, entre l'IFM, le VIA, le CODIFA, l'IPEA et l'UNIFA, représentée par Jean-François Stordeur, qui succède à Georges Cambour en tant que secrétaire général.

À la demande des industriels de la cuisine et de l'UNIFA est lancé en 2008 le programme de recherche « Cuisine : usages, espace et nouvelles représentations ». Le VIA pilote le projet et met en relation dix écoles de design partenaires et dix industriels. Les dix-neuf projets issus de cet Appel spécifique sont présentés lors de l'exposition « Cuisines en ébullition », dans le cadre de la Foire de Paris, un lieu inédit pour le VIA, qui a ainsi pu se confronter à un public très large.

La Carte blanche est attribuée à Philippe Rahm, qui propose une réflexion sur les « Terroirs déterritorialisés », remettant les principes biologiques, thermiques et lumineux au cœur du procédé de création. Constatant que « les mesures techniques à prendre en architecture dans le cadre du développement durable accentuent la rupture moderne entre environnement extérieur et environnement intérieur [36] », il propose « une nature

with the declared intent of the Ministry of the Economy, Industry and Employment to create inter-sectorial synergies to support design industries. This collaboration was rubber-stamped by the signing of an agreement on 19 June 2009 between the IFM, the VIA, the CODIFA, the IPEA and the UNIFA, represented by Jean-François Stordeur, who succeeded Georges Cambour as managing director.

At the request of kitchen manufacturers and the UNIFA, 2008 had seen the launch of the research programme on "Kitchens: uses, space and new representations". The VIA piloted the project and linked up ten partnering design schools and ten manufacturers. The nineteen projects stemming from this "Specific Call" were presented at the exhibition "Cuisines en ébullition" [Kitchens on the Boil], as part of the Foire de Paris, a novel venue for the VIA, which was able to mix with a very broad public at close quarters.

The Carte Blanche was awarded to Philippe Rahm, who proposed a line of thinking about "Terroirs déterritorialisés [Deterritorialised Lands], putting biological, thermal and light-related principles back at the heart of the creative procedure. Observing that "the technical measures to be taken in architecture in the context of sustainable development emphasise the current break between outside and inside environments",[36] he proposed "a nature that is now being reshaped within architecture, which will sensually, chemically and spatially explain interior space".[37]

Among the "Project Assistance" schemes, several contributions

2

3

confirmed research involving natural materials. For their Lamellé-décollé unlaminated chair, Salomé de Fontainieu and Godefroy de Virieu layered the material. Itamar Burstein developed for the solid chestnut Unit bookshelf accessible and permanent combinable modules. For L'Arbre à table, the Blackmamouth collective (Mathieu Galard, Cédric Habert and Frédéric Poisson) intermingled concrete and wood. As for Philippe Nigro, he carried on a functional idea with a square chair called Twin Chairs and a Universal base.

The year's partnership project brought François Azambourg and Frédéric Morand together with the company DCS (Design Composite System). Together they conceived the Plateau capitons [Padded Tray], obtained by an innovation based on flax. This tough and light natural material was here woven with polyamide before being high-pressure moulded. Using this principle, the DCS would then produce the "Flax 94" collection, consisting of a chair, a tray and a table.

Following his observations on changing directions in design, Michael Bouisson instigated the exhibition "Paris/Design en mutation" [Changing Design] in Montreal (16 January–1 March), Paris (17 April–30 August) and Mulhouse (17 October–28 February 2010). The exhibition was commissioned by the Design Centre of the UQAM (University of Quebec in Montreal) and jointly produced with the VIA. It presented the work of eleven designers and collectives symbolising the new generation of Parisian design, and also highlighted the leading institutional figures

que l'on reforme maintenant à l'intérieur de l'architecture et qui qualifiera sensuellement, chimiquement, spatialement l'espace intérieur [37] ».

Parmi les Aides à projet, plusieurs contributions confirment une recherche sur les matériaux naturels. Pour leur chaise Lamellé-décollé, Salomé de Fontainieu et Godefroy de Virieu effeuillent le matériau. Itamar Burstein développe pour la bibliothèque Unit en châtaignier massif des modules combinables accessibles et pérennes. Le collectif Blackmamouth (Mathieu Galard, Cédric Habert et Frédéric Poisson) mêle intimement le béton et le bois pour L'Arbre à table. Quant à Philippe Nigro, il poursuit une réflexion fonctionnelle avec une chaise au carré, Twin Chairs, et un Piètement universel.

Le Projet partenarial de l'année associe François Azambourg et Frédéric Morand, de la société DCS (Design composite system). Ensemble, ils élaborent le Plateau capitons, obtenu par une innovation fondée sur le lin. Ce matériau naturel résistant et léger est ici tissé avec du polyamide avant d'être moulé sous haute pression. DCS éditera ensuite sur ce principe la collection « Lin 94 », qui comprend une chaise, un plateau et une table.

Suite à ses observations relatives aux changements d'orientation du design, Michel Bouisson est à l'origine de « Paris / Design en mutation », présentée à Montréal (16 janvier-1er mars), à Paris (17 avril-30 août), puis à Mulhouse (17 octobre 2009-28 février 2010). L'exposition a été commanditée par le Centre de design de l'UQAM (Université du Québec à Montréal) et coproduite avec

2 **Blackmamouth**
Table-banc L'Arbre à table /
L'Arbre à table table-bench,
2009

3 **Salomé de Fontainieu
et Godefroy de Virieu**
Chaise Lamellé-décollé /
Lamellé-décollé chair, **2009**

1 **Philippe Rahm**
Vue globale de la Carte
blanche « Terroirs
déterritorialisés » / General
view of Carte Blanche, "Terroirs
déterritorialisés", **2009**

2 **Philippe Rahm**
Tapis chauffant / Heated rug,
2009

3 **Philippe Rahm**
Aération douce par
renouvellement d'air double
flux / Gentle Dual-Flow Air
Renewal, **2009**

4

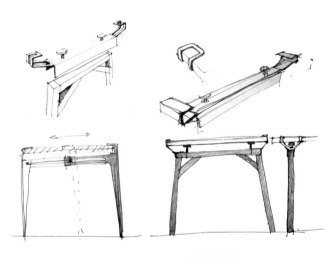

5

6

4 **Philippe Nigro**
Chaise Twin Chairs /
Twin Chairs, **2009**

5 **Philippe Nigro**
Croquis du Piètement
universel / Universal base
sketch, **2009**

6 **Philippe Nigro**
Piètement universel ;
édition : Ligne Roset /
Universal base; producer:
Ligne Roset, **2009**

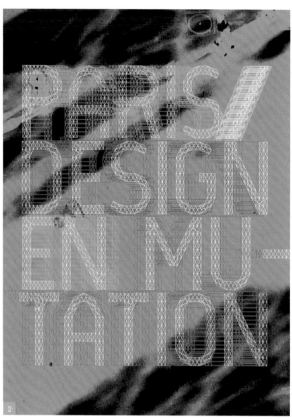

le VIA, la Ville de Paris et la Fondation EDF Diversiterre. Elle présente le travail de onze designers ou collectifs emblématiques de la nouvelle génération du design parisien, et met également en lumière les principaux acteurs institutionnels (écoles de design, organismes de promotion, lieux d'exposition, etc.) qui ont permis à ces talents de se former et de se faire connaître.

L'exposition « VIA Design 3.0 », organisée du 16 décembre 2009 au 1ᵉʳ février 2010 au Centre Pompidou, consacre trente années d'encouragement pour la création et de mobilisation en faveur de la profession. Sous le commissariat de Valérie Guillaume et Gérard Laizé, elle présente une sélection de la collection de prototypes constituée par le VIA suite à une décision de Gérard Laizé en 1995. Effectivement, ces prototypes n'étaient alors pas valorisés mais comptabilisés comme de simples fournitures et donnés aux fabricants, designers ou éditeurs. Ainsi, une nouvelle règle protégeant les œuvres fut établie : le VIA cède dorénavant les droits d'exploitation du projet à la seule condition qu'un contrat soit établi entre le fabricant et le designer – la propriété du prototype restant contractuellement celle du VIA. Cette décision s'est accompagnée d'une campagne de recherche et de rachat, de restauration, de mise en caisse et d'estimation des valeurs des prototypes. Elle a permis d'éviter la dissémination de ce patrimoine industriel unique.

La célébration du trentenaire du VIA concrétise une nouvelle relation avec le Centre Pompidou. Outre l'exposition, c'est

(design schools, promotional agencies, exhibition venues, etc.) which have enabled these talents to take wing and become known.

The "VIA Design 3.0" exhibition, held from 16 December 2009 to 1 February 2010 at the Pompidou Centre, is devoting thirty years of encouragement in creation and mobilisation in favour of the profession. Curated by Valérie Guillaume and Gérard Laizé, this exhibition is presenting a selection of a collection of prototypes put together by the VIA following a decision made by Gérard Laizé back in 1995. Indeed, these prototypes weren't then valued but instead counted as simple supplies and given to manufacturers, designers or publishers. As such, a new regulation protecting the works was drawn up: henceforth the VIA yields the right of use of the project on the sole condition that a contract is drawn up between the manufacturer and the designer – the property of the prototype contractually remaining that of the VIA. This decision was accompanied by a campaign for research and repurchase, restoration, crating and estimation of the values of the prototypes. It enables the dissemination of this unique industrial heritage to be avoided.

The celebration of the thirtieth anniversary of the VIA provides concrete expression to a new relationship with the Pompidou Centre. In addition to the exhibition, it's the opportunity to publish this work, to organise the colloquium "Plan, experiment, display, undertake" and the creation of the first critical forum

1 Couverture de *Domovision 2009-2014. Les courants d'évolution du cadre de vie et leur mode d'emploi* / Cover of *Domovision 2009-2014. Les courants d'évolution du cadre de vie et leur mode d'emploi,* **2009**

2 **Ruedi Baur**
Identité visuelle de l'exposition « Paris/Design en mutation » / Visual identity of "Paris/Design en mutation" exhibition, **2009**

of the design: *Design au banc*. A perennial quarterly cycle coproduced by the Centre Pompidou and the VIA.

Along the same theme, confirming its unique policy for assisting creation based on the financing of prototypes, the VIA and its team are looking to the future and continuing to carry out a forecast mission.

l'occasion de la publication de cet ouvrage, de l'organisation du colloque « Projeter, expérimenter, montrer, entreprendre » et de la création de la première tribune critique du design : *Design au banc*. Un cycle trimestriel pérenne coproduit par le Centre Pompidou et le VIA.

Toujours dans la même dynamique, confirmant sa politique unique d'aide à la création fondée sur le financement de prototypes, le VIA et son équipe regardent vers l'avenir et continuent de mener une mission prospective.

3-4 Vues de l'exposition « Paris/Design en mutation », Centre de design de l'UQAM, Montréal, 16 janvier-1er mars 2009 ; scénographie : Georges Labrecque / "Paris/Design en mutation" exhibition, UQAM Design Centre, Montreal, 16 January–1 March 2009; exhibition design: Georges Labrecque

Vue de l'exposition
« VIA Design 3.0 »,
Centre Pompidou, Paris,
16 décembre 2009-
1ᵉʳ février 2010 ;
scénographie : Yves
Gradelet / "VIA Design 3.0"
exhibition, Centre Pompidou,
Paris, 16 December 2009–
1 February 2010; exhibition
design: Yves Gradelet

Notes Notes

1. Jean-Claude Maugirard, compte rendu de réunion du 16 novembre 1979.

2. Philippe Corentin est le pseudonyme de Philippe Lesaux, qui a souhaité ainsi se démarquer davantage de son frère, également graphiste, Alain Lesaux.

3. Retranscription du Comité VIA du 21 décembre 1979, Archives VIA.

4. La sélection présente notamment la table Octo de Jean-Michel Wilmotte (fabricant-éditeur : SCDR), un ensemble de mobilier en pin Typo de Daniel Pigeon (fabricant : Chêne sauvage-Nanty), la chaise pliante TS de Roger Tallon (fabricant : Sentou). Certaines créations sont présentées en photo, tels le siège en hêtre et paille de Charlotte Perriand (1947) ou bien les programmes des ateliers Regain (1960) et Chapo (1961).

5. Collectif de graphistes fondé en 1970 par Pierre Bernard, enseignant à l'École des arts décoratifs et ami de Jean-Claude Maugirard, ainsi que par François Miehe et Gérard Paris-Clavel.

6. Dans un moule fermé destiné à recevoir une injection de polyuréthane, l'air, au lieu d'être évacué, est maintenu à l'intérieur. Ainsi, le phénomène de l'expansion du polyuréthane, chassant l'air qui se comprime dans certaines parties du moule, produit une solution formelle à chaque fois différente. *VIA presse*, Salon du meuble de Paris, janvier 1981.

7. Entretien d'Anne Bony avec Jean-Claude Maugirard, Paris, le 22 juin 2009.

8. Société des artistes décorateurs.

9. Institut de promotion et d'études de l'ameublement, créé en 1979 par les industriels et les distributeurs français de l'ameublement pour élaborer des indices de conjoncture.

10. *VIA presse*, n° 6, 1981.

11. Le Comité VIA se compose également de Christian Baudoux, Pierre Bégué, J.-F. Derain, Aline Fouquet, Thierry Gaudin, Bernard Gindre, Paul Jordery, Marie-Pierre Landry, Claude Lévy-Soussan, Pierre Malaval, Philippe Margerie, Claude Mollard, Jean-Louis Monzat, Daniel Pigeon, Roland Puyôou, Anick Regairaz, Philippe Roche, Jean Roset, Mathilde Tirard, André Vincent.

12. Les commissions spécifiques pilotent les expositions, au VIA ou à l'extérieur, les aides à la création (Appels permanents, Appels spécifiques), rencontres, Labels, éditions-relais, *VIA presse*, monographies, salons...

13. Entretien d'Anne Bony avec Jean-Claude Maugirard, Paris, le 22 juin 2009.

14. Groupe fondé à Lyon en 1980 par Jacques Bonnot, Frédéric du Chayla, Vincent Lemarchands et Claire Olivès.

15. Agence française d'architecture et de design fondée par Alain Domingo et François Scali en 1982.

16. Bernard Fric, Christian Germanaz, Olivier Mourgue, Gaetano Pesce, Philippe Starck, Martin Szekely.

17. Entretien d'Anne Bony avec Jean-Claude Maugirard, le 3 juillet 2009.

18. Jean-Claude Maugirard avait déjà exposé en 1981 leur chaise Barbare, Appel permanent de 1982.

19. *VIA presse*, juin 1984.

20. *VIA presse*, septembre 1984.

21. Les éditeurs de mobilier de création et de recréation sont : VIA Éditions (Philippe Starck, Régis Protière, Gaetano Pesce, René-Jean Caillette), Éditions Academy (Jean-Michel Wilmotte), Artistes et modèles (Jean-Claude Maugirard, Xavier Pauchard, Tom Tilleul, Bénédicte Ollier, Charlotte Maugirard), Cabinet Houston (recréation), Écart international (Pierre Chareau, Michel Dufet, Mariano Fortuny, Sacha Ketoff), Nestor Perkal (Pierre Charpin), Fourniture (Sylvain Dubuisson,

1. Jean-Claude Maugirard, report of the 16 November 1979 meeting.

2. Philippe Lesaux, long-time friend of Jean-Claude Maugirard, with whom he worked at the Sigma (Bordeaux), changed his name because he also had a brother who was a graphic artist, Alain Lesaux.

3. Transcript of the VIA Committee of 21 December 1979, VIA Archives.

4. In particular the models of Jean-Michel Wilmotte, the Octotable (manufacturer-producer SCDR), Daniel Pigeon, a set of pine furniture called Typo (manufacturer Chêne sauvage-Nanty), Roger Tallon, the TS collapsible chair (manufacturer Sentou), in extra flat multi-ply. Some designs are shown in photos, such as Charlotte Perriand's beech and straw chair (1947) and the Ateliers Regain (1960) and Chapo (1961) programmes.

5. A group of graphic designers founded in 1970, by Pierre Bernard, a teacher at the ENSAD and a friend of Jean-Claude Maugirard, François Miehe and Gérard Paris-Clavel.

6. In a closed mould designed to receive an injection of polyurethane, the air is kept inside instead of being evacuated. So the phenomenon of polyurethane expansion, removing the air that is compressed in certain parts of the mould, produces a formal solution that is different every time. *VIA presse*, Salon du meuble de Paris, January 1981.

7. Jean-Claude Maugirard interviewed by Anne Bony, Paris, 22 June 2009.

8. Société des artistes décorateurs.

9. Institut de promotion et d'études de l'ameublement, created in 1979 by French furniture manufacturers and distributors to draw up indexes on the current state of play.

10. *VIA presse* no.6, 1981.

11. The VIA Committee was also composed of Christian Baudoux, Pierre Bégué, J.-F Derain, Aline Fouquet, Thierry Gaudin, Bernard Gindre, Paul Jordery, Marie-Pierre Landry, Claude Lévy-Soussan, Pierre Malaval, Philippe Margerie, Claude Mollard, Jean-Louis Monzat, Daniel Pigeon, Roland Puyôou, Anick Regairaz, Philippe Roche, Jean Roset, Mathilde Tirard, André Vincent.

12. The specific commissions piloted the exhibitions, either at the centre or elsewhere, as well as the "Design Assistance" programme ("Permanent Calls" and "Specific Calls"), meetings, Labels, intermediate editions, *VIA presse*, monographs, fairs...

13. Interview with Jean-Claude Maugirard by Anne Bony, Paris, 22 June 2009.

14. A group founded in Lyons in 1980 by Jacques Bonnot, Frédéric du Chayla, Vincent Lemarchands and Claire Olivès.

15. French agency of architecture and design founded by Alain Domingo and François Scali in 1982.

16. Bernard Fric, Christian Germanaz, Olivier Mourgue, Gaetano Pesce, Philippe Starck, Martin Szekely.

17. Interview with Jean-Claude Maugirard by Anne Bony, 3 July 2009.

18. Jean-Claude Maugirard had exhibited their "Barbare" chair in 1981. (1982 "Permanent Call").

19. *VIA presse*, June 1984.

20. *VIA presse*, September 1984.

21. The producers of designed and re-designed furniture were: VIA Éditions (Philippe Starck, Régis Protière, Gaetano Pesce, René-Jean Caillette),

Éditions Academy (Jean-Michel Wilmotte), Artistes et modèles (Jean-Claude Maugirard, Xavier Pauchard, Tom Tilleul, Bénédicte Ollier, Charlotte Maugirard), Cabinet Houston (recréation), Écart international (Pierre Chareau, Michel Dufet, Mariano Fortuny, Sacha Ketoff), Nestor Perkal (Pierre Charpin), Fourniture (Sylvain Dubuisson, Élizabeth Garouste and Mattia Bonetti, Christian de Portzamparc), Ardi (Eugène Brunelle), XO (Éric Schmitt, Philippe Starck Tribu), Artelano (Olivier Gagnère), BGH (Garouste and Bonetti), Lou Fagotin (Garouste and Bonetti), Fermob (Pascal Mourgue, Sylvia Corrette), Édition CMB (Christian Duc, Mullca), Neotu (Garouste and Bonetti, Martin Szekely, Anne Liberati and Joris Heetmann)…

22. *VIA presse*, July–August 1990.

23. The VIA's general meeting, held on 31 May 1990, re-elected its board of directors: Aline Fouquet, secretary general of the association; Anick Regairaz, representing the trade press; Roger Le Bihan, representing the trade; Jean-Michel Wilmotte, representing designers; Philippe A. Mayer, representing the GEM; Michel Roset, representing manufacturers; François Barré, representing the Ministry of Culture; Georges Cambour, representing the UNIFA; Paul Jordery, representing the CODIFA; Dominique Ganiage, representing the Ministry of Industry; and Jean-Claude Maugirard, running the Mission of the Ministry of Industry.

24. Christine Colin, *VIA presse*, no.18, 1991.

25. The first Comme des Garçons furniture line was created in 1983 by Rei Kawakubo.

26. The publication was financed by the UNIFA, the GEM, the Ministry of Industry and Foreign Trade, the Plastic Arts Delegation, The French Committee for Economic Events Abroad.

27. Association française d'action artistique, created in 1992 by the Ministry of Foreign Affairs.

28. A sofa is normally renewed every 15 years, a kitchen every 30 years.

29. Jean-Marie Massaud, *Les Villages. Fonction et fiction*, 1996.

30. Also present at the conference were architects and designers Ron Arad, Sylvain Dubuisson, Micchele de Lucchi, Gaetano Pesce, Marc Sadler and Philippe Starck, the sociologists Alexis Brijatoff and Bernard Cathelat, as well as Rolf Fehlbaum (director of Vitra). The transcripts were made by Sophie Tasma-Anargyros and an analysis was made by the Brijatoff agency.

31. Catalogue *Carte Blanche VIA*, 1997, n.p.

32. Gérard Laizé (ed.), :00. *Et si on remettait les compteurs à zéro? Hypothèses pour des futurs probables*, (Paris: L'Imprimeur, 1997).

33. François Bellanger and Gérard Laizé (eds.) *Mobiliers nomades pour générations passeport*, Beaux-Arts Magazine, special issue, September 1998.

34. The Radi Designers collective (Recherche, Auto-production, Design Industriel) was composed at the outset in 1992 by Claudio Colucci, Florence Doléac, Laurent Massaloux, Olivier Sidet and Robert Stadler.

35. Vincent Baranger, Jean-Sébastien Blanc, Anthony Lebossé and Claire Renard.

36. Philippe Rahm, *Les Aides à la création VIA 2009*, p. 15.

37. Ibid., p. 16.

Élizabeth Garouste et Mattia Bonetti, Christian de Portzamparc), Ardi (Eugène Brunelle), XO (Éric Schmitt, Philippe Starck Tribu), Artelano (Olivier Gagnère), BGH (Garouste et Bonetti), Lou Fagotin (Garouste et Bonetti), Fermob (Pascal Mourgue, Sylvia Corrette), Édition CMB (Christian Duc, Mullca), Neotu (Garouste et Bonetti, Martin Szekely, Anne Liberati et Joris Heetmann)…

22. *VIA presse*, juillet-août 1990.

23. L'assemblée générale du VIA, qui s'est tenue le 31 mai 1990, a réélu son conseil d'administration : Aline Fouquet, secrétaire générale de l'association ; Anick Regairaz, représentante de la presse professionnelle ; Roger Le Bihan, représentant du négoce ; Jean-Michel Wilmotte, représentant des créateurs ; Philippe A. Mayer, représentant du GEM ; Michel Roset, représentant des industriels ; François Barré, représentant du ministère de la Culture ; Georges Cambour, représentant de l'UNIFA ; Paul Jordery, représentant du CODIFA ; Dominique Ganiage, représentant du ministère de l'Industrie ; Jean-Claude Maugirard, titulaire de la Mission du ministère de l'Industrie.

24. Christine Colin, *VIA presse*, n° 18, 1991.

25. La première ligne de mobilier Comme des Garçons est créée par Rei Kawakubo en 1983.

26. La publication est financée par l'UNIFA, le GEM, le ministère de l'Industrie et du Commerce extérieur, la Délégation aux arts plastiques, le Comité français des manifestations économiques à l'étranger.

27. Association française d'action artistique, créée en 1992 par le ministère des Affaires étrangères.

28. Un canapé est renouvelé en moyenne tous les quinze ans, et une cuisine tous les trente ans.

29. Jean-Marie Massaud, *Les Villages. Fonction et fiction*, 1996.

30. Sont également présents au colloque les designers et architectes Ron Arad, Sylvain Dubuisson, Micchele de Lucchi, Gaetano Pesce, Marc Sadler et Philippe Starck, les sociologues Alexis Brijatoff et Bernard Cathelat, ainsi que Rolf Fehlbaum, directeur de Vitra. Les transcriptions sont réalisées par Sophie Tasma-Anargyros et une analyse menée par le cabinet prospectif Brijatoff.

31. Catalogue *Carte blanche VIA*, 1997, n.p.

32. Gérard Laizé (dir.), : 00. *Et si on remettait les compteurs à zéro ? Hypothèses pour des futurs probables*, Paris, L'Imprimeur, 1997.

33. François Bellanger et Gérard Laizé (dir.) *Mobiliers nomades pour générations passeport*, hors-série Beaux-Arts Magazine, septembre 1998.

34. Le collectif des Radi Designers (Recherche, Auto-production, Design industriel) réuni à sa création en 1992 : Claudio Colucci, Florence Doléac, Laurent Massaloux, Olivier Sidet et Robert Stadler.

35. Vincent Baranger, Jean-Sébastien Blanc, Anthony Lebossé et Claire Renard.

36. Philippe Rahm, *Les Aides à la création VIA 2009*, p. 15.

37. *Ibid.*, p. 16.

Annexes Appendix

Catalogue des œuvres exposées
Catalogue of Exhibited Works

Les œuvres présentées proviennent du fonds VIA, de la collection du Centre Pompidou, Musée national d'art moderne - Centre de création industrielle et de prêts extérieurs. Les pièces données au Mnam-CCI par le VIA figurent dans la liste des dons p. 202.

The works presented here come from the VIA's and the Centre Pompidou, Musée national d'art moderne - Centre de création industrielle collections or from loans. The objects given to the Mnam-CCI by the VIA feature in the list of gifts p. 202.

Aides à la création par ordre chronologique, de 1980 à 2009
Works from the Creation Assistance scheme in chronological order, from 1980 to 2009

1 Philippe Corentin
Crayon VIA, 1980
VIA pencil, 1980
Élément de signalétique en volume
Résine, fibre de verre et peinture
Volume signposting element
Resin, glassfibre and paint
150 x 74 cm

2 Gaetano Pesce
Bibliothèque (prototype), 1981
Bookcase (prototype), 1981
Mousse de polyuréthane
Polyurethane foam
113,5 x 200 x 47 cm
Prototypé par Synthesia, LCL, AGP
Édité par VIA Diffusion
Carte blanche, 1981

3 Martin Szekely
Chaise longue Pi, 1982
Pi chaise longue, 1982
Acier et aluminium laqués,
revêtement cuir
Lacquered steel and aluminium,
leather upholstery
82 (assise : 41,5) x 133 x 64 cm
Prototypé par l'entreprise Maville
(Feytiat, 87)
Édité par Neotu de 1983 à 1985
Carte blanche, 1982

4 Pascal Mourgue
Chaise longue Arc, 1983
Arc chaise longue, 1983
Hêtre massif, assise et dossier cannés
Solid beech, cane seat and back
78 (assise : 43) x 60 x 79
(avec le repose-pieds : 147 cm)
Prototypé par Triconfort
Édité par Pamco
Diffusé par VIA Diffusion
Premier prix du concours VIA/
Bloomingdale's, 1983

5 Marc Berthier
**Chaise Théophile, hommage
à Jean Prouvé (prototype), 1984**
Théophile chair, a tribute to Jean Prouvé
(prototype), 1984
Tôle emboutie rivetée, tige d'acier
de 8 mm rivetée, assise et dossier
en multipli d'okoumé
Riveted pressed sheet; 8 mm riveted steel rod;
seat and back in okoume multiply
73 x 43 x 45 cm
Édité par VIA Diffusion
Carte blanche, 1984

6 Pierre Sala
**Bureau pour enfant
Clairefontaine, 1985**
Clairefontaine child's desk, 1985
Bois laqué, inox, papier
Lacquered wood, stainless steel, paper
87 x 96 x 68 cm
Prototypé par Pamco
Édité par Chambon
Appel spécifique, 1985

7 Xavier Matégot
Étagère XM2 (prototype), 1986
XM2 shelf unit (prototype), 1986
Tôle d'acier pliée, filins tendus, gainage
caoutchouc, étagères en verre
Folded steel sheet, taut tendons, rubber
coating, glass shelves
200 x 200 x 42 cm
Édité par Christian Farjon Éditions
Appel permanent, 1986

8 Kristian Gavoille
Table Divine (prototype), 1987
Divine table (prototype), 1987
Fonte d'aluminium, bois teinté
Cast aluminium, tinted wood
74 x ø 64 cm
Prototypé par la fonderie
Dacheville Nicol et la menuiserie
industrielle Bessière
Édité par Neotu
Appel permanent, 1987

**9 Élizabeth Garouste
et Mattia Bonetti**
Chaise Hiro-Hito, 1988
Hiro-Hito chair, 1988
Chêne, feuille d'or
Oak, gold-leaf

98 x 53 x 47 cm
Prototypé par Fourniture
Édité par Fourniture
Appel permanent, 1988

10 Sylvain Dubuisson
**Table Portefeuille à plateau
pivotant (prototype), 1989**
Portefeuille table with swivel tray
(prototype), 1989
Ossature acier finition époxy, pieds
en tissu de verre et de carbone, plateau
en nid d'abeille aluminium, parements
en verre époxy
Steel frame with epoxy finish, legs in glass fabric
and carbon, tray in aluminium honeycomb
Fermé : 78 x 112 x 76 cm ;
ouvert : 76 x 140 x 105 cm
Prototypé par Tolix
Édité par Fenêtre sur cour
Carte blanche, 1989

11 Andrée Putman
**Coiffeuse La Lune
(prototype), 1990**
La Lune dressing-table, 1990
Structure en bois, cuir, bronze
Structure in wood, leather, bronze
80 cm (ouverte : 119,5) x 118 x 39 cm
Prototypé par Fourniture
Édité par Écart international,
puis Poltrona Frau
Carte blanche, 1990

12 Abdelkader Abdi
Cabinet Houn (prototype), 1991
Houn cabinet (prototype), 1991
Hêtre, verre, poignées en cuir
Beech, glass, leather handles
120 x 76 x 42 cm
Prototypé par VIA Diffusion
Non édité
Appel permanent, 1991

13 Delo Lindo
Chaise Butterfly (prototype) 1992
Butterfly chair (prototype), 1992
Bois et métacrylate translucide vert fluo
Wood and fluorescent green translucid
methacrylate
88 (assise : 45) x ø 39,5 cm
Prototypé par Soca Line
Édité par Soca Line
Carte blanche, 1992

14 Thibault Desombre
Chaise Tara, 1993
Tara chair, 1993
Pieds : contreplaqué moulé
Dossier : contreplaqué de bouleau, qualité
aviation
Assise : galette en silicone moulé
Assemblage en queue d'aronde, lames
rivetées, chromées velours, vernis à l'eau
Legs: moulded plywood
Back: birch plywood, aviation quality
Seat: moulded silicone
Dovetail assembly, velvet chrome, water
varnished riveted strips
75 (assise : 45) x ø 44 cm
Prototypé par Thibault Desombre
Édité par Atlantis en 1995
Carte blanche, 1993

15 Éric Jourdan
Méridienne (prototype), 1994
Daybed (prototype), 1994
Structure en bois, garnissage
en mousse, revêtement textile (coton)
Wood structure, foam filling,
fabric (cotton) upholstery
100 (assise : 40) x 124 x 68 cm
Prototypé par les Ateliers du Lude
Non édité
Carte blanche, 1994

16 Jean-Marie Massaud
**Fauteuil Ghosthome
(prototype), 1995**
Ghosthome armchair (prototype), 1995
Résine fibre de verre
Fibreglass resin
75 (assise : 48,7) x 82 x 53 cm
Prototypé par Jean-Philippe Hazard
Non édité
Carte blanche, 1995

17 Matali Crasset
**De l'ensemble « W at hôm »,
composé de 4 prototypes :**
From the "W at hôm" set, comprising
4 subsets of prototypes:

**Rangements pour supports
papier et électronique
La mémoire, 1996**
La mémoire storage units for paper
and electronic equipment, 1996
Hêtre, vernis polyuréthane ; étagères
en secratyl et polypropylène

Beech, polyurethane varnish; secratyl
and polypropylene shelves
214 x 120 x 27 cm
Prototypé par U.B.P.
Non édité
Carte blanche, 1996

**Colonne avec appareils
électroniques intégrés L'outil, 1996**
L'outil column with integrated
electronic equipment, 1996
Plaque d'Altuglas de rétroprojecteur
et polypropylène laiteux
Overhead projector Altuglas sheet
with milky polypropylene
180 x 50 x 45 cm
Prototypé par Le Court Prototypes
et l'Atelier Eode
Non édité
Carte blanche, 1996

**Rangement Le chantier
de la pensée, 1996**
Le chantier de la pensée
storage unit, 1996
Tôle vernie
Glazed sheet
Fermé : 93 x 40 x 65 cm ;
ouvert : 82,5 x 40 x 89,5 cm
Prototypé par Jean-Philippe Hazard
Non édité
Carte blanche, 1996

Chaise La pensée, 1996
La pensée chair, 1996
Fonte d'aluminium, plastique
Cast aluminium, plastic
Fermé : 74 (assise : 45) x 44,5 x 43 cm ;
ouvert : 74 (assise : 45) x 66,5 x 52 cm
Prototypé par Le Court Prototype
Non édité
Carte blanche, 1996

18 Patrick Jouin
Chaise Steel Life, 1996
Steel Life chair, 1996
Tube et tôle d'acier ; peinture :
poudre polyester
Steel tube and sheet; paint; polyester powder
83 (assise : 45) x 36 x 42 cm
Prototypé par Patrick Jouin
Édité par Fermob, 1997
Appel permanent, 1996
Prêt Fermob SA

19 Pascal Bauer
**Modules pour étagère Liberi
(prototype), 1998**
Modules for Liberi shelf
(prototype), 1998
Acier et résine
Steel and resin
Chacune des 21 lames d'acier :
200 x 15 x 2,5 cm
Petites tablettes : 7 x 14,5 x 15,5 cm
Grandes tablettes : 7 x 14,5 x 30,5 cm
Édité par Sintesi
Appel permanent, 1998

20 François Azambourg
**Chauffeuse et repose-pieds
Bois-Mousse (prototype), 1999**

Bois-Mousse easy chair and footrest
(prototype), 1999
Structure souple en contreplaqué
de bouleau, qualité aviation, collé à pleine
surface sur mousse souple de caoutchouc
naturel
Flexible structure in birch plywood, aviation
quality, pasted over the entire surface onto
soft natural rubber foam
Chauffeuse : 71 x 70 x 107 cm ;
repose-pieds : 36 x 70 x 55 cm
Prototypé par Francois Azambourg
avec Aevum et Mousse Socatex
Non édité
Appel permanent, 1999

21 Erwan Bouroullec
Lit clos (prototype), 2000
Press-bed (prototype), 2000
Projet conçu par Erwan Bouroullec.
Ronan et Erwan Bouroullec cosignent
tous leurs travaux depuis 2001.
Piètement : acier peint ; position basse :
70 cm ; position haute : 180 cm
Habitacle : châssis en aluminium
et plancher en multipli de bouleau ;
habitacle en résine et métal avec plafond
en bois moulé et toile de coton écru
tendue ; matelas futon posé sur deux
tatamis juxtaposés ; 145 x 200 x 240 cm
Échelle (pour position haute) : érable
sycomore
Project designed by Erwan Bouroullec. Ronan
and Erwan Bouroullec have co-signed all their
works since 2001.
Base: painted steel; low position: 2.29 ft;
high position: 5.90 ft
Interior: aluminium chassis and birch
multiply floor; resin and metal interior
with moulded wood and stretched cotton
cloth ceiling; futon mattress placed on two
juxtaposed tatamis; 4.75 x 6.56 x 7.87 ft.
Ladder (for high position) : sycamore maple
Prototypé par Ufacto, David Toppani
Édité par la galerie Kreo
Appel permanent, 2000

22 Radi Designers
**De l'ensemble « Gamme X »,
composé de 6 prototypes :**
From the "Gamme X" set,
comprising 6 prototypes:

Tabouret (prototype), 2001
Stool (prototype), 2001
Structure en PETG thermoformé suivant
le procédé « Twin-Sheet » ; piètements et
montants démontables en bois massif
tourné, vissés à l'aide d'un insert
métallique
Heat-shrunk PETG "Twin-Sheet" type structure;
removable bases and uprights in solid turned
wood, screwed in with metal insert
Tabouret : 44 x ø 33,5 cm
Prototypé par Ufacto, avec la collaboration
de Durotherm
Non édité
Carte blanche, 2001

**Bibliothèque modulable
(prototype), 2001**
Modular Bookshelf (prototype), 2001

Structure en PETG thermoformé
suivant le procédé « Twin-Sheet » ;
piètements et montants démontables
en bois massif tourné, vissés à l'aide
d'un insert métallique
Heat-shrunk PETG "Twin-Sheet" type
structure; removable bases and uprights
in solid turned wood, screwed in with
metal insert
Chaque plateau : 145 x 30 x 4,7 cm ;
chaque montant : ø 3,5 cm ;
étagère à 5 montants : 145 x 3 x 150 cm
Prototypé par Ufacto,
avec la collaboration de Durotherm
Non édité
Carte blanche, 2001

23 Olivier Peyricot
**Coussins morphologiques
de confort Cales humaines
(4 prototypes), 2002**
Cales humaines morphological
easy cushions (4 prototypes), 2002
Corps en mousse plastazote
et polyuréthane, tissus technique,
coque en polyester
Body in plastazote and polyurethane foam,
technical fabrics, polyester shell
22 x 45 x 52 cm ; 25 x 67 x 25 cm ;
23 x 52 x 40 cm ; 23 x 68 x 54 cm
Prototypé par la Société Réplicart
Édité par Edra sous le nom de Body Props
Produits VIA, 2002

24 Frédéric Ruyant
**De l'ensemble « Mobile Home »,
composé de 4 prototypes :**
From the "Mobile Home" set of 4
prototypes:

Bloc Bartable (prototype), 2003
Bartable bloc (prototype), 2003
Structure en métal, panneaux en MDF,
mousse en polyuréthane
Metal structure, MDF panels, polyurethane foam
105 x 140 x 157 cm
Prototypé par la Société Prototype
Concept, la Société Alvéodis et la Société
Synthétix
Non édité
Carte blanche, 2003

25 Saleem Bhatri
**Table Right in Tension
(prototype), 2004**
Right in Tension table (prototype), 2004
Frêne naturel
Natural ash
73 x 200 x 84 cm
Prototypé par Hubert Weinzierl
Non édité
Aide à projet, 2004

**Banc Right in Tension
(prototype), 2004**
Right in Tension bench (prototype), 2004
Frêne naturel
Natural ash
40 x 200 x 32 cm
Prototypé par Hubert Weinzierl
Non édité
Aide à projet, 2004

26 Philippe Nigro
**Étagère pour livres
(prototype), 2005**
Bookshelf (prototype), 2005
Contreplaqué bouleau et métal peint
Birch plywood and painted metal
180 x 250 x 50 cm
Prototypé par Arte Legno Più, Milan
Non édité
Aide à projet, 2005

27 Mathieu Lehanneur
**De l'ensemble « Éléments »,
composé de 5 prototypes :**
From the "Éléments" set of
5 prototypes:

Diffuseur de bruit blanc dB, 2006
dB white noise emitter, 2006
ABS, mini haut-parleurs, moteurs,
chargeur
ABS, mini loudspeakers, motors; charger
ø 19 cm
Prototypé par Verre Haget,
Pierre-Étienne Roudot
Non édité
Carte blanche VIA, 2006

Générateur d'oxygène O, 2006
O oxygen generator, 2006
Ballon de verre, base aluminium, plante
aquatique Spirulina platensis
Glass balloon, aluminium base, Spirulina
platensis seaweed
47 x ø 42 cm
Prototypé par Verre Haget,
Pierre-Étienne Roudot
Non édité
Carte blanche, 2006

**28 Ammar Eloueini
et François Brument**
**2 chaises Chair #71
(prototypes), 2007**
2 Chair #71 chairs (prototypes), 2007
Frittage de poudre SLS polyamide
Hoop reinforcement in polyamide powder
87 (assise : 46,5) x 48 x 56 cm
Prototypé par MGX by Materialise
Non édité
Aide à projet, 2007

29 Jean-Louis Frechin
**De l'ensemble « Interface(s) »,
composé de 5 prototypes :**
From the "Interface(s)" set of 5 prototypes:

Luminaire Wanetlight, 2008
Wanetlight, 2008
Structure à 25 chandelles en verre soufflé,
une colonne, 6 LEDs par colonne, fils
Structure with 25 blown glass candles,
one column, 6 LEDs per column, leads
80,3 x 52 x 52 cm
Prototypé par Ufacto (David Toppani),
Nokinomo : électronique et informatique
(Patrick Simonet), Mininéon (Richard
Boyer), 4Mtec : électronique (Thomas
Pillet et Bohumir Sviezeny)
et SAV : verrier (Stéphane Lefèvre)
Non édité
Carte blanche, 2008

**Étagère numérique
configurable WaSnake ELA, 2008**
WaSnake ELA configurable
digital shelf, 2008
Bois, élastomère, LEDs, diffusants optiques
et dispositif informatique
Wood and elastomer, LEDs, optical fibres,
computer and serves
6 x 198 x 25 cm
Prototypé par Ufacto (David Toppani),
Nokinomo : électronique et informatique,
4Mtec : électronique (Thomas Pillet
et Bohumir Sviezeny) et Mininéon
(Richard Boyer)
Non édité
Carte blanche, 2008

30 Philippe Rahm
**De l'ensemble « Terroirs
déterritorialisés », composé
de 4 sous-ensembles
de prototypes :**
From the "Terroirs déterritorialisés" set,
comprising 4 subsets of prototypes:

**Aération douce par renouvellement
d'air double flux, 2008**
Gentle dual-flow air renewal, 2008
Verre, échangeur à plaque et filtre,
anneaux de bois (chêne, châtaignier, frêne,
hêtre, pin)
Glass, plate exchanger and filter, oak,
chestnut, ash, beech, pine wood rings
110 x ø 50 cm
Prototypé par Cockpit, Abaqueplast
et Bellême Bois
Non édité
Carte blanche, 2009

*Hommage à l'industriel
et éditeur Ligne Roset
(France) Tribute to the
Producer and Manufacturer
Ligne Roset (France)*

**Ligne Roset (France) soutient
activement la jeune création
depuis l'origine du VIA
en éditant des projets issus du
programme d'aide à la création.**
*Ligne Roset (France) has actively
supported young designers since the
VIA was first created, by producing
projects from the Design Assistance
program.*

31 Jean Nouvel
Canapé Profil, 1989
Profil sofa, 1989
Piètement en métal, assise en caoutchouc
(technique du moulage de la mousse
à froid)
Metal base, rubber seat (cold-moulded
foam technique)
78 x 200 x 95 cm
Éditeur Ligne Roset (France)
Appel permanent, 1989

**32 Marie-Aurore
Stiker-Metral**
Chaise La Pliée, 2007
La Pliée chair, 2007
Tôle d'aluminium laquée
Lacquered aluminium sheet
80 x 40 x 45 cm
Prototypé par Cockpit
Édité par Ligne Roset (France)
Aide à projet, 2007

**33 Elsa Francès
et Jean-Michel Policar**
Guéridon Dé lumineux, 1999
Dé lumineux pedestal table, 1999
Piètement en aluminium moulé
laqué, plateau en polycarbonate (PC)
translucide blanc satiné, abat-jour,
interrupteur en verre opalin
translucide
Base in lacquered moulded aluminium,
polycarbonate (PC) translucid white satin
finish tray, lampshade, switch in translucid
opaline glass
78 x 80 x 42 cm
Éditeur Ligne Roset (France)
Aide à projet, 1999 ; nom du prototype
original : Dé Light

Philippe Starck

**Très tôt, le VIA a collaboré avec
Philippe Starck. Ce dernier
a reçu, en 1982, la seconde
Carte blanche VIA et a réalisé,
en 1985, le réaménagement
des locaux de l'association ainsi
que la galerie de la place
Sainte-Opportune (Paris 1er)
inaugurée le 18 décembre 1986.**
*The VIA began collaborating with
Philippe Starck very early on. In 1982,
he was awarded the second VIA Carte
Blanche and in 1985 refurbished the
premises of the association, together
with the place Sainte-Opportune
gallery (Paris 1er), which opened
on 18 December 1986.*

34 Fauteuil Costes, 1981
Costes chair, 1981
Structure en tube d'acier et coque
en multipli cintré ; coussin amovible
Steel tube structure and curved multiply shell;
removable cushion
80 x 57 x 57 cm
Édition Driade, 1985
Carte blanche, 1982 ; nom du prototype
original : Don Denny

35 Table pliante Dole Melipone, 1982
Dole Melipone folding table, 1982
Tube d'acier, verre
Steel tube, glass
73 x ø 120 cm
Édité par XO
Carte blanche, 1982

**36 Étagère Ray Noble
(prototype), 1982**
Ray Noble shelf (prototype), 1982
Acier laqué et médium
Lacquered steel and medium wood
204 x 100 x 37 cm
Prototypé par Starck Product
Édité par Habitat
Carte blanche, 1982

**37 Fauteuil Miss Wirt
(prototype), 1982**
Miss Wirt armchair (prototype), 1982
Tube d'acier laqué époxy, assise et dossier
en toile de coton
Epoxy lacquered steel tube, seat and back
in cotton cloth.
114 x 58 x 40 cm
Fabriqué par Disform (Espagne)
Édité par les Trois Suisses
Carte blanche, 1982

38 Tabourets Ara, 1985
Ara stools, 1985
Mousse à peau de polyuréthane
Polyurethane foam
42 x 30 x 30 cm
VIA Éditions

Jean-Michel Wilmotte

**En 1995, alors que le VIA
s'installe au Viaduc des Arts
(avenue Daumesnil, Paris 12e),
Jean-Michel Wilmotte réalise
l'aménagement des lieux.**
*In 1995, when the VIA moved to the
Viaduc des Arts (avenue Daumesnil,
Paris 12e), Jean-Michel Wilmotte
designed the new premises.*

39 Commode Palmer, 1988
Palmer chest of drawers, 1988
Pin teinté en noir, sablé, piètement
en fonte d'aluminium, métal
Black-tinted pinewood, base in cast
aluminium, metal
48,5 x 174 x 44,5 cm
Édité par Academy
Carte blanche, 1988

*Mobilier de consultation
des catalogues et des
publications VIA
Consultation Units for VIA
Catalogues and Publications*

40 Philippe Daney
Table et bancs, 1996
Table and benches, 1996
Sycomore massif et stratifié
Solid laminated sycamore
Table : 70 x 294 x 80 cm ;
banc : 43,5 x 294 x 24,5 cm
Appel permanent, 1996

Liste des dons du VIA au Mnam-CCI
List of Gifts from VIA to Mnam-CCI

La généreuse proposition de don du VIA au Musée national d'art moderne - Centre de création industrielle sera examinée en commission d'acquisition le 25 novembre 2009.

La collection VIA est unique au monde et singulière, tout d'abord parce qu'elle rassemble des pièces qui, pour la plupart, n'auraient jamais existé sans le financement du VIA, mais aussi parce qu'elle reflète les partis pris créatifs qui ont jalonné ces trois décennies. Chaque période a été influencée par un contexte socio-économique, par des courants de pensée comme par des innovations en termes de matériaux, de technologies et de procédés de fabrication. L'ensemble de ces prototypes se distingue ainsi fondamentalement d'une collection publique ou privée, fruit, pour la première, de critères spécifiques de sélection appliqués par les professionnels des musées et, pour la seconde, des choix personnels des collectionneurs. Cette collection démontre également la contribution du VIA au rayonnement du design et des designers français, dont le succès est de plus en plus manifeste en France comme à l'étranger.

The VIA's generous offer of a gift to the Musée national d'art moderne - Centre de création industrielle will come before the Purchasing Committee on 25 November 2009.

The VIA collection is the only one of its kind in the world and is remarkable first of all, because it gathers together pieces which, in the main, would never have existed without financial assistance from the VIA and also because it reflects the creative choices which have punctuated the past three decades. Each period has been influenced by a socioeconomic context, by trends in thinking as well as innovations in terms of materials, technologies and manufacturing processes. All these prototypes can in this way be fundamentally distinguished from a public or private collection, the fruit for the first of criteria specific to selection by professionals from museums and, for the second, the personal choices of collectors. This collection also demonstrates the contribution of the VIA in influencing French design and designers, whose success is increasingly obvious in France and overseas.

Pièces de mobilier
Furniture

Toutes les pièces ont été exposées au Salon du meuble de Paris ainsi qu'au Salon du meuble de Milan.

All the following items were exhibited at the Salon du meuble de Paris and the Milan Furniture Fair.

François Azambourg
(Angoulême, France, 1963)

Chaise Bois-Mousse (prototype), 1998
Wood-Foam chair (prototype), 1998
Piètement métallique ; assise et dossier : sandwich de contreplaqué de bouleau, qualité aviation, collé à pleine surface sur mousse souple de caoutchouc naturel
Metal base; seat and back: aviation quality birch plywood sandwich, pasted over the entire surface onto natural rubber soft foam
87 x 44 x 58 cm
Prototypé par Aevum
Non édité
Appel permanent, 1999
Expositions
« Appropriate Design ! », The Design Annual 2007, Festhalle, Francfort, 14-17 juin 2007
« Paris / Design en mutation », Centre de design de l'UQAM, Montréal, 16 janvier -1er mars 2009 ; Espace Fondation EDF,

Paris, 17 avril-30 août 2009
« Son, image et confort »,
Salon du meuble de Paris, 1999
Bibliographie
Intramuros international design magazine, n° hors-série « Paris / Design en mutation », décembre 2008, p. 26 ; sous la direction de Michel Bouisson
Gérard Laizé (dir.), *Appels permanents VIA 2000*, Paris, VIA, 2000
Philippe Louguet, *François Azambourg 38 pièces...*, cat. expo. « Appropriate Design ! », Francfort, Festhalle, 2007 ; Cologne, Buchhandlung Walther König, 2007, p. 6-7

Chaise Pack (prototype), 2000
Pack chair (prototype), 2000
Structure en voile polyester de bateau, fils de polyester ; mousse PU rigide à deux composants ; bouton activateur sur le côté gauche
Structure in polyester sailcloth, reinforced by polyester threads; rigid PU foam with two components; activated switch on left-hand side
71 x 39 x 49 cm
Prototypé par François Azambourg et les établissements Coulon
Non édité
Appel permanent, 2000
Expositions
« Appropriate Design ! », The Design Annual 2007, Festhalle, Francfort, 14-17 juin 2007
« Paris / Design en mutation », Centre de design de l'UQAM, Montréal, 16 janvier -

1er mars 2009 ; Espace Fondation EDF, Paris, 17 avril-30 août 2009
Bibliographie
Gérard Laizé (dir.), *Appels permanents VIA 2000*, Paris, VIA, 2000
Philippe Louguet, *François Azambourg 38 pièces...*, cat. expo., « Appropriate Design ! », Francfort, Festhalle, 2007 ; Cologne, Buchhandlung Walther König, 2007, p. 26
Intramuros international design magazine, n° hors-série « Paris / Design en mutation », décembre 2008, p. 25 ; sous la direction de Michel Bouisson

Chaise Very Nice (prototype), 2003
Very Nice chair (prototype), 2003
Contreplaqué bouleau de 9 mm découpé à l'eau et collé ; entoilage film polyester thermorétractable de fabrication spéciale
9 mm waterjet cut and pasted birch plywood; interfacing with specially manufactured thermal shrink polyester film
82,5 x 36 x 48 cm ; 2 200 g
Prototypé par François Azambourg
Aide à projet, 2003
Expositions
« Appropriate Design ! », The Design Annual 2007, Francfort, Festhalle, 14-17 juin 2007
« Paris / Design en mutation », Centre de design de l'UQAM, Montréal, 16 janvier -1er mars 2009 ; Espace Fondation EDF, Paris, 17 avril-30 août 2009
Bibliographie
Philippe Louguet, *François Azambourg*

38 pièces..., cat. expo., « Appropriate Design ! », Francfort, Festhalle, 2007 ; Cologne, Buchhandlung Walther König, 2007, p. 36
Intramuros international design magazine, n° hors-série « Paris / Design en mutation », décembre 2008, p. 25 ; sous la direction de Michel Bouisson
Domeau & Pérès / Design. Dix années de création, Paris, Bernard Chauveau, 2004

Jean-Louis Berthet
(Grenoble, France, 1940)

Chaise empilable Presto (prototype), 1977-1983
Presto stackable chair (prototype), 1977-1983
Piètement en hêtre laqué à section quart de rond (rayon : 6 cm) ; assise en bois moulé gainé de tissu, assemblée en porte à faux sur la traverse d'écartement du piètement
Ovolo section base in lacquered beech (radius 6 cm) ; seat in moulded wood sheathed in fabric, cantilevered on the crosspiece spacing of the base
90 (assise : 47) x 53 x 55 cm
Prototypé par le Mobilier national
Édité par Wilhelm
Label VIA, 1980
Exposition
« Les Années VIA, 1980-1990 », musée des Arts décoratifs, Paris, 24 avril-26 août 1990

Bibliographie
Yvonne Brunhammer et Guillemette Delaporte-Idrissi, *Les Années VIA, 1980-1990*, cat. expo., musée des Arts décoratifs, Paris ; Paris, Éditions Union centrale des arts décoratifs, 1990
Habiter c'est vivre : Salon des artistes décorateurs, Paris, Alternatives, 1983
Dossier Berthet, BK, f° tapuscrits : « JL Berthet, Chaise, 1983 » et « La rencontre avec Le Mobilier national », s.d.

Saleem Bhatri
(Mumbaï, Inde, 1975)

Table Right in Tension (prototype), 2004
Right in Tension table (prototype), 2004
Frêne naturel
Natural ash
73 x 200 x 84 cm
Prototypé par Hubert Weinzierl
Non édité
Aide à projet, 2004

Banc Right in Tension (prototype), 2004
Right in Tension bench (prototype), 2004
Frêne naturel
Natural ash
44 x 200 x 32 cm
Prototypé par Hubert Weinzierl
Aide à projet, 2004

Paravent Right in Tension (prototype), 2004
Right in Tension screen (prototype), 2004
Cèdre
Cedar
164 x 120 x 2 cm
Prototypé par Hubert Weinzierl, XB industries SA
Aide à projet, 2004
Exposition
« Design libre à l'édition », Paris, VIA, 2009
Bibliographie
Gérard Laizé (dir.), *Les Aides à la création VIA 2004*, Paris, VIA, 2004
Intramuros international design magazine, n° 111, 2004

Ronan Bouroullec
(Quimper, France, 1971)

Étagère à trois plateaux Hole (prototype), 1996
Hole three-tier shelf unit (prototype), 1996
Multipli de bouleau, plateau en verre, fixation murale
Birch multiply, glass shelves, wall fixed
180 x 120 x 30 cm
Prototypé par Ufacto (David Toppani)
Édité par Cappellini
Appel permanent, 1996
Exposition
« Homo domus. Variations sur le confort de l'homme », Salon du meuble de Paris, 1997

Erwan Bouroullec
(Quimper, France, 1976)

Banquette Un et demi (prototype), 1999
Un et demi day bed (prototype), 1999
Structure en fibre de verre, mousse haute résilience, revêtement textile en laine, pieds métalliques en inox brossé
Fibreglass structure, high-resistant foam, woollen textile covering, metal legs in brushed stainless steel
152 x 70,7 x 71 cm
Prototypé par Domeau & Pérès
Édité par Domeau & Pérès
Appel permanent, 1999
Expositions
« Son, image et confort », Salon du meuble de Paris, 1999
« Labels VIA 2000 », galerie VIA
Bibliographie
Son, image et confort, Paris, VIA, 1999
Labels VIA 2000, Paris, VIA, 2000
Ronan et Erwan Bouroullec, Paris, Phaidon, 2003, p. 100
Laurent Le Bon, *Ronan et Erwan Bouroullec : catalogue de raison*, Paris, Images modernes/Kreo, 2002, p. 4
Domeau & Pérès / Design. Dix années de création, Paris, Bernard Chauveau, 2004
Dossier Bouroullec, BK « Travaux/Ronan Bouroullec », 1998, p. 2

Lit clos (prototype), 2000
Press-bed (prototype), 2000
Piètement : deux tréteaux en acier peint ; plateau en acier ; habitacle en bois laqué, résine et métal ; matelas futon posé sur deux tatamis juxtaposés
Base: two painted steel trestles; steel bed base; lacquered wood, resin and metal interior; futon mattress placed on two juxtaposed tatamis
214 (piètement : 70) x 240 x 140 cm
Prototypé par Ufacto (David Toppani)
Édité par la galerie Kreo
Aide à projet, 2000
Exposition
« Louise », Paris, Louise, 9 novembre-21 décembre 2002
Bibliographie
Gérard Laizé (dir.), *Appels permanents 2000 VIA*, Paris, VIA, 2000, p. 25
Laurent Le Bon, *Ronan et Erwan Bouroullec : catalogue de raison*, Paris, Images modernes/Kreo, 2002, p. 23
Louise, cat. expo., Paris, Louise, 2002
Ronan et Erwan Bouroullec, Paris, Phaidon, 2003, p. 10-11

René-Jean Caillette
(Fay-aux-Loges, France, 1919-2005)

Chaise pliante RJC, 1986
RJC folding chair, 1986

Métal chromé, assise et dossier réversibles en MDF laqué noir (recto), beige (verso)
Chromium metal, reversible seat and back in lacquered MDF, black (front) and beige (back)
89 (assise : 46,5) x 45,5 x 40 cm ; épaisseur assise : 2 cm
Édité par VIA Diffusion et Fermob
Appel permanent, 1986
Expositions
« New Faces of French Design in Hong Kong », Seibu Departement Store, Hong Kong, 1995
« Les Années VIA, 1980-1990 », musée des Arts décoratifs, Paris, 24 avril-26 août 1990
« VIA Création et Industrie », Site du Grand-Hornu, Hornu, 1991
« Les Industries francaises de l'ameublement », Arc en rêve - Centre d'architecture, Bordeaux, 1991 ; exposition organisée par le VIA
Bibliographie
New Faces of French Design, Paris, VIA, 1988
Yvonne Brunhammer et Guillemette Delaporte-Idrissi, *Les Années VIA, 1980 1990*, cat. expo., musée des Arts décoratifs, Paris ; Paris, Éditions Union centrale des arts décoratifs, 1990
VIA. Les industries françaises de l'ameublement, cat. expo., Arc en rêve - Centre d'architecture, Bordeaux, 1991
MDF : des créateurs pour un matériau, Fondation Cartier, Jouy-en-Josas, 1988, p. 22-23

Matali Crasset
(Châlons-en-Champagne, France, 1965)

Ensemble « W at hôm » (4 prototypes), 1996

Rangements pour supports papier et électronique La mémoire
La mémoire storage units for paper and electronic equipment
Hêtre recouvert d'un épais vernis polyuréthane ; étagères en plastique
Beech covered in thick polyurethane varnish; plastic shelves
214 x 120 x 27 cm
Prototypé par U.B.P.
Non édité
Carte blanche, 1996

Colonne avec appareils électroniques intégrés L'outil
L'outil column with integrated electronic equipment
Plaque d'Altuglas de rétroprojecteur et polypropylène laiteux
Overhead projector Altuglas sheet with milky polypropylene
180 x 50 x 45 cm
Prototypé par Lecourt Prototypes et l'Atelier Eode
Non édité
Carte blanche, 1996

Rangement Le chantier de la pensée
Le chantier de la pensée storage unit

Tôle vernie avec protection plastique
Glazed sheet with plastic protection cover
88 x 45 x 42 cm (dimensions du prototype replié)
Prototypé par Jean-Philippe Hazard
Non édité
Carte blanche, 1996

Chaise La pensée
La pensée chair
Fonte d'aluminium, plastique
Cast aluminium, plastic
80 x 40 x 40 cm (dimensions du prototype replié)
Prototypé par Lecourt Prototypes
Non édité
Carte blanche, 1996
Expositions
« Matali Crasset, un pas de côté 91/92 », MUDAC, Lausanne, 10 septembre-21 décembre 2002
Bibliographie
Pascale Cassagnau, Christophe Pillet, *Beef, Brétillot-Valette, Matali Crasset, Patrick Jouin, Jean-Marie Massaud : petits enfants de Starck ?*, Paris, éditions Dis Voir, 1999, p. 57
Matali Crasset, un pas de côté 91/92, cat. expo., Lausanne, MUDAC, Paris, Somogy, 2002, p. 18 et 28-29

Sylvain Dubuisson
(Bordeaux, France, 1946)

Table Portefeuille à plateau pivotant, 1989
Portefeuille table, 1989
Structure en acier, finition époxy, pieds coniques en verre, tissu de verre et carbone, plateau pivotant et pliable en nid d'abeille aluminium, parements en verre époxy
Steel structure, epoxy finish, conical glass legs, carbon-glass fabric, folding tray in honeycomb aluminium, epoxy glass siding
Fermé : 78 x 112 x 76 cm ; ouvert : 76 x 140 x 105 cm
Prototypé par Tolix
Édité par Fenêtre sur cour
Carte blanche, 1989
Expositions
« Sylvain Dubuisson. Objets et dessins », musée des Arts décoratifs, Paris, 1989
« Les Années VIA, 1980-1990 », musée des Arts décoratifs, Paris, 24 avril-26 août 1990
Bibliographie
Yvonne Brunhammer et Guillemette Delaporte-Idrissi, *Les Années VIA, 1980-1990*, cat. expo., musée des Arts décoratifs, Paris ; Paris, Éditions Union centrale des arts décoratifs, 1990, p. 100
Yvonne Brunhammer, *Sylvain Dubuisson. La Face cachée de l'utile*, Paris, Norma, 2006, p. 126
Sylvain Dubuisson. Objets et dessins, Paris/Marseille, musée des Arts décoratifs/Michel Aveline éditeur, 1989, p. 40
VIA presse, n° 10, 1990
« La quête de la modernité, entretien avec Sylvain Dubuisson », *Architecture intérieure - Créé*, février 1990, p. 84-85

Ammar Eloueini et François Brument

(Beyrouth, Liban, 1968)
(Suresnes, France, 1977)

Deux chaises Chair #71 (prototype), 2007

Two Chair #71 chairs (prototypes), 2007
Frittage de poudre SLS polyamide
Hoop reinforcement in polyamide powder
87 (assise : 46) x 48 x 56 cm
Prototypé par MGX by Materialise
Non édité
Aide à projet, 2007
Bibliographie
Les Aides à la création VIA 2007, Paris, VIA, 2007
AEDS : Next Ammar Eloueini, Beijing, AACDU, 2008, p. 196

Jean-Louis Frechin

(Paris, France, 1962)

Ensemble « Interface(s) » (5 prototypes), 2008

Luminaire Wanetlight

Wanetlight
Structure à 25 chandelles en verre soufflé, matriçage une colonne, 7 fils et une branche, 6 LEDs par colonne, fils
Structure with 25 blown glass candles, matrix comprising a column, 7 leads and a branch, 6 LEDs per column, leads
80,3 x 52 x 52 cm
Prototypé par Ufacto (David Toppani) ;
électronique et informatique :
Nokinomo, développement informatique
(Patrick Simonet, Uros Petrevski et Jean-Louis Frechin), Apple, Processing X Code et SAV : Verrier (Stéphane Lefèvre)
Non édité
Carte blanche, 2008

Deux dispositifs de diffusion des flux photographiques WaPix Y JMM

Two WaPix Y JMM photographic flux screens
Écran translucide, système de rétro-éclairage, capteurs de proximité
Translucid screen, backlighting system, proximity sensors
15 x 25 x 8,2 cm
Prototypé par Ufacto (David Toppani) ;
électronique et informatique :
Nokinomo, développement informatique
(Patrick Simonet, Uros Petrevski et Jean-Louis Frechin), Apple, Processing X Code
Non édité
Carte blanche, 2008

Porte-écran WaDoor Up

WaDoor Up door-screen
Feuilles électroluminescentes ; cadre aluminium et coffrage bois peint
Electroluminescent sheets ; aluminium frame and painted wood casing
200 x 80 x 6 cm
Prototypé par Ufacto (David Toppani) ;

électronique et informatique : Nokinomo, développement informatique (Patrick Simonet, Uros Petrevski et Jean-Louis Frechin), Apple, Processing X Code
Carte blanche, 2008

Étagère et dispositif de diffusion audio Waaz AL

Waaz AL shelf and audio broadcasting device
Structure en bois laqué, Plexiglas (face avant), métal, haut-parleur
Lacquered wood structure, Plexiglas (front), metal, loudspeaker
13 x 103 x 25 cm
Prototypé par Ufacto (David Toppani) ;
électronique et informatique : Nokinomo, développement informatique (Patrick Simonet, Uros Petrevski et Jean-Louis Frechin), Apple, Processing X Code
Non édité
Carte blanche, 2008

Étagère numérique configurable WaSnake ELA, 2008

WaSnake ELA configurable digital shelf, 2008
Caoutchouc, Plexiglas
Rubber, Plexiglas
6 x 198 x 25 cm
Prototypé par Ufacto (David Toppani) ;
électronique et informatique : Nokinomo, développement informatique (Patrick Simonet, Uros Petrevski et Jean-Louis Frechin), Apple, Processing X Code
Non édité
Carte blanche, 2008
Exposition
« Paris / Design en mutation »,
Centre de design de l'UQAM, Montréal, 16 janvier-1er mars 2009 ; Espace Fondation EDF, Paris, 17 avril-30 août 2009
Bibliographie
Intramuros international design magazine, n° hors-série « Paris / Design en mutation », décembre 2008 ;
sous la direction de Michel Bouisson
Les Aides à la création VIA 2008. Révélateur de talent. Détecteur de tendances, Paris, VIA, 2008

Antoine Fritsch

(Paris, France, 1962)

Luminaire 3L (prototype), 2008

3L light (prototype), 2008
Aluminium, acier, LEDs
Aluminium, steel, LEDs
85 x 26,6 x 14 cm
Prototypé par Fritsch Associés
Édité par Sedap
Aide à projet, 2008
Bibliographie
Gérard Laizé (dir.), *Les Aides à la création VIA 2008. Révélateur de talents. Détecteur de tendances*, Paris, VIA, 2008, p. 71

Jean-Paul Gaultier

(Arcueil, France, 1952)

Chaise Métro (prototype), 1992

Métro chair (prototype), 1992
Bois verni, piètement en métal chromé
Varnished wood, chromium metal base
111 (assise : 57) x 47 x 66 cm
Prototypé par Roger Gestas SARL
Édité par VIA Diffusion
Aide à projet, 1992
Exposition
« JPG 1992 Furniture », Neotu Gallery, New York, 26 septembre-7 novembre 1992
Bibliographie
« Jean-Paul Gaultier : meubles à toute vapeur », *Jardin des modes*, n° 160, juin-juillet 1992, p. 12-13

Élizabeth Garouste et Mattia Bonetti

(Paris, France, 1949)
(Lugano, Suisse, 1952)

Chaise Cocarde, 1988

Cocarde chair, 1988
Fer battu et résine
Beaten iron and resin
Non édité
Exposition
« VIA et la Révolution », galerie VIA, Paris, 1988
Bibliographie
Yvonne Brunhammer et Guillemette Delaporte-Idrissi, *Les Années VIA. 1980-1990*, cat. expo., musée des Arts décoratifs, Paris ; Paris, Éditions Union centrale des arts décoratifs, 1990

Chaise Hiro-Hito, 1988

Hiro-Hito chair, 1988
Chêne massif découpé en courbe, dorure à la feuille
Curved solid oak, gold leaf gilding
98 (assise : 44 cm) x 53 x 44 cm
Prototypé par Fourniture
Édité par Fourniture
Appel permanent, 1988
Bibliographie
Élizabeth Garouste & Mattia Bonetti 1981-2001 ; Bruxelles, La Lettre volée, 2001, p. 160

L Design (Arik Levy et Pippo Lionni)

(Tel-Aviv, Israël, 1963)
(New York, État-Unis, 1954)

Ensemble « Composites » (3 prototypes), 2000

Chaise Double Layer

Double Layer chair
Structure en feuilles de Dibond® ;
entretoises en caoutchouc
Dibond® leaf structure ; rubber struts
90 x 40 x 50 cm
Prototypé par Tim Composites et Aevum
Édité par Ligne Roset
Carte blanche, 2000

Chaise U-Chair, 2000

U-Chair, 2000

Coque en Alucobond®, revêtement en Néoprène
Alucobond® shell, Neoprene covering
86 x 53 x 48 cm
Prototypé par Aevum
Édité par Ligne Roset
Carte blanche, 2000

Assise U-Chair

U-Chair seat
56 x 53 x 48 cm
Prototypé par Aevum
Édité par Ligne Roset
Carte blanche, 2000
Bibliographie
Gérard Laizé (dir.), *L Design Composite. Carte blanche VIA 2000*, Paris, VIA, 2000

Mathieu Lehanneur

(Rochefort, France, 1974)

Ensemble « Éléments » (5 prototypes), 2006

Diffuseur de bruit blanc dB

dB white noise emitter
ABS, mini haut-parleurs, moteurs ; chargeur
ABS, mini loudspeakers, motors ; charger
ø 19 cm
Prototypé par Verre Haget, Pierre-Étienne Roudot
Non édité
Carte blanche, 2006

Générateur d'oxygène O

O oxygen generator
Ballon en verre, base en aluminium, plante aquatique Spirulina platensis
Glass balloon, aluminium base, Spirulina platensis seaweed
47 x ø 42 cm
Prototypé par Verre Haget, Pierre-Étienne Roudot
Non édité
Carte blanche, 2006

Radiateur infrarouge C°

C° infrared radiator
Cône en élastomère, caméra thermique intégrée, émission de chauffage par infrarouge
Elastomer cone, integrated thermal camera, heat produced by infrared
24 x ø 66 cm
Prototypé par Pierre-Étienne Roudot
Non édité
Carte blanche, 2006

Émetteur-récepteur de la lumière du jour K

K daylight emitter-receiver
Aluminium, fibres optiques gainées, cellules photoélectriques, LEDs blanches à haute luminosité, détecteur de présence
Aluminium, optical fibre casting, photoelectric cells, ultra-bright white LEDs, presence detector
32 x 28 x 28 cm
Prototypé par Pierre-Étienne Roudot
Non édité
Carte blanche, 2006

Nébulisateur de Quinton Q
Quinton Q nebulizer
Acier inox enrobé de PVC, système
de diffusion du Quinton par pompe
et buses, détecteur de présence
PVC-covered stainless steel, Quinton pump
and nozzle emitter system, presence detector
Dimensions variables
Prototypé par Dutri
Non édité
Carte blanche, 2006
Expositions
« Paris / Design en mutation », Centre
de design de l'UQAM, Montréal,
16 janvier-1er mars 2009 ; Espace
Fondation EDF, Paris, 17 avril-30 août
2009
« Bel Air. News About a Second
Atmosphere », Le Laboratoire, Paris,
19 octobre 2007-14 janvier 2008
Bibliographie
Les Aides à la création VIA 2006,
Paris, VIA, 2006
*Intramuros international design
magazine*, n° hors-série « Paris / Design
en mutation », décembre 2008 ; sous
la direction de Michel Bouisson
Mathieu Lehanneur, Paris,
Le Laboratoire, 2007

Jean-Marie Massaud
(Toulouse, France, 1966)

**Fauteuil Ghosthome
(prototype), 1995**
Ghosthome armchair (prototype), 1995
Polypropylène injecté
Injected polypropylene
75 (assise : 48,7) x 82 x 63 cm
Prototypé par Jean-Phillipe Hazard
Non édité
Carte blanche, 1995
Exposition
« French Design and New Materials »,
Tokyo, 1999
Bibliographie
Human Nature by Massaud, Time & Style
Existence, 2005, p. 29
Yannick Grannec, *Jean-Marie Massaud*,
Paris, Éditions Pyramid, 2003, p. 103
Lucy Bullivant,
« Design de mobilier : une nouvelle
génération », *Intramuros international
design magazine*, n° 63, février-mars
1996, p. 28

Xavier Matégot
(Toulouse, France, 1966)

**Chaise XM3, Collection « XM »
(présérie), 1986**
XM3 chair, "XM" collection
(pre-series), 1986
Structure en acier chromé
et aluminium, assise en bois moulé,
dos en mousse
Chromium steel and aluminimium structure,
moulded wood seat, foam back
68 x 53,5 x 59 cm
Édité par Christian Farjon
Appel permanent, 1986

Exposition
« Les Années VIA, 1980-1990 »,
musée des Arts décoratifs, Paris,
24 avril-26 août 1990
Bibliographie
Yvonne Brunhammer et Guillemette
Delaporte-Idrissi, *Les Années VIA, 1980
1990*, cat. expo., musée des Arts décoratifs,
Paris, Éditions Union centrale des arts
décoratifs, 1990
Pierre Kjellberg, *Le Mobilier du XXe siècle*.
Dictionnaire des créateurs, Paris, Éditions
de l'amateur, 2001, p. 84

Philippe Nigro
(Nice, France, 1975)

**Chaise Twin Chairs
(prototype), 2009**
Twin Chairs (prototype), 2009
Chêne ; enveloppe acier peint
Oak; painted steel envelope
78 x 40 x 52 cm
Prototypé par les Compagnons du devoir
Non édité
Aide à projet, 2009

**Piètement universel
(prototype), 2009**
Piètement universel
(prototype), 2009
Plateau en bois, piètements en acier
peint laqué époxy
Wooden tray, painted steel base with
epoxy lacquer
75 x 80 x 120 cm
Prototypé par Cockpit
Édité par Ligne Roset
Aide à projet, 2006
Bibliographie
Gérard Laizé (dir.), *Les Aides à la création
VIA 2009*, Paris, VIA, 2009
*Intramuros international design
magazine*, mars-avril 2009. p. 57

Gaetano Pesce
(La Spezia, Italie, 1939)

Bibliothèque, 1981
Bookcase, 1981
Mousse de polyuréthane
Polyurethane foam
113,5 x 200 x 47 cm
Prototypé par Synthesia, LCL, AGP
Édité par Écart international et VIA
Diffusion
Carte blanche, 1981
Exposition
« Les Années VIA, 1980-1990 »,
musée des Arts décoratifs, Paris,
24 avril-26 août 1990
Bibliographie
Yvonne Brunhammer et Guillemette
Delaporte-Idrissi, *Les Années VIA, 1980
1990*, cat. expo., musée des Arts décoratifs,
Paris, Éditions Union centrale des arts
décoratifs, 1990, p. 144
Pierre Kjellberg, *Le Mobilier du XXe siècle*.
Dictionnaire des créateurs, Paris,
Éditions de l'amateur, p. 486
VIA presse, n° 4, 1989

**Elsa Francès
et Jean-Michel Policar**
(Paris, France, 1966)
(Versailles, France, 1970)

Lampe On Air (prototype), 2001
On Air lamp (prototype), 2001
Socle et tige en acier, vasque en PC,
capteur de pression associé à une carte
électronique, tube fluorescent
Steel base and rod, PC shade, pressure sensor
linked to an electronic chip, fluorescent tube
120 x ø 32 cm
Prototypé par Hazard Product
Non édité
Soutien du CRITT
Aide à projet, 2001
Bibliographie
Gérard Laizé (dir.), *Matières en lumière.
Appels permanents VIA 2001. Valorisation
de l'innovation dans l'ameublement*, Paris,
VIA, 2001

Radi Designers
(**Claudio Colucci**, Locarno, Suisse, 1965 ;
Florence Doléac, Toulouse, France,
1966 ; **Laurent Massaloux**, Limoges,
France, 1968 ; **Olivier Sidet**, Paris,
France, 1965 ; **Robert Stadler**, Vienne,
Autriche ; 1966)

Collection « Gamme X »

**Banc, étagère murale,
bibliothèque, table, table basse,
tabouret (prototype), 2001**
Bench, wall shelf, bookcase, table,
occasional table, stool (prototype), 2001
Structure en PETG thermoformé suivant le
procédé Twin-Sheet ; piètements et
montants démontables en bois massif
tourné, vissés à l'aide d'un insert métallique
Heat-shrunk PETG Twin-Sheet type structure;
removable bases and uprights in solid turned
wood, screwed in with metal insert
Banc : 44 x 145 x 30 ; pieds : ø 3,5 cm
Étagère murale : 4,1 x 100 x 30 cm
Bibliothèque à 5 plateaux : 150 x 145 x 30 cm
Table : 73 x 145 x 75 cm ; pieds : ø 5,5 cm
Table basse : 44 x 75 x 75 cm
Tabouret : 44 x ø 33,5 cm
Prototypé par Ufacto (David Toppani),
avec la collaboration de Durotherm
Non édité
Carte blanche, 2001
Bibliographie
Gérard Laizé (dir.), *Radi Designers.
Carte blanche VIA 2001*, Paris, VIA,
2001, p. 13

Philippe Rahm
(Pully, Suisse, 1967)

**Ensemble « Terroirs
déterritorialisés » (6 prototypes),
2008**

**Aération douce par
renouvellement d'air double flux**
Gentle dual-flow air renewal

Verre, appareil d'aération constitué
de 2 petits ventilateurs, échangeur
à plaque et filtre, anneaux de bois :
chêne, châtaignier, frêne, hêtre et pin
Glass, device composed of 2 small ventilators,
plate exchanger and filter, oak, chestnut, ash,
beech and pine wood rings
110 x 50 cm
Prototypé par Cockpit, Abaqueplast,
Carrières du bassin parisien et Bellême
Bois
Non édité
Carte blanche, 2009

Chauffage
Heating
Une plateforme radiateur au plafond, une
plateforme radiateur au sol constituées de
6 pierres calcaires différentes extraites des
sols du bassin parisien
One ceiling radiator platform, one floor radiator
platform, composed of 6 different limestones
quarried from the Paris Basin
5 x 350 x 150 cm (au sol) ; 3 x 140 x 90 cm
(au plafond)
Prototypé par Carrières du bassin parisien
Non édité
Carte blanche, 2009

Éclairage
Lighting
Lampe en verre et acier constituée
de diodes électroluminescentes utilisables
selon deux modes (mode automatique
ou mode manuel qui nécessite
un interrupteur à 24 positions)
Glass and steel lamp composed of
electroluminescent diodes (24-position switch
for automatic or manual use)
16 x 60 cm
Prototypé par Philippe Rahm et IDO
Non édité
Carte blanche, 2009

Mobilier
Furniture
3 assises en polyéthylène et acier
inoxydable
3 polyethylene and stainless steel seats
192 x 108 x 47 cm ; 150 x 93 x 47 cm ;
46 x 78 x 47 cm
Prototypé par Philippe Rahm, IDO
et des fabricants particuliers
Non édité
Carte blanche, 2009
Bibliographie
Gérard Laizé (dir.), *Les Aides à la création
VIA 2009*, Paris, VIA, 2009
*Intramuros international design
magazine*, mars-avril 2009, p. 56

Adrien Rovero
(Pompaples, Suisse, 1981)

**Tabouret Particule
(prototype), 2008**
Particule stool (prototype), 2008
3 pièces en particules de bois pressées
moulées, encollées avec un adhésif naturel
3 pieces of moulded pressed wood particles,
glued with natural adhesive
37 x 34 x 34 cm
Prototypé par HSB (Haute École

spécialisée bernoise)
Non édité
Aide à projet, 2008
Bibliographie
Les Aides à la création VIA 2008.
Révélateur de talents. Détecteur de
tendances, Paris, VIA, 2008, p. 79 et 93

Inga Sempé
(Paris, France, 1968)

Lampe à poser Double
(prototype), 2000
Double table lamp (prototype), 2000
Structure en tôle d'aluminium ;
2 sources halogènes
Aluminium sheet structure;
2 halogen sources
53 x 40 x 14 cm
Prototypé par Jean-Philippe Hazard
Édité par VIA Diffusion/ Non édité
Aide à projet, 2000
Bibliographie
Gérard Laizé (dir.), *Appels permanents*
VIA 2000, Paris, VIA, 2000

Lampe à poser Orientable
(prototype), 2001
Directional table lamp (prototype), 2001
Aluminium, Plexiglas, ampoule halogène
Aluminium, Plexiglas, halogen bulb
70 x 50 x 7,5 cm
Prototypé par Jean-Philippe Hazard
Éditée par Cappellini
Aide à projet, 2001
Bibliographie
Gérard Laizé (dir.), *Appels permanents*
VIA 2001, Paris, VIA, 2001, p. 61

Matt Sindall
(Londres, Royaume-Uni, 1958)

Fauteuil It Got in the Way
(prototype), 2007
It Got in the Way armchair
(prototype), 2007
Coque en fibre de verre, piètement
métallique
Fibreglass shell, metal base
71 x 62,5 x 57,2 cm
Prototypé par Ufacto (David Toppani)
Non édité
Bibliographie
Gérard Laizé (dir.), *Les Aides à la création*
VIA 2007, p. 50-51

Philippe Starck
(Paris, France, 1949)

Étagère Ray Noble
(prototype), 1982
Ray Noble shelf (prototype), 1982
Acier laqué, époxy, étagère en MDF
Lacquered steel, epoxy, MDF shelf
200 x 120 x 25 cm
Prototypé par Starck Product
Édité par Habitat
Expositions

« Les Années VIA, 1980-1990 », musée des
Arts décoratifs, Paris, 24 avril-26 août
1990
Bibliographie
Yvonne Brunhammer et Guillemette
Delaporte-Idrissi, *Les Années VIA.*
1980-1990, cat. expo., musée des Arts
décoratifs, Paris, Éditions Union centrale
des arts décoratifs, 1990

Tabouret Ara, 1985
Ara stool, 1985
Mousse à peau de polyuréthane gravée
Moulded, engraved polyurethane
42 x 30 x 30 cm
Prototypé par VIA Diffusion
Édité par VIA Diffusion
Expositions
« VIA Création et Industrie »,
Site du Grand-Hornu, Hornu, 1991
« Les Industries françaises de
l'ameublement », Arc en rêve -
Centre d'architecture, Bordeaux, 1991 ;
exposition organisée par le VIA
« Les Années VIA, 1980-1990 »,
musée des Arts décoratifs, Paris,
24 avril-26 août 1990
Bibliographie
« Les Industries françaises de
l'ameublement », cat. expo., Paris, VIA,
1991
Yvonne Brunhammer et Guillemette
Delaporte-Idrissi, *Les Années VIA, 1980*
1990, cat. expo., musée des Arts décoratifs,
Paris, Édition Union centrale des arts
décoratifs, 1990, p. 162

Dessins de designers
Drawings by Designers

Jean-Louis Berthet
Trois planches de présentation
de la chaise empilable Presto
Aide à projet, 1980
Three presentation boards featuring
the stackable Presto chair, "Project
Assistance", 1980
Papiers, échantillons, collages sur carton
Papers, samples, collages on cardboard
51 x 42 cm

Ronan Bouroullec
Quatre études de la Cuisine
désintégrée
Carte blanche, 1997
Four studies for the Cuisine désintégrée,
Carte Blanche, 1997
Tirages sur papier 100 g
1 format A3 imprimé couleur,
3 formats A4 imprimés noir et blanc,
6 formats A4 imprimés couleur
Printed on 100 g paper
1 colour-printed A3 format,
3 black-and-white-printed A4 formats,
6 colour-printed A4 formats

René-Jean Caillette
Croquis de 21 pièces de mobilier
datées de 1949 à 1986
Sketch of 21 items of furniture dating

from 1949 to 1986
Rotring et crayon sur papier
Rotring and pencil on paper
39 x 26 cm

Croquis de la chaise pliante
RJC, 1986
Sketch of folding RJC chair, 1986
Crayon sur papier
Format A4 (découpé en haut à gauche)
Pencil on paper
A4 format (cut out on top left)

Deux pages de croquis de pièces
de mobilier pour le catalogue
d'exposition *René-Jean Caillette*,
à l'IAV (Institut d'arts visuels)
d'Orléans, 15-31 janvier 1990
Two pages of sketches for items
of furniture for the exhibition
catalogue *René-Jean Caillette*, IAV
[Institut d'arts visuels], Orléans,
15–31 January 1990
Crayon sur papier
Format A4
Pencil on paper
A4 format

Matali Crasset
4 dossiers W at hôm
(dossier de présentation original ;
reproduction ; détail des pièces
et dossier de presse)
Format A4
4 W at Hôm files (original presentation file;
reproduction, detail of items and press kit)
A4 format

Marc Held
Dossier d'étude du Grand Salon
de l'Élysée, 1983
Project for the Grand Salon
de l'Elysée, 1983
38 tirages noir et blanc format A3
Plan du Grand Salon et axonométrie
Plan of the Grand Salon and Axonometry
84 x 71 cm

Philippe Rahm
Part 1 – Aération douce par
renouvellement d'air double flux/
Gentle dual-flow air renewal
Deux planches de dessins associées
Two linked sets of drawings

Part 2 – Chauffage/Heating
Deux planches de dessins associées
Two linked sets of drawings

Part 3 – Éclairage/Lighting
Deux planches de dessins associées
Two linked sets of drawings
Vidéo associée
Linked video

Patrick Jouin
Deux croquis de présentation
de la Carte blanche de 1997
Two presentation sketches
for the Carte Blanche, 1997
Crayon couleur sur papier calque

Format A4
Colour pencil on tracing paper
A4 format

Philippe Starck
Collection « Chairs », 1982-1983
"Chairs" collection, 1982–1983
Tirages noir et blanc sur papier 150 g
30 planches format A4
Black-and-white prints on 150 g paper
30 A4 format drawings

Galerie du VIA,
place Sainte-Opportune, s.d.
VIA gallery, place Sainte-Opportune
Tirages noir et blanc sur papier 150 g
20 planches format A3
Black-and-white prints on 150 g paper
20 A3 format drawings

Plan du stand VIA,
Salon international du meuble
de Milan, 1984
Plan of VIA stand, Milan Furniture Fair
Tirage noir et blanc sur papier 100 g
Black-and-white prints on 100 g paper
50 x 64,5 cm

Martin Szekely
Quatre études 3D de la collection
« Pi » pour la Carte blanche
de 1982
Four 3D studies from "Pi" collection
for Carte blanche, 1982
Tirages noir et blanc sur papier 200 g
format A3
Black-and-white prints on 200 g paper
A3 format

Graphisme et
communication visuelle
Graphics and Visual
Communications

Philippe Corentin
(Boulogne, France, 1936)

Crayon VIA, 1980
VIA pencil
Stylo à bille, plastique
Ballpoint, plastic

Carnet relié avec couverture
conçue par Grapus et dessins
de Corentin en pages intérieures,
1981
11 x 7,5 cm
Bound notebook containing drawings by
Corentin and designed by Grapus, 1981

Livre relié Grapus 1981, Corentin
42,8 x 30 cm
Book bound by Grapus, 1981

« Centre d'expositions
permanent », VIA 10, place
Saint-Opportune, 1981 »
Dessin : Philippe Corentin,
mise en page : Grapus

Drawing by Philippe Corentin, layout by Grapus
Imprimé couleur
Printed in colour
42 x 60 cm

**Affiche « VIA 5 objectifs -
10 actions pour innover »,
Salon du meuble, janvier 1981**
Imprimé couleur avec 10 éléments
détachables pour monter un nuancier
couleur ; attache parisienne
n.s.
Colour-printed poster with removable elements
to create a colour chart; brads; n.s.
42 x 30 cm

**Affiches « Appel permanent
aux créateurs », nᵒˢ 1 à 5, 1982**
Imprimé couleur
Colour-printed posters
49 x 33 cm
Signées : Grapus (recto), Philippe Corentin
(verso), Imprimerie Marchand

**Affiche « Appel permanent
aux créateurs, 1982 », 1982**
Imprimé couleur
Colour-printed poster
49 x 33 cm
Signée : Grapus, dessin Corentin

**Affiche « Appel permanent
aux créateurs de l'Ouest, 1983 »,
1983**
49 x 33 cm
Signée : Grapus (recto), dessin Corentin
(verso)

**Affiche « Le Mobilier
contemporain français »
créée pour le Salon des artistes
décorateurs « Habiter c'est vivre »,
Grand Palais, Paris,
du 25 novembre au 11 décembre
1983**
Imprimé couleur
Colour-printed poster
60 x 50 cm
Signée et datée en bas à droite/Signed
and dated bottom right : « Dessin Philippe
Corentin, mise en place par Grapus 83
Paris, Imprimerie Marchand, 1983 »

**Affiche « French Furniture.
Loving it. VIA. Fête de France.
Fall 1983 Bloomingdale's 83 »**
Imprimé couleur
Colour-printed poster
60 x 40 cm
Signée et datée en bas à droite/Signed
and dated bottom right : « Dessin Philippe
Corentin. Grapus. Paris, Imprimerie
Marchand, 1983 »

Carte « Galerie VIA », 1986
Signée : Grapus 1986, Philippe Corentin
21 x 14,5 cm (pliée/folded)

Grapus
Collectif d'art graphique (1970-1990)
regroupant Jean-Paul Bachollet, Pierre
Bernard, Alex Jordan, François Miehe
et Gérard Paris-Clavel

VIA presse, **nᵒ 6, 1981**
Imprimé couleur
Printed in colour
42 x 30 cm
Signé « Grapus 81 », en 4ᵉ de couverture
Signed "Grapus 81" on back cover

**Documentation pour le Salon
du meuble de Paris de 1981**
24 feuilles calques A4
24 sheets of A4 tracing-paper

Enveloppe et carte-dépliant
Envelope and fold-out card
Imprimé couleur
Printed in colour
11,5 x 16,2 cm

Affiche « Label VIA », s.d.
Imprimé couleur
Poster printed in colour
40 x 29 cm

**Carte Arbre de Noël
à découper, s.d.**
Christmas tree cut-out card
21 x 15 cm

Carton à dessins, 1983
Drawing portfolio
43 x 31 cm
Signé : Grapus 1983, Imprimerie
Marchand

**Affiche « Appel permanent aux
créateurs », 1984**
Imprimé couleur
Poster printed in colour
49 x 33 cm
Signée : Grapus, Imprimerie Marchand

**Deux planches de timbres
« Les timbrés du design français,
Grapus pour VIA 1985 »**
Two sheets of stamps
Imprimé couleur
Printed in colour
63 x 49 cm
Signées et datées en haut à gauche :
Signed and dated on top left:
Paris, Imprimerie Marchand, 1985

**Deux cartes « Habiter 86
(du 8 au 16 mars 1986) »**
Two cards
Signées : Grapus, 1985
21 x 29,5 et 10 x 21 cm

Carte « Paris Milano »
18 x 18 cm
Signée : Grapus 1986, Paris, Imprimerie
Marchand

**Affiche « VIA. Illums Bolighus.
Center of Modern Design.
24.9 - 14.10.1987. 15 franske
mobeldesignere »**
Imprimé couleur
Poster printed in colour
70 x 50 cm
Signée et datée en bas à droite :
Paris, 1987

Affiche « Habiter 88 »
Imprimé couleur

Pull-out printed in colour
59 x 41,1 cm
Signé en bas à gauche : Grapus 87

**Carte VIA créée pour les 10 ans,
24 avril 1990**
VIA card created to mark its 10ᵗʰ
anniversary, 24 April 1990
Maquette et carte imprimée
Maquette and printed card
Page A4 et 10,5 x 14,8 cm

Publications anonymes
Anonymous Publications

**Jeu de 28 cartes « Meubles de
l'imaginaire/Möbel des
Imaginärinen, Berlin, Budapest,
Paris, Vienne », s.d.**
Pack of 28 cards
13 x 9 cm

**Affiche de l'exposition « VIA. Nye
tendenser i Fransk Mobeldesign »,
Oslo, 3-27 mars 1989**
Imprimé couleur
Exhibition poster printed in colour
60 x 40 cm

**Affiche « Meubles d'en France »,
Helsinki, 8 février-19 mars 1995**
Poster « Meubles d'en France »
Imprimé couleur
Printed in colour
59 x 42 cm

Liste des designers ayant bénéficié d'une aide à la création VIA

List of Designers Having Obtained a VIA Creation Assistance Grant

*Établie d'après les archives disponibles, cette liste n'est pas exhaustive.
Nous prions les designers qui n'y figurent pas de bien vouloir nous en excuser.*
*Drawn up from the available archives, this list is not exhaustive.
Would designers who don't appear on the list please accept our apologies.*

18 août : AP 1988
5.5 designers : AP 2007
Aas, Andreas : AP 1998, CB 1999
Abdi, Abdelkader : AP 1981, AP 1990, AP 1991
Abraham, Françoise : AP 1990
Accoceberry, Samuel : AP 2008, AP 2009
Alessandri, Marc : AP 1982
An-Archi : AP 2001, AP 2002
Ancelot, Sandra et Bleicher, Thomas : AP 2003
Anger, Stéphane : AP 1997
Appert, Vincent : AP 1995
Arietti, Fabienne et Husson, Thierry : AP 1986, AP 1988
Axis Mundi : AP 1988
Azais, Cyrille : AP 2003
Azambourg, François : AP 1999, AP 2000, AP 2001, AP 2002, AP 2003, CB 2005, PP 2009
Baitel, Bina : AP 2008
Ballery, F.-X. : AP 2005
Barba, René : AP 1993
Barbazanges, Isabelle : AP 1997
Barbry, Aurélien : AP 1997
Bardet, Guillaume : AP 2003, AP 2004
Baron, Marcus : AP 1992
Baron, Samuel : AP 2000
Bataille, Olivier : AP 1988
Bauchet, François : AP 1982, CB 2002
Bauer, Pascal : AP 1997, AP 2000, AP 2001, AP 2005
Bauer, Pascal et Daney, Philippe : AP 1994
Beaurin, Vincent : AP 1990, AP 1991, AP 1995
Bécheau, Vincent : AP 1983
Bécheau, Vincent et Bourgeois, Marie-Laure : AP 1982, AP 2001
Bedin, Martine : CB 1991
Benqué, Éric et Peugeot, Thomas : AP 2006
Berri, Claude : AP 1982, AP 1987
Berteau, Alain : AP 2003, AP 2004
Berthet, Jean-Louis et Godet, Claude : AP 1981
Berthier, Marc : CB 1984
Bhatri, Saleem : AP 2004
Biecher, Christian : AP 1992, AP 1993, AP 1995, CB 2000
Birsel, Ayse : AP 1992
Bjornstjerna, Mikael : AP 1982
Blackmamouth : AP 2009
Bleicher, Thomas et Ancelot, Sandra : AP 2003
Blot, Patrick : AP 1981, AP 1982
Boissard, Sébastien : AP 1993
Bonetti, Mattia et Garouste, Élizabeth : AP 1982, AP 1988, CB 1989

Borrione, Bruno et Lefebvre, Bruno : AP 1987, AP 1993
Bottin, Jean-Marie : AP 1996
Bouchara, René : AP 1990, AP 1991, AP 1992, CB 1994
Bouchard, Claude : AP 1993
Bouguennec, Pierre : AP 1997
Bourgeois, Marie-Laure et Bécheau, Vincent : AP 1982, AP 2001
Bourotte, Swann : AP 2006
Bouroullec, Erwan : AP 1999, AP 2000
Bouroullec, Ronan : AP 1992, AP 1996, CB 1997
Bouzinac, Caroline et Delarue, Laure : AP 1998
Boyer, Thibault : AP 1988
Briand, Joran : AP 2009
Brolly, Claire-Marie et Moser, Bruno : AP 1986
Brument, François et Eloueini, Ammar : AP 2007
Brunelle, Eugène : AP 1991
Bureaux, Stéphane : AP 2001, CB 2002
Bureaux, Stéphane et Frechin, Jean-Louis : AP 1995
Burstein, Itamar : AP 2006, AP 2007, AP 2009
Cache, Bernard : AP 1988
Cadestin, Michel : CB 1983
Caillères, Jean-Pierre : AP 1986, AP 1990
Caillette, René-Jean : CB 1984, AP 1986
Cayuela, Joseph et Pigeon, Daniel : AP 1989
Chafaï, Éloi : AP 2007
Chambon, Clémentine : AP 2004, AP 2005
Chanh-van Truong, Pierre : AP 2005
Charpin, Pierre : AP 1991, CB 1995
Chauvel, Alain : CB 1987
Chemetov, Paul et Huidobro, Borja : CB 1987
Chevalier, Philippe : AP 1991
Cid, Grégory : AP 2009
Clermont, François : AP 1994
Coffin, Amandine et Gauly, Delphine : AP 2007
Colucci, Claudio : AP 2002
Combaud, François : AP 2006
Compagnon, Marie : AP 2005
Connan, Claire : AP 1999
Corrette, Sylvia : AP 1989, AP 1990
Cornille, Didier : AP 1982
Cottencin, Jocelyn : AP 1993
Coucoux, Séverine : AP 1992
Cousquer, Raymond : AP 1987
Couturier-Justranan-Royer : AP 1992
crasset, matali : AP 1992, CB 1996
Cros, Isabelle : AP 1997

Cuvellier, Romain et Pétard, Jean-Thierry : AP 2005
Dadon, Bettina : AP 2004
Daney, Philippe : AP 1997
Daney, Philippe et Bauer, Pascal : AP 1994
Delarue, Laure et Bouzinac, Caroline : AP 1998
Déléani, Sonia : AP 2002
Deleforge, Thierry : AP 1990
Delo Lindo (Fabien Cagani et Laurent Matras) : AP 1987, AP 1990, CB 1992
Delomier, Charlotte et El Oulhani, Mostapha : AP 2006
Descoubes, Élodie et Nicolas, Laurent : AP 1995
Desombre, Thibault : AP 1987, AP 1988, CB 1993
Desso, Alain et Ghion, Christian : AP 1988
Doutreligne, Alain : AP 2001
Dovifat, Annick : AP 1982
Driss, Zeiker : AP 1998
Drumond, Didier : AP 1981
Dubuisson, Sylvain : CB 1989, AP 1989
Duc, Christian : CB 1986
Dufour, Gabriel et Prigent, Samuel : AP 2008
Dumas, Rena : CB 1988
Dumont, Xavier : AP 2003
Dupont-Rougier, Vincent : AP 2002
Duris, François : AP 2000
Dusserre, Thomas : AP 2006
Dutoit, Marc : AP 1982
Edwards, Jeremy : AP 1991
El Oulhani, Mostapha et Delomier, Charlotte : AP 2006
El Oulhani, Mostapha ; Garzon, Jérôme et Sionis, Fred : AP 2008
Eloueini, Ammar et Brument, François : AP 2007
Epstein, Ariane : AP 2006
Évrard, Xavier : AP 2003
Fauconnet, François : AP 1988, AP 1992
Favresse, Pierre : AP 2006
Felix-Cedrin, Sylvie : AP 1989
Fontainieu, Salomé de, et Virieu, Godefroy de : AP 2009
Francès, Elsa et Policar, Jean-Michel : AP 1999, AP 2001, AP 2002
Franck, Thorsten : AP 2008
Frechin, Jean-Louis : CB 2008
Frechin, Jean-Louis et Bureaux, Stéphane : AP 1995
Frering, Jean-François : AP 1991
Fric, Bernard : CB 1981
Fritsch, Antoine : AP 2008
Fritsch, Antoine et Mélique, Julien : AP 2006

Froment, Caroline : AP 2000
Gady, Jean-Marc : AP 1997, AP 2000
Gagnère, Olivier : AP 1982, AP 1983, CB 1989
Gardel, Isabelle : AP 1991
Garnier, Bernard : AP 1987
Garouste, Élizabeth et Bonetti, Mattia : AP 1982, AP 1988, CB 1989
Garzon, Jérôme ; El Oulhani, Mostapha et Sionis, Fred : AP 2008
Gaubert, Alain : AP 1981
Gauguin, Thierry : AP 1996, AP 1997
Gaultier, Jean-Paul : AP 1992
Gauly, Delphine et Coffin, Amandine : AP 2007
Gauthier, Jérôme : AP 1997, AP 1999
Gavoille, Kristian : AP 1987, CB 1990
Gellée, Jean-Marc : AP 2006
Germanaz, Christian : CB 1982
Gessner, Jörg : AP 2005
Ghion, Christian et Desso, Alain : AP 1988
Ghion, Christian et Nadeau, Patrick : AP 1990, AP 1993, AP 1995, AP 1997
Gilles, Alban-Sébastien : AP 1997, AP 1998
Giraud, Christophe : AP 1991
Gisolme, Thomas : AP 1992
Gizard, Éric : AP 1990
Gleizes, Jean-Philippe : AP 1988
Glo de Besses, Pascaline de : AP 2005
Glo de Besses, Patrick de, et Maire, Véronique : AP 2004
Godet, Claude et Berthet, Jean-Louis : AP 1981
Godivier, Jean-Louis : CB 1988
Gonnet, Philippe : AP 1997
Gradelet, Yves : AP 1981, AP 1982
Graindorge, Benjamin : AP 2007
Grenot, Nicole : AP 1990
Grossiord, Pascal : AP 1995
Guedin, Marianne : AP 1997
Guichard, Amicie : AP 1986
Guignard, Régis : AP 1995
Guillaume, Valérie : AP 1993
Guinochet, Jean-Louis : AP 2000
Guinochet, Anne et Jean-Louis : AP 1983, CB 1986
Guisset, Constance : AP 2009
Habay, Achille et Troïtzky, Cécile : AP 2003
Häberli, Alfredo et Marchand, Christophe : AP 1997, CB 1999
Hardy, Patrice : CB 1986
Harlé, Martine : AP 1993
Harris, Dillon : AP 1998
Hartmann, Gérard : AP 1982
Heetman, Joris et Liberati, Anne : AP 1989
Held, Marc : CB 1982

Hellouin : AP 1993
Hopfer, Hans : CB 1992
Hopkins, Rip : AP 1995
Hourdeaux, Éric : AP 2003
Houssin, Bruno : AP 2009
Huber, Jeanne : AP 1997
Huidobro, Borja et Chemetov, Paul :
CB 1987
Husson, Thierry et Arietti, Fabienne :
AP 1986, AP 1988
Ion, Gheorghiu : AP 1982
Jacobs, Harold : AP 1983
Janvier, Laurent : AP 2004
Jirou-Najou, Joachim : AP 2008
Joon-Sik Oh : AP 1995, CB 1996
Jouin, Patrick : AP 1996, CB 1997
Jourdan, Éric : AP 1983, AP 1988,
AP 1991, AP 1993, CB 1994, AS 2002,
AS 2005
Jourdan, Éric et Naoun, Alexandre :
AP 2004
Jozancy : AP 1988
Kamiya, Hiro-Hiko : AP 2002
Karon, Onkar : AP 2003
Korren, Ilan : AP 2000
L Design (Arik Levy et Pippo Lionni) :
CB 2000
Labbé, Christophe : AP 1997
Lacoua, Grégory : AP 2006
Lahausse de Lahouvière : AP 1981
Lahellec, Alexis : AP 1989
Lamarche, Didier : AP 1983
Lambert, Fred : AP 2001
Lane, Philippe : AP 1997, AP 1999
Langinieux, Martin : AP 1999
Langrand, Thomas : AP 2003
Larger, Sophie : AP 1997, AP 1999, AP 2002
Lart, Jerôme : CB 2002
Le Rouzic, Hervé : AP 1983
Lefebvre, Bruno et Borrione, Bruno :
AP 1987, AP 1993
Lefebvre, Catherine et Thomas :
AP 2003
Lehanneur, Mathieu : CB 2006
Leroy, Étienne : AP 1993
Leroy, Reynald : AP 1991, AP 1996
Lescuyer, Véronique : AP 1987
Lévêque, Jean-Pierre et Rudant, Frédéric :
AP 1998
Levy, Arik : AP 2002
Liaigre, Christian : CB 1989
Liberati, Anne : AP 1990
Liberati, Anne et Heetman, Joris : AP 1989
Lunati, Adeline : AP 2006
Luneau, Pierre-Léon : AP 2007
Luro, Jean-Dominique : AP 1988
Mack, H : AP 1991
Maier, Laurent : AP 1991
Main, Bertrand et Ramos, Antonio :
AP 1997
Maire, Véronique et Glo de Besses,
Patrick : AP 2004
Maisondieu, Grégoire : AP 2003
Mallebranche, Sophie : AP 2001
Marchand, Christophe et Häberli, Alfredo :
AP 1997, CB 1999
Marckott, Natacha : AP 1995
Marlois, Guy : AP 1991
Massaloux, Laurent : AP 2005
Massaud, Jean-Marie : CB 1995
Matégot, Xavier : AP 1986
Mathieu, Dominique : AP 1995, AP 1996
Mathieu, Paul et Ray, Michael : AP 1991
Mathieu, Philippe : AP 1987
May, Nico : AP 1993

Mazeau et Siougari : AP 1992
Medjeber, Cherif : AP 1989, AP 1990,
AP 1991
Mélique, Julien et Fritsch, Antoine :
AP 2006
Mendez-Marten, Maria-Laura : AP 2006
Meynier, Patrick : AP 2001
Meyrieux, Laure : AP 1993
Michel de Chabannes, Alexia : AP 2004
Moïse, Bernard : AP 2000, AP 2007
Moïse, Bernard et Moronnoz, Alexandre :
AP 2006
Moser, Bruno et Brolly, Claire-Marie :
AP 1986
Mouginot, Colomban : AP 1995, AP 1997
Moulin, Xavier : AP 2000
Mourgue, Olivier : CB 1981
Mourgue, Pascal : AS 1982, CB 1983
Nadeau, Patrick et Ghion, Christian :
AP 1990, AP 1993, AP 1995, AP 1997
Nakamura, Irotsugu : AP 1990
Naoun, Alexandre et Jourdan, Éric :
AP 2004
Nemo (Alain Domingo et François Scali) :
AP 1982
Nicolas, Laurent et Descoubes, Élodie :
AP 1995
Nigro, Philippe : AP 2005, AP 2007,
PP 2008, AP 2009
Noirot, Emmanuelle et Torck,
Emmanuelle : AP 1992, CB 1990
Nouvel, Jean : CB 1987
Noviant, Noé : AP 2007
Olivet, Jerôme : AP 1999
Ollier, Bénédicte : AP 1989
Pagnon, Patrick : AP 1981
Pagnon, Patrick et Pelhaître, Claude :
AS 1982, CB 1984
Paillard, Mathieu : AP 2005
Pelhaître, Claude et Pagnon, Patrick :
AS 1982, CB 1984
Perkal, Nestor : AP 1993, AP 2004
Perolini, Jean-Pierre : AP 1992, AP 1993
Pesce, Gaetano : CB 1981
Peugeot, Thomas et Benqué, Éric : AP 2006
Peyricot, Olivier : AP 2002, CB 2003
Phelouzat, Antoine : AP 2006, AP 2007,
AP 2009
Pigeon, Daniel et Cayuela, Joseph :
AP 1989
Pigeon, Daniel : AS 1981, CB 1984
Pillet, Christophe : CB 1993
Pitavy-Guiraud, Emmanuelle : AP 1986
Plazanet, Antoine : AP 1993
Policar, Jean-Michel : CB 2004
Policar, Jean-Michel et Francès, Elsa :
AP 1999, AP 2001, AP 2002
Porte, Nicolas et Valla, Olivier : AP 1989
Poubeau, Thierry : AP 1995
Pouget, Jean-Louis : AP 1997
Poujardieu : AP 1993
Pouliquen, Éric : AP 2006
Poulton, Neil : AP 1993
Prigent, Samuel et Dufour, Gabriel :
AP 2008
Putman, Andrée : CB 1990
Quaglio, Andrea et Simonelli, Manuela :
AP 1999, AP 2001
Racine-Beauséjour, Emmanuel et Roberty,
Sophie : AP 1995
Radi Designers (Claudio Colucci, Florence
Doléac, Laurent Massaloux, Olivier Sidet
et Robert Stadler) : AP 1999, CB 2001
Raffy, Éric : AP 1986, AP 1988, AP 1992,
CB 1992

Rahm, Philippe : CB 2009
Rama, Jean-Christophe : AP 1988
Ramos, Antonio et Main, Bertrand : AP 1997
Ray, Michael et Mathieu, Paul: AP 1991
Renault, Philippe : AP 1989
Restrepo, Federico. : AP 1987
Rieu-Piquet, Sylvain : AP 2007
Roberty, Sophie et Racine-Beauséjour,
Emmanuel : AP 1995
Robson, Mark : AP 2002, AP 2004
Rondel, Stéphane : AP 1989
Rosinski, Iréna : AS 1982, CB 1983
Rossi, Emilio : AP 1990
Rossi, Pucci de : AP 1993
Rovero, Adrien : AP 2008
Rudant, Frédéric et Lévêque,
Jean-Pierre : AP 1993, AP 1998
Ruyant, Frédéric : AP 1988, AP 1997,
AP 1999, AP 2000, CB 2003
Sala, Pierre : AP 1982
Savatte, Bertrand : AP 1986
Schmitt, Éric : AP 1993
Sempé, Inga : AP 2000, AP 2001,
AP 2003, CB 2007
Sepiol, Woytek : AP 1997
Simonelli, Manuela et Quaglio, Andrea :
AP 1999, AP 2001
Sindall, Matt : AP 2001, CB 2007
Sionis, Fred ; El Oulhani, Mostapha
et Garzon, Jérôme : AP 2008
Siougari et Mazeau : AP 1992
Siougarie : AP 1993
Soffiotti, Philippe : AP 1995, AP 1997
Sofia, Frédéric : AP 2001, AP 2002,
AP 2004, AS 2005
Starck, Philippe : CB 1982
Stiker-Metral, Marie-Aurore : AP 2007
Suchodalski, Sophie : AP 1992
Suzor, Jacques : AP 1982
Szekely, Martin : CB 1982, AP 1991,
AP 1992
Szymanski, Séverine : AP 2003, AP 2004
Tarby, Jerôme : AP 1997
Théry, Flavien : AP 2003
Thiry, Renaud : AP 2009
Thureau, Pierre : AP 1982
Tilleul, Tom : AP 1990
Tolosa, Christian : AP 1995
Tonneau, Alexandre : AP 2005
Torck, Emmanuelle et Noirot,
Emmanuelle : CB 1990, AP 1992
Tordjman, Vincent : AP 1997
Toreilles, Michel : AP 1982
Tortel, Michel : AP 1999
Tortiger, Benjamin : AP 2008
Totem (Jacques Bonnot, Frédéric du
Chayla, Vincent Lemarchands et Claire
Olivès) : AP 1982
Tourancheau, Philippe : AP 1990
Tricoire, Alexis : AP 1997, AP 2003
Troïtzky, Cecile et Habay, Achille :
AP 2003
Tsé & Tsé (Catherine Lévy et Sigolène
Prébois) : CB 1996
Tual, Bryce : AP 2006
Valla, Olivier et Porte, Nicolas : AP 1989
Van Vliet, Edward : AP 1991
Vassileiou, Evangelos : AP 2002
Venot, Marc : AP 2006, AP 2009
Virieu, Godefroy de et Fontainieu,
Salomé de : AP 2009
Vitrant, Édouard : AP 1983
Voiron, Bertrand : AP 1999
Wilmotte, Jean-Michel : CB 1988
Yamo : CB 1990

Zebulon : AP 1988, AP 1999
Zsuzsi : AP 2002

Liste des expositions VIA
VIA Exhibitions List

Établie d'après les archives disponibles, cette liste n'est pas exhaustive.
Drawn up from the available archives, this list is not exhaustive.

1980
« Label VIA 79 », Salon international du meuble de Paris, Porte de Versailles, 10-14 janvier 1980 ; scénographie : Marc Alessandri
Meuropam (Marché européen de l'ameublement), Lyon, octobre 1980

1981
Salon international du meuble de Paris, Porte de Versailles, 14-18 janvier 1981 ; scénographie : Marc Alessandri
« Habiter c'est vivre... », Salon des artistes décorateurs (SAD), Grand Palais, Paris, 10 septembre-4 octobre 1981
Exposition des prototypes
« Appels permanents », qui inaugure le 1er décembre 1981 l'espace VIA de la place Sainte-Opportune ; scénographie : Annie Tribel

1982
Salon international du meuble de Paris, Porte de Versailles, janvier 1982
« Labels VIA 1982 », galerie du VIA, mars 1982 ; scénographie : Christian Germanaz
Foire de printemps de Marseille, 26 mars-5 avril 1982
« Le Défi français », Grands magasins du Printemps, 7 avril-8 mai 1982
Salon international du kit et du prêt à monter au Bourget, première édition, 21-24 avril 1982
« Changez de décor », concours Print France dans l'Espace VIA, 29 avril 1982
« Alchimia », galerie du VIA, juin 1982
Salon international du meuble de Milan, hall 23, 17-22 septembre 1982 ; scénographie : Marc Alessandri et Jean-Michel Wilmotte
Travaux des élèves des écoles Boulle, Camondo, de l'ENSAD et de l'École de la rue Olivier-de-Serres, galerie du VIA, 15 septembre-15 octobre ; scénographie Yves Taralon
Salon Intérieur (premier salon mondial exclusivement consacré à l'ameublement contemporain de qualité), Courtrai, 16-24 octobre 1982
Salon du mobilier et de la décoration « Le Monde de la maison », Paris, 22 octobre-1er novembre 1982
Exposition VIA, Galeries Lafayette, octobre 1982
Créations du Mobilier national, galerie du VIA, novembre-décembre 1982
« Appels permanents et nouveaux labels », galerie du VIA, décembre 1982

1983
Salon international du meuble de Paris,

13-17 janvier 1983 ; scénographie : Marc Alessandri
Salon Interkit, Le Bourget, 14-17 avril 1983
Salon du meuble de Copenhague, 4-8 mai 1983 ; scénographie : Michel Cadestin
Foire internationale, Bordeaux, 7-16 mai 1983
« Fête de France », grand magasin Bloomingdale's, New York, 19 septembre-2 novembre 1983 ; scénographie : Marc Alessandri
« La Maison française », Montréal, 10-13 novembre 1983
« Totem », galerie du VIA, 1983
« Habiter c'est vivre... », Salon de la société des artistes décorateurs (SAD), Grand Palais, Paris, 25 novembre-11 décembre 1983

1984
Salon international du meuble de Paris, janvier 1984 ; scénographie : Marc Alessandri
Salon professionnel Interkit, porte de Versailles, 4-5-6 avril 1984
« Garouste et Bonetti », galerie du VIA, 14 avril-17 mai 1984
Interior Design International (IDI), Olympia, Londres, 15-19 mai 1984
Salon Carrefour international, Vélodrome Parc Olympique, Montréal, 16-20 juin 1984
Kdesign [édition américaine du salon Interkit], Coliseum, New York, 9-12 septembre 1984 ; scénographie : Nicole Grenot, assistée d'Yves Gradelet
Exposition VIA des meubles créés pour l'Élysée, Magasin Broadway, Los Angeles, 13-30 septembre 1984 ; scénographie : Jean-Michel Wilmotte
Foire de Gand, 8-23 septembre 1984
Salon international du meuble de Milan, 19-24 septembre 1984 ; aménagement de Philippe Starck assisté de Nicole Grenot
Meuropam (Marché européen de l'ameublement), Lyon, 29 septembre-2 octobre 1984
Exposition VIA, Galeries Lafayette, Paris, 3 octobre-24 décembre 1984 ; scénographie : Yves Gradelet
« Vive la France », Tokyo, magasin Seibu, 20-28 octobre 1984 ; scénographie : Pascal Mourgue
« Maison française », Singapour, 25-28 octobre 1984
« Jean-Michel Wilmotte », galerie du VIA, octobre-novembre 1984
Salon de la Société des artistes décorateurs (SAD), Grand Palais, Paris, 1984 ; scénographie : Marc Alessandri et Yves Gradelet
« Pierre Sala », galerie du VIA,

13 décembre 1984-6 janvier 1985

1985
Salon international du meuble, Porte de Versailles, Paris, 9-14 janvier 1985
Salon international du luminaire (SIL), Paris, 9-14 janvier 1985
Exposition universelle, Tsukuba, Japon, 12 mars-11 septembre 1985 ; Pavillon de France « L'enfant dans la cité » ; scénographie : Pascal Mourgue et Daniel Rozensztroch
« La Maison française », Chicago, 8-11 mai 1985 ; éléments de scénographie de Philippe Starck repris de Milan
Interior Design International (IDI), Londres, 12-16 mai 1985
Carrefour international, Montréal, 15-19 mai 1985
« K design », New York, 26-29 juin 1985
« Yves Cordier », galerie du VIA, 1er-6 octobre 1985
Meuropam (Marché européen de l'ameublement), Lyon, 28 septembre-1er octobre 1985
Salon « Le Monde de la maison », Paris, 10-21 octobre 1985
« Printemps de la maison », Paris, octobre 1985 ; scénographie : Christian Duc
Salon Alpes Expo, Grenoble, 27 novembre-1er décembre 1985

1986
Salon international du luminaire (SIL), 9-14 janvier 1986
Salon international du meuble, Cologne, 14-19 janvier 1986
Magasin Harrods, Londres, 1er mars-16 avril 1986 ; espace conçu par Jean-Michel Wilmotte
« Abdi », galerie du VIA, février-mars 1986
« Habiter 86 », Grande Halle de La Villette, Paris, 8-16 mars 1986 [premier salon de la création dans la maison, commercial et destiné au grand public, créé à l'initiative de François Barré et de l'UNIFA]
Designer's Saturday, 19 avril 1986 ; invité du VIA : Pascal Mourgue
Interior Design International (IDI), Londres, 11-15 mai 1986
Opération Diderot, présentation de meubles sur une péniche itinérant de Miami à Chicago, 1986-1987
« Voilà la France », Magasin Rich's, Atlanta, 15 octobre-2 novembre 1986
« Créateurs français », nouveau show-room Artek, Helsinki 6 novembre-fin décembre 1986
Salon international du meuble, Milan, 17-22 septembre 1986

« International Furniture Exhibition », Hong Kong, octobre 1986
Exposition des Cartes blanches VIA de 1986 dans le nouvel espace VIA, inauguré le 18 décembre 1986, au 1, rue Sainte-Opportune ; concept architectural : Philippe Starck

1987
Salon international du meuble, Paris, 8-12 janvier 1987
Salon international du meuble, Cologne, 13-18 janvier 1987
« UAM » (Union des artistes modernes), galerie du VIA, 28 janvier-14 février 1987
« Vivre 87 », Grenoble, 5-9 février 1987
« VIA la France », Centre international du design, Montréal, 9-20 février 1987
« VIA go to the USA », New York, Furniture of the XXth Century Gallery, 11 février-11 mars 1987
« Jean Nouvel, meubles », galerie du VIA, 26 février-1er avril 1987
« Habiter 87 », Grande Halle de La Villette, Paris, 7-15 mars 1987
« Les Journées du design », Bordeaux, 9-15 mars 1987
« Eric Schmitt, meubles et luminaires », galerie du VIA, 2 avril-13 avril 1987
« La Sala Vinçon », Barcelone, 8 avril-2 mai 1987
« DD Shanghai meubles », galerie du VIA, 15 avril-10 mai 1987
Interior Design Show, Chicago, avril 1987
Interior Design International (IDI), Londres, 5-14 mai 1987
« Coll-Part, meubles et luminaires », galerie du VIA, 15 mai-6 juin 1987
Designer's Saturday, galerie du VIA, 16 mai 1987
Exposition des travaux de l'école ECM (École et création en mobilier), galerie du VIA, 6 juin-14 juin 1987
« Janette Laverrière, meubles et luminaires », galerie du VIA, 15 juin-4 juillet 1987
« Appel permanent aux créateurs, prototypes libres à l'édition », galerie du VIA, 7-24 juillet 1987
« Jean Prouvé », galerie du VIA, 15-29 septembre 1987
Salon Carrefour international, Toronto, septembre 1987
Exposition des professionnels du meuble, Hong Kong, septembre 1987
Salon international du meuble, Valence, 22-27 septembre 1987
« 15 franske mobeldesignere », magasins Illums Bolighus, Copenhague, 24 septembre-13 octobre 1987 ; scénographie : Martin Szekely

« Fransk design », Copenhague, Galerie Asbaek, 25 septembre-3 octobre 1987
« Studio Naço, meubles et luminaires », galerie du VIA, 1er octobre-17 octobre 1987
Show-room Artifort, Maastricht, 1er-30 octobre 1987
« François Fauconnet », galerie du VIA, 20-30 octobre 1987
Grand magasin Magnin, San Francisco, octobre 1987
« Z (..) », galerie du VIA, 2 novembre-9 novembre 1987
Exposition de maquettes et prototypes d'élèves de l'ENSAD, galerie du VIA, novembre 1987
« Créer son temps », Salon des artistes décorateurs (SAD), Grand Palais, Paris, 26 novembre-20 décembre 1987
« Corner VIA », magasins Harrods, Londres ; scénographie : Jean-Michel Wilmotte
Exposition de meubles-sculptures organisée par la galerie Vinçon de Barcelone, galerie du VIA, décembre 1987

1988
Salon international du meuble, Paris, 14-18 janvier 1988
Salon international du meuble, Cologne, janvier 1988 ; scénographie : Yves Gradelet
« Exposition du meuble français », Kunstgewerbe Museum, Berlin, 1er mars-1er mai 1988 ; commissariat : Brice d'Antras ; scénographie : Christian Duc
Magasins Nordiska Kompaniet, Stockholm, 17 mars-17 mai 1988
« Habiter 88 », Grande Halle de La Villette, Paris, 11-17 avril 1988
« Jean-Philippe Gleizes », galerie du VIA, 19 avril-21 mai 1988
« VIA », galerie Limn, San Francisco, 17 mai-8 juillet 1988
Exposition des prototypes des Appels permanents 1988, galerie du VIA, 21-27 mai 1988
Designer's Saturday, 28 mai 1988 ; invités du VIA : Régis Protières et Christian Renonciat
« Christian Renonciat », galerie du VIA, 28 mai-29 juin 1988
Exposition des travaux de l'ECM, galerie du VIA, 9-13 juin 1988
« 89 avant-première », Grande Halle de La Villette, Paris, 3-12 juin 1988 ; mise en espace : Yves Gradelet
Exposition des travaux de l'École Camondo, galerie du VIA, 14-18 juin 1988
« Chaperon et méchant loup », galerie du VIA, 14-18 juin 1988
Exposition des travaux de l'ENSAD, galerie du VIA, 23-30 juin 1988
Exposition des travaux de l'EAG (École d'architecture de Grenoble), galerie du VIA, 23-30 juin 1988
« Le Salon de Kassel, d'Andreas Brandolini », galerie du VIA, 1er-11 juillet 1988
Exposition au Provinciaal Museum, Hasselt, juillet-août 1988
Exposition-vente VIA, Galerie Wohnbedarf, Zurich, 3-7 septembre 1988 ; scénographie : Yves Gradelet
« Le Club des éditeurs », Salon international du meuble de Milan, 14-19 septembre 1988 ; scénographie :

Yves Gradelet
Foire internationale du meuble, Valence (Espagne), 20-25 septembre 1988
« Tendances françaises VIA », magasin Seibu Shibuya, Tokyo, septembre 1988 ; scénographie : Daniel Rozensztroch et Jean-Louis Ménard
« Jacques Hitier. Rétrospective 1947-1967 », galerie du VIA, 12 octobre-12 novembre 1988
Salon « Intérieur 88 », Courtrai, 20-30 octobre 1988
« At Home with France », Hong Kong, Exhibition Centre, 3-6 novembre 1988
« Eugène Brunelle et Yamo », galerie du VIA, 15 novembre-31 décembre 1988
« Avant-première », Victoria & Albert Museum, Londres, 12 octobre 1988-8 janvier 1989

1989
Salon international du meuble de Paris, 12-17 janvier 1989
Salon international du meuble, Cologne, 24-29 janvier 1989
Grand prix de la critique du mobilier contemporain, galerie du VIA, 6-11 février 1989
Salon de l'intérieur et de la décoration, Nationaal Bowcentrum, Anvers, 18-26 février 1989
« Michèle Gignoux », galerie du VIA, 26 février-31 mars 1989
« Nye tendensero fransk möbeldesign », Kunstindustrimuseet, Oslo, 3-27 mars 1989 ; scénographie : Yves Gradelet
« L'Art de vivre. 1789-1989 » [exposition coorganisée par le VIA et le comité Colbert], Cooper-Hewitt Museum, New York, 29 mars-16 juillet 1989
« Cent Chaises ou la chaise française 200 ans après », Furniture of the 20th Century Gallery, New York, 29 mars-16 juillet 1989
« Paysages de l'objet quotidien », musée des Arts décoratifs, Helsinki, 31 mars-14 mai 1989
Exposition de prototypes des Appels permanents, galerie du VIA, 4-15 avril 1989
« Guillaume Saalburg » [artisan verrier], galerie du VIA, 25 avril-28 mai 1989
Journées de la société Mullca, galerie du VIA, 30 mai-1er juin 1989
Interior Design International (IDI), Londres, mai 1989
Exposition des travaux des élèves de l'ENSAD, galerie du VIA, 1er-3 juin 1989
« Un café avec... » [12 tasses à café dessinées par 12 designers], galerie du VIA, 6-24 juin 1989
Exposition de l'École d'architecture de Rennes, galerie du VIA, 27 juin-3 juillet 1989
« Musée meubléloué » [meubles belges], galerie du VIA, 5-30 septembre 1989
Foire internationale du meuble, Valence, septembre 1989
« How to Use VIA », magasins Seibu Shibuya, Tokyo, 14 septembre-début octobre 1989 ; scénographie : Daniel Rozensztroch et Jean-Louis Ménard
« Peter Keene. Robot-robot », galerie du VIA, 5-30 octobre 1989
« La Belle France », magasin Marshall

Field's, Chicago, 12 octobre-janvier 1990
Galerie Pesch, Cologne, 19 octobre-31 décembre 1989
« Studio Atika » [jeune création tchécoslovaque], galerie du VIA, 1989
« Garouste & Bonetti. Patchwork », galerie du VIA, 7 décembre 1989-6 janvier 1990

1990
« Anne Liberati et Joris Heetman. Pom Pom Girls », galerie du VIA, 9 janvier-3 février 1990
Salon international du meuble de Paris, 12 janvier-17 janvier 1990 ; décor de Garouste et Bonetti sur une implantation d'Yves Gradelet
Salon international du meuble, Cologne, 23-28 janvier 1990
Grand prix de la critique du meuble contemporain, galerie du VIA, 1er-7 février 1990
« Peter Opvisk. Le corps et la chaise », galerie du VIA, 6-24 février 1990
« Olivier Gagnère. Mobilier en bois I, édition Fourniture (Carte blanche 1989) », galerie du VIA, 27 février-17 mars 1990
« Mobilier en bois II, 5 bureaux, édition Fourniture », galerie du VIA, 20-31 mars 1990
Pavillon Helena Rubinstein, musée d'Art contemporain, Tel-Aviv, 20 mars-20 mai 1990
« Exercices de style » [exposition des travaux des élèves de l'ENSAD], galerie du VIA, 3-16 avril 1990
« Marco de Gueltzl », galerie du VIA, 19 avril-12 mai 1990
« Les Années VIA, 1980-1990 », musée des Arts décoratifs, Paris, 25 avril-26 août 1990 ; scénographie : Andrée Putman, assistée de Bruno Moinard
« Coll-Part. Tout pour la maison », galerie du VIA, 14 mai-9 juin 1990
« VIA/Les écoles », galerie du VIA, 12 juin-30 juillet 1990
« Meubles de l'imaginaire » [coproduction VIA/Centre culturel français de Berlin ; commissariat : Brice d'Antras], Centre culturel français, Berlin, 29 juin-4 août 1990 ; musée des Arts décoratifs, Budapest, 17 septembre-12 octobre 1990 ; Ubok, Prague, 6 décembre 1990-19 janvier 1991
Exposition VIA chez Seibu-Yurkucho Tokyo, automne 1990

1991
Inauguration du nouveau Centre VIA, au 4-6-8, cour du Commerce Saint-André, le 12 janvier 1991, avec une exposition particulière consacrée à Marc Berthier et Tom Tilleul
« Marc Berthier. Design pour la maison », grande galerie de l'Espace VIA, 2 janvier-23 février 1991
« Tom Tilleul », petite galerie de l'Espace VIA, 2 janvier-23 février 1991
Salon international du meuble de Paris, 11-15 janvier 1991 ; scénographie : Yves Gradelet
Salon international du meuble, Cologne, 22-27 janvier 1991
Grand prix de la critique du meuble contemporain 1991, galerie du VIA, 24 janvier-30 janvier 1991
« Josephine Colsen », petite galerie

du Centre VIA, 1er-17 mars 1991
« Marc Newson. Idee », grande galerie du Centre VIA, 1er-17 mars 1991
« Meubles de l'imaginaire » [coproduction VIA/Centre culturel français de Berlin ; commissariat : Brice d'Antras], Institut français, Vienne, 4 mars-15 mars 1991
« René-Jean Caillette. Rétrospective de 1939 à aujourd'hui », grande galerie du Centre VIA, 22 mars-13 avril 1991
« Harold Jacobs. Mobilier en terrazzo », petite galerie du Centre VIA, 22 mars-13 avril 1991
Exposition des Cartes blanches 1990, galerie du VIA, 19 avril 1991
Salon international du meuble de Milan, 12-17 avril 1991
« Paquele Lafay. Céramiques », grande galerie du Centre VIA, 19 avril-11 mai 1991
"La Création française", musée Fesch, Ajaccio, 4-30 mai 1991
« Tasse-manie », grande galerie du Centre VIA, 13 mai-8 juin 1991
« Delo Lindo », petite galerie du Centre VIA, 17 mai-8 juin 1991
« VIA création et industrie », Magasin au foin, Grand-Hornu (Belgique), 15 juin-1er septembre 1991
Exposition de meubles français, Centre Neo Katoiken, Athènes, 18 juin-début septembre 1991
Salon « Scènes d'intérieur », Villepinte, 1er-5 septembre 1991
Meuropam (Marché européen de l'ameublement), Lyon, 7-10 septembre 1991
« VIA : les industries françaises de l'ameublement, 1980-1991 », CAPC, Bordeaux, 28 septembre-1er décembre 1991
« Rencontres » [3 écoles françaises et 4 universités japonaises], galerie du VIA, 10-12 octobre 1991
« Patrick Pagnon et Claude Pelhaître », galerie du VIA, 18 octobre-30 novembre 1991
« Surexpositions » [mobilier de Rei Kawakubo pour Comme des Garçons], galerie du VIA, 8-22 novembre 1991
Galerie Exante, Rome, 1991
Salon du meuble, Hong Kong, 24-28 octobre 1991
Exposition Seibu, Hong Kong, novembre 1991-avril 1992
Galerie Limn, San Francisco, 1991
Salon du meuble, New York, 1991
MID [nouveau salon espagnol lancé à l'initiative du SIDI], 1991
Salon Ambiante, Francfort, 1991
Salon du meuble d'Harumi, Tokyo, novembre 1991

1992
Salon international du meuble de Paris, 10-14 janvier 1992
« Bijorhca. Les arts de la table », galerie du VIA, 10-14 janvier 1992
Salon international du meuble, Cologne, 21-26 janvier 1992
« Design industriel de Pagnon et Pelhaître », galerie du VIA, 13 février-14 mars 1992
« Meubles mobiles. Jean-Paul Gaultier », galerie du VIA, 8 janvier-8 février 1992
Exposition du mobilier de Rei Kawakubo pour Comme des Garçons, Comme des Garçons, Minato-ku, Tokyo, 1er avril-17 avril 1992

« Décoration de l'imaginaire », galerie du VIA, 8-17 avril 1992 ; exposition inspirée du livre éponyme de Nicole Wagner-Vriz coédité par le VIA et Michel Aveline
« Racines, de Christian Astuguevieille », galerie du VIA, 23 avril-6 juin 1992
« VIA/Les écoles », galerie du VIA, 15 juin-25 juillet 1992
Exposition du fonds de la collection mobilier du VIA [financée par l'AFAA], Institut français de Hongrie, Budapest, 2-12 juillet 1992
Sisel vert, Parc floral de Vincennes, 5-8 juillet 1992
« Collection tropicale » [meubles conçus par Martine Bedin, François Bauchet et Éric Jourdan, édités par les artisans de la Réunion], galerie du VIA, 1er septembre-10 octobre 1992
« La Maison de Jean-Charles de Castelbajac », en partenariat avec Ligne Roset, galerie VIA, octobre 1992
Salon « Abitare il tempo », Vérone, 15-19 octobre 1992 ; scénographie : Kristian Gavoille
« Le Raisin, la vigne et les vendanges » [12 tapis d'artistes], galerie du VIA, 5 novembre-5 décembre 1992
« Jean-Paul Gaultier », Galeries Lafayette, 9 novembre 1992 [présentation et mise en vente de la collection de meubles éditée par le VIA]
Institut français, Düsseldorf, 1992
Institut français, Kyoto, 1992

1993
Salon du meuble de Paris, 8-12 janvier 1993
Institut français de Cologne, 18 janvier-25 février 1993
« Double fonctionnalité » [mobilier des 12 étudiants qui ont participé au forum de création organisé par Gaetano Pesce à l'École d'architecture de Strasbourg durant l'année 1992]
« Créateurs et industriels » [meubles de créateurs réalisés par des industriels dans le cadre des aides à la création du VIA], galerie du VIA, 1993
Salon international du meuble de Milan, 20-25 avril 1993
« Two Man Show : Christian Ghion et Patrick Nadeau », galerie du VIA, 13 mai-12 juin 1993
ICCF (International contemporary furniture fair), New York, 16-19 mai 1993
Sisel vert, Parc floral de Vincennes, 4-6 juillet 1993
Exposition du mobilier réalisé par Bruno Borrione pour le lycée de Nîmes, galerie du VIA, 2-11 septembre 1993
« Praha 1993 » [exposition de meubles de Jean-Michel Wilmotte], galerie du VIA, 17 juin-30 juillet 1993
« Meubles de collectionneurs, de Nestor Perkal », galerie du VIA, 16 septembre-9 octobre 1993
Forum du design, Lisbonne, 7-12 octobre 1993
« Cherif. Hommage à Alvar Aalto», galerie du VIA, 14 octobre-9 novembre 1993
Thema Domus, Francfort, 20-26 octobre 1993
« Christophe Pillet. Carte blanche 93 », galerie du VIA, 16 novembre-11 décembre 1993

International Furniture Fair, Tokyo, 18-21 novembre 1993

1994
Salon du meuble de Paris, janvier 1994
Salon international du meuble de Milan, 11-17 avril 1994
« Création : Objets d'en France. Patrimoine : les objets racontent... », Entrepôts du Rheinauhafen, Cologne, 1994
« Les Arts de la table », Le Printemps, 14 février-12 mars 1994
« Patrimoine et objets d'en France », galerie du VIA, 17 février-15 mars
« Arrgh », galerie du VIA, 24 février-19 mars 1994
Grand Prix de la critique 1994, galerie du VIA, 28 mars-16 avril 1994
« Migeon et Migeon », galerie du VIA, 29 avril-11 juin 1994
« Fabrice Berrux », galerie du VIA, 29 avril-11 juin 1994
Festival international de Cannes, 13-23 mai 1994
Galerie Contrast, Hong Kong, mai 1994
« Irena Rosinski », galerie du VIA, 25 mai-26 juin 1994
La Samaritaine, 13 juin-27 août 1994
« Pascal Mourgue (1968-1994) », galerie du VIA, 15 juin-31 juillet 1994
Sisel vert, Parc floral de Vincennes, 4-6 juillet 1994
« Rena Dumas », galerie du VIA, 9 septembre-15 octobre 1994
« Chaises d'en France », musée des Arts décoratifs de Gand, 3 octobre-17 décembre 1994
« Le Carton se met en quatre », galerie du VIA, 20 octobre-12 novembre 1994
Thema Domus, Francfort, 28-31 octobre 1994
« Vizo », galerie du VIA, 17 novembre-17 décembre 1994
Exposition des travaux de l'IAV d'Orléans, galerie du VIA, 17 novembre-17 décembre 1994
« Meubles d'en France », coproduite par le VIA et l'AFAA, va itinérer en 1994 à Gand, Edimbourg et Glasgow, en 1995 à Helsinki, Barcelone, Madrid, puis aux États-Unis, en Amérique du Sud et en Asie.

1995
Salon du meuble de Paris, avec les expositions « Commodes comme mode » (ensuite également présentée à Cologne et Milan) et « Le Paris des créateurs », janvier 1995
« Strates, de Christian Astuguevieille », galerie du VIA, 10 janvier-11 février 1995
« Commodes comme mode », galerie du VIA, 16 février-25 mars 1995
« 100 ans de création dans le luminaire » (GIL), galerie du VIA, 30 mars-29 avril 1995
« Pascal Bauer et Philippe Daney », galerie du VIA, 4 mai-3 juin 1995
« Pierre Casenove », galerie du VIA, 8 juin-1er juillet 1995
« VIA/Les écoles », galerie du VIA, 4-31 août 1995
Inauguration de la galerie « Les Voûtes » le 15 novembre 1995
Exposition des lauréats du Grand Prix Colbert des jeunes créateurs dans l'art

appliqué, galerie du VIA, 23 novembre-16 décembre 1995
« Le Paris des créateurs », Salon Meuble Maison Décoration, Nice, novembre 1995
« Cinéma et mobilier », galerie du VIA, 20 décembre 1995-9 février 1996
« Meubles d'en France » continue à circuler dans le monde : Luxembourg, Helsinki, Hanovre, Barcelone, Madrid, Beyrouth, Séoul, Valence, Tokyo, Tel-Aviv, Thessalonique...

1996
« La Maison des cinq sens », Salon du meuble de Paris, 1996
« Les Janus de l'industrie » [en collaboration avec l'Institut français du design], galerie du VIA, 13 février-18 février 1996
« La Maison des cinq sens », galerie du VIA, 1er mars-19 mai 1996
Salon Habitat-décoration, Strasbourg, avril 1996
Salon L'Art du jardin, parc de Saint-Cloud, mai-juin 1996
« Artistes et meubles en carton », galerie du VIA, 29 mai-3 juin 1996
« Le Paris des créateurs », dans le cadre du JETRO, Tokyo, juin 1996
« 100 000 ans d'innovation », Annecy, juin 1996
« Sylvain Joly. Design pour tous », galerie du VIA, 8-30 juin 1996
« Global Techno » [prototypes de Christian Biecher], passage de Retz, Paris, 22 juin-15 septembre 1996
Exposition des travaux de l'Atelier mobilier de l'ENSAD, galerie du VIA, 4-7 juillet 1996
« VIA/Les écoles », galerie du VIA, 10 juillet-25 août 1996
« Thibault Desombre. Épures de meubles », galerie du VIA, 5 septembre-31 octobre 1996
« Agnès et Hiroyuki Yamakado. Nombre d'or », galerie du VIA, 7 novembre-1er décembre 1996

1997
« Homo domus. Variations sur le confort de l'homme », Salon du meuble de Paris, 1997 ; scénographie : Philippe Daney
« Homo domus. Variations sur le confort de l'homme », Centre culturel français de Milan, dans le cadre du Off du Salon international du meuble
« Rémanence », galerie du VIA, 6 janvier-2 février 1997 [sélection de 80 designers qui ont, à un moment de leur carrière, été soutenus et encouragés par le VIA]
« Homo domus. Variations sur le confort de l'homme », galerie du VIA, 13 février-31 mars 1997
« Design with a French Twist » [dans le cadre de la West Week], Feldman Gallery, Los Angeles, 19 mars-30 avril 1997
« Meubles d'en France », galerie du VIA, 3 avril-15 avril 1997
« Chafik, créateur et scénographe », galerie du VIA, 21 avril-25 mai 1997
« Limousin : des jardins à vivre », en association avec la Chambre régionale du Limousin, galerie du VIA, 5 juin-22 juin 1997
« UGAP : projets de mobilier scolaire réalisé par les designers », galerie du VIA,

26-27 juin 1997
« VIA/Les écoles », galerie du VIA, 8 juillet-31 août 1997
« Cafés, café », galerie du VIA, 8 septembre-12 octobre 1997
« Les 10 ans du Grand Prix de la critique internationale », galerie du VIA, 20 octobre-23 novembre 1997
Vitrines de Noël de Pucci di Rossi, Coll-Part et Kristian Gavoille, galerie du VIA, décembre 1997

1998
« Et si on remettait les compteurs à zéro ? Hypothèses pour des futurs probables », Salon du meuble de Paris, 8-12 janvier 1998
Salon international du meuble de Cologne ; soirée événementielle le 20 janvier 1998 dans l'ancienne piscine nocturne Neptunbad
« Paradox, de Hilton Mac Connico », galerie du VIA, 7 janvier-15 février 1998
« Cherif-Les Migrateurs », galerie du VIA, 21 février-29 mars 1998
« Plié-déplié », galerie du VIA, 6-19 avril 1998
« Labels VIA 1998 », galerie du VIA, 6-19 avril 1998
« Esprit d'en France », galerie du VIA, 4 mai-28 juin 1998
« Geste d'art. Mobilier de haute facture », galerie du VIA, 12-24 juin 1998
« VIA/Les écoles », galerie du VIA, 26 juin-30 août 1998
« Mobilier nomade pour générations passeport », galerie du VIA, 5 septembre-31 décembre 1998

1999
« Naço and Friends. Architecture, design, multimédia », galerie du VIA, 7 octobre-9 janvier 1999
« Son, image et confort », Salon du meuble de Paris, 14-18 janvier 1999
« Au bon design. Histoires à succès », galerie du VIA, 3 janvier-4 février 1999
« Montréal : cinq portraits de cinq designers », galerie du VIA, 23 février-31 mars 1999
« Stilwerk », Hanovre, 20 mai-20 juin 1999
« Labels VIA 99 », galerie du VIA, 17 avril-20 juin 1999
« VIA/Les écoles », galerie du VIA, 5 juillet-25 août 1999
« Villes et métiers d'art », École de Nancy, organisée par la Ville de Nancy, septembre-octobre 1999
« La Nature du futur, une nature apprivoisée », galerie du VIA, 3-26 septembre 1999
« Art de vivre », China International Furniture Fair, Shanghai, 14-17 septembre 1999
« Espace tendance design. Courant de création européenne », Meuropam, Lyon, 26-28 septembre 1999
« Meubles nomades », Paris, mairie du 13e arr., 15-28 novembre 1999
« French Design & New Materials », galerie Yamagiwa, Tokyo, octobre-novembre 1999 ; scénographie : Christian Biecher

2000
« L'Agora des créateurs », au Salon du meuble de Paris et dans la galerie

du VIA, 13-17 janvier 2000
« L'École française », Salon du meuble
de Paris, 2000
Appels permanents et Cartes blanches,
galerie du VIA, 22 janvier-27 février 2000
« Design 2000. Petits-enfants de Starck »,
Espace Landowski, Boulogne-Billancourt,
16 février-30 avril 2000
« Utilitaires. Jeremy Edwards », galerie
du VIA, 7 mars-23 avril 2000
« Design France : génération 2001 », Salon
international du meuble de Milan, studio
Piu, 11-16 avril 2000 ; en partenariat
avec le GEM
« Labels VIA 2000 », galerie du VIA,
3 mai-25 juin 2000
« Habitat industrialisable-Unité, de Marc
Berthier », ENSCI, 3-8 juillet 2000
« VIA/Les écoles », galerie du VIA,
17 juillet-24 août 2000
« John Hutton design », galerie du VIA,
2-24 septembre 2000
« Siège social », galerie du VIA,
3 octobre-31 décembre 2000
« Design France : génération 2001 », Tokyo,
12-17 octobre 2000 ; exposition organisée
dans le cadre de la Designers Week,
en partenariat avec l'Ambassade de France
et l'AFAA
« Courants de création européens »,
Salon Meuble Maison Décoration, Nice

2001

« Matières en lumière », Salon du meuble
de Paris, 11-15 janvier 2001
« Hommage à Pascal Mourgue, designer
et artiste », galerie du VIA, 11 janvier-
25 février 2001
« Labels VIA 2001 », galerie du VIA,
10 mars-22 avril 2001
Salon international du meuble de Milan,
4-9 avril 2001
« Design France : génération 2001 »,
galerie du VIA, 5 mai-15 juillet 2001
« VIA/Les écoles », galerie du VIA,
26 juillet-11 septembre 2001
« Design France : génération 2001 »,
Centre de design de l'UQAM, Montréal,
6 septembre-11 octobre 2001
« Japan design : nouvelle génération »,
galerie du VIA, 22 septembre-28 octobre
2001
« Meubles en scène/Meubles de scène »,
galerie du VIA, 13 novembre-31 décembre
2001

2002

Salon du meuble de Paris, janvier 2002
« VIA Design France », Salon international
du meuble de Milan, avril 2002
« Des designers au balcon », salon L'Art
du jardin, parc de Saint-Cloud,
15-18 juin 2002
« Le Siège de Dagobert au XXIᵉ siècle »,
12ᵉ Festival des métiers d'art de Reviers
(Calvados), 21 juillet-19 août 2002
« Chaises et haute couture », « Table en
fête », Salon Meuble Maison Décoration,
Nice, 1ᵉʳ-11 novembre 2002
« Siège social », Archives municipales
de la Ville de Marseille, 15 novembre-
14 décembre 2002
« Design France : génération 2001 »,
Ambassade de Washington DC,
« Design France : génération 2001 »,

Institut français de Valence, 2002
« Design France : génération 2001 »,
Institut de France, Tokyo, 2002 ;
en collaboration avec l'AFAA, l'exposition
a poursuivi son itinérance dans six villes
des États-Unis.
« Confort(s), la génération vautrée »,
Salon Meuble Maison Décoration, Nice,
1ᵉʳ-11 novembre 2002
Biennale internationale du design
de Saint-Étienne, 2002
« Design in France : Material for
Inspiration », Designer's Week, Tokyo,
9-15 octobre 2002
« Marc Berthier : le design de la légèreté »,
galerie du VIA, 2002
« Mobidécouverte : les enfants designers »,
galerie du VIA, mai-juin 2002
« VIA/Les écoles », galerie du VIA,
juillet-août 2002
« Labels VIA 2002 », galerie du VIA
« Translucidité : quand la lumière habite
la matière », galerie du VIA, 8 novembre-
31 décembre 2002

2003

« Design et architecture », Salon du meuble
de Paris, 9-13 janvier 2003
« Design algérien : nouvelle génération »,
galerie du VIA, 9 janvier-23 février 2003
Salon international du meuble de Cologne,
13-19 janvier 2003
« Sièges en habit », Biennale des éditeurs
de la décoration, Grande Halle
de La Villette, Paris, 11-15 janvier 2003
« Yamo. Sous le signe du poisson »,
galerie du VIA, 13 mars-11 mai 2003
« VIA Design France », Salon international
du meuble de Milan, 9-14 avril 2003
« Cuisine, sauce, innovation », Magasins
du Printemps, 17-30 avril 2003
« Labels VIA 2003 », galerie du VIA,
23 mai-20 juin 2003
« VIA/Les écoles », galerie du VIA,
4 juillet-17 août 2003
« Atelier A », galerie du VIA,
5 septembre-21 décembre 2003
« Experimental Design », Lisbonne,
octobre-novembre 2003
Salon « Habiter Paris »,
18-22 octobre 2003

2004

Salon du meuble de Paris,
7-12 janvier 2004
« VIA Design France », Salon international
du meuble de Milan, 14-19 avril 2004
« Design d'elles », galerie du VIA,
10 janvier-21 mars 2004
« Transforme : Design islandais »,
galerie du VIA, 2 avril-29 mai 2004
« Labels VIA 2004 », galerie du VIA,
10-27 juin 2004
« VIA/Les écoles », galerie du VIA,
9 juillet-22 août 2004
« Sport et design », galerie du VIA,
3 septembre-26 décembre 2004

2005

Salon du meuble de Paris,
13-17 janvier 2005
« À chacun sa chaise », Salon « Habitat et
Jardin », Lausanne, 26 février-6 mars 2005
« Hieraujourd'huidemain », galerie du VIA,
13 janvier-20 mars 2005 ; 25ᵉ anniversaire

de l'Atelier mobilier de l'ENSAD
« Mobikadabra dedans-dehors », seconde
saison de « Mobidécouverte - les enfants
designers », galerie du VIA, 6 avril-
22 mai 2005
Salon international du meuble de Milan,
13-18 avril 2005
« Les Éditeurs de la haute facture
contemporaine française », galerie du VIA,
7-26 juin 2005
Salon « France : des maisons à vivre »,
Beijing, 5-9 juillet 2005 ; exposition
organisée par UbiFrance
« VIA/Les écoles », galerie du VIA,
7 juillet-21 août 2005
« Vidéhome », galerie du VIA,
4 septembre-18 décembre 2005

2006

Salon du meuble de Paris, 5-9 janvier 2006
« Innovation(s) », Biennale de Saint-
Étienne, 22 novembre-3 décembre 2006
« Design France : expérimentation
et production », Salon international
du meuble de Milan, 5-10 avril 2006
Salon « France, des maisons à vivre »,
Shanghai, 27 juin-1ᵉʳ juillet 2006
« Design Yearbook », galerie du VIA,
6 janvier-16 avril 2006
« Surfaces », galerie du VIA,
15 mai-25 juin 2006
« VIA/Les écoles », galerie du VIA,
7 juillet-17 septembre 2006
« Labels VIA 2006 », galerie du VIA,
19 octobre-3 décembre 2006

2007

Salon du meuble de Paris,
20-25 janvier 2007
« Jean-Marie Massaud », galerie du VIA,
2 janvier-8 avril 2007
« Steiner et l'aventure du design »,
galerie du VIA, 16 avril-13 mai 2007
« VIA Paris Design France »,
Salon international du meuble de Milan,
18-23 avril 2007
« Labels VIA 2007 », galerie du VIA,
29 mai-1ᵉʳ juillet 2007
« VIA/Les écoles », galerie du VIA,
17 juillet-16 septembre 2007
Salon « 100 % Design », Londres,
20-23 septembre 2007
« Berlin des créateurs », galerie du VIA,
3 octobre-16 décembre 2007

2008

« Matières à cultiver », galerie du VIA,
12 janvier-16 mars 2008
Salon « Meuble Paris » [nouveau nom
du Salon du meuble de Paris], Le Bourget,
24-28 janvier 2008
« Mobijunior », galerie du VIA, 5 avril-
18 mai 2008
« Milan Design France », Salon
international du meuble de Milan,
16-21 avril 2008
« Labels VIA 2008 », galerie du VIA,
31 mai-29 juin 2008
« VIA/Les écoles », galerie du VIA,
8 juillet-24 août 2008
« Prisunic & le design : une aventure
unique », galerie du VIA, 5 septembre-
30 novembre 2008
Salon Équip'Hôtel, espace expérimental
« Studio 2020 », Paris Expo, porte

de Versailles, Paris, 15-17 novembre 2008
« Cinq conversations au café », Biennale
internationale de design, Saint-Étienne,
21-24 novembre 2008

2009

« VIA@Meuble Paris », salon « Meuble
Paris », 22 janvier-26 janvier 2009
« Design libre à l'édition », galerie du VIA,
30 janvier-22 mars 2009
« Matières à cultiver », Besançon,
28 février-8 mars 2009
« Labels VIA 2009 », galerie du VIA,
1ᵉʳ avril-22 juin 2009
« Paris/Design en mutation », Espace
Fondation EDF, Paris, 17 avril-3 août 2009
« VIA@Milan 09 », Salon international
du meuble de Milan, 22 avril-27 avril 2009
« Cuisines en ébullition », Foire de Paris,
30 avril-10 mai 2009
« VIA/Les écoles », galerie du VIA,
7 juillet-23 août 2009
« Sylvain Dubuisson. Ôte-toi de mon
soleil », galerie du VIA, 4 septembre-
13 décembre 2009

Bibliographie sélective
Selective Bibliography

I. Archives VIA

1. Comités VIA, bilans d'activités, synthèses des congrès UNIFA (Union nationale des industries françaises de l'ameublement)

1979- 1990 : tapuscrits de réunions des Comités VIA organisées au siège de l'UNIFA (28 bis, av. Daumesnil, Paris) :
16 novembre 1979, 28 novembre 1979, 21 décembre 1979, 5 septembre 1980, 26 septembre 1980, 17 octobre 1980, 19 décembre 1980, 20 février 1981, 19 mars 1981, 17 septembre 1981, 29 janvier 1982, 25 février 1982, 19 mars 1982, 23 avril 1982, 18 juin 1982, 10 septembre 1982, 21 octobre 1982, 26 novembre 1982, 17 décembre 1982, 18 février 1983, 18 mars 1983, 22 avril 1983, 17 juin 1983, 23 septembre 1983, 21 octobre 1983, 18 novembre 1983, 17 février 1984, 23 mars 1984, 20 avril 1984, 18 mai 1984, 20 mai 1984, 22 juin 1984, 14 septembre 1984, 19 octobre 1984, 7 novembre 1984, 21 décembre 1984, 28 février 1985, 21 février 1986, 23 mars 1986, 18 avril 1986, 23 mai 1986, 27 juin 1986, 26 septembre 1986, 17 octobre 1986, 21 novembre 1986, 19 décembre 1986, 27 janvier 1987, 30 avril 1987, 26 juin 1987, 22 octobre 1987, 18 décembre 1987, 21 avril 1988, 23 juin 1988, 13 octobre 1988, 16 février 1989, 27 avril 1989, 15 juin 1989, 28 septembre 1989, 16 novembre 1989, 6 février 1990, 29 mars 1990, 27 septembre 1990

1991-2008 : bilans d'activité annuels du VIA
Recueils, documents d'information de l'UNIFA

2. Argus de la presse

1979
Hayot, Monelle, « Le meuble en France : après le creux de la vague » (enquête d'Odette-Hélène Gasnier), L'Œil, n° 285, avril 1979

1980
Gorse, Solange, « Un espoir pour le mobilier français : VIA », Le Journal de la maison, n° 134, février 1980

1981
Dalem, Didier, « Meubles : la création française renaît de ses cendres », L'Usine nouvelle, n° 16, 16 avril 1981
Rodes, Toby E., « Elfte Internationale Mobelmesse Paris. Onzième foire internationale du meuble de Paris », MD Moebel Interior Design, n° 4, 1981
Samuel, Éva, « VIA, place Sainte-Opportune », Revue de l'ameublement, 1981

1982
Boman, M., « Paris: History and Avant-garde », Form, vol. 78, n° 611, 1982
Fillion, Odile, « L'aventure du VIA », Architecture intérieure - CREE, n° 187, avril-mai 1982
Le Floc'h, Marie-Claude, « Parole à VIA », Le Courrier des métiers d'art, mars 1982
Regairaz, Anick, « Kit à VIA », Revue de l'ameublement, janvier 1982

1983
Hayot, Monelle, « Meubles et luminaires 1983 », L'Œil, n° 332, mars 1983

1984
Parinaud, André, « Le Label VIA par Jean-Claude Maugirard », La Galerie des arts, janvier-février 1985
« Nouveaux meubles pour l'habitation et le bureau », Techniques et architecture, n° 352, février-mars 1984
« Création en marche VIA », Luminaires, n° 78, juin 1984

1985
Boissière, Olivier, « La modification : design et mobilier français », City, n° 16, octobre 1985
Fitoussi, Brigitte, « Starck par lui-même », interview de Philippe Starck, Architecture d'aujourd'hui, n° 237, février 1985
Pasca, Vanni, « À nous le design », Casa vogue, avril 1985

1986
Boissière, Olivier, « Spéculations mobilières », City, n° 26, octobre 1986
Colin, Christine, « Design, création, industrie », Intramuros international design magazine, janvier 1986
Gizard, Éric, « L'année de tous les designs », City, n° 20, mars 1986
Hamaide, Chantal, « Jean-Michel Wilmotte, un état d'esprit », Intramuros international design magazine, n° 10, juillet-août 1986
Regairaz, Anick, « Salone Internazionale del mobile », Revue de l'ameublement, novembre 1986
« VIA en banque », Luminaires, n° 86, juin 1986
« Design 89 : la synthèse », Connaissance des arts, novembre 1986

1987
Gardner, Carl, « L'État, c'est design ? », Design, n° 463, juillet 1987
Milleret, Marie-Édith, « Designer's Saturday : une journée particulière », Bureaux de France, n° 204, juillet-août 1987
Reverchon, Antoine, « J.-C. Maugirard - VIA », BàT – Bon à Tirer, n° 100, décembre 1987-janvier 1988
« Place à la jeune création », Techniques et Architecture, n° 373, août-septembre 1987
« Design », L'Architecture d'aujourd'hui, n° 253, octobre 1987

1988
Colin, Christine, « Atelier mobilier de l'ENSAD », Intramuros international design magazine, n° 16, janvier-février 1988
Contal, Marie-Hélène, Burkhardt, François et Michel, Florence, « Berliner design », Architecture intérieure - CREE, n° 255, août-septembre 1988, p. 146-151
Loyer, Béatrice, « Création, innovation : une connivence », Techniques et architecture, n° 376, février-mars 1988
« Paris 88. Salon international du meuble », Tools, vol. 4, n° 2, mars 1988, p. 8-13

1989
Forestier, Nadège, « VIA : fer de lance de la création contemporaine », Le Figaro, 25-26 février 1989
Hamaide, Chantal, « Salon du meuble de Milan. Vers un design essentiel », Intramuros international design magazine, n° 27, novembre-décembre 1989
Regairaz, Anick, « VIA chez Seibu à Tokyo », Le Courrier du meuble et de l'habitat, n° 1417, 13 octobre 1989

1990
Alessandrini, Marjorie, « l'État des meubles », Le Nouvel Observateur, 26 avril 1990
Benaïm, Laurence, « Les vertus de l'ameublement : les dix ans du VIA au musée des Arts décoratifs et aux Galeries Lafayette », Le Monde, 26 mai 1990
Colin, Christine, « Des années 80 aux années 90 : de l'hybridation à la codification, de la dispersion à la diversification », Architecture intérieure - CREE, n° 234, février 1990
Colin, Christine, « Quel scénario pour le meuble européen ? Interview de Rodrigo Rodriguez, président de l'Union européenne de l'ameublement », Architecture intérieure - CREE, n° 234, février 1990
Detaille, Pierre, « Best of VIA », City, n° 60, mai 1990
Fillion, Odile et Maugirard, Jean-Claude, « Arrêtons de pleurer sur le meuble français », Le Moniteur des travaux publics et du bâtiment, n° 4509, 27 avril 1990
Hamaide, Chantal, « Le VIA exporte les éditeurs français », Intramuros international design magazine, n° 32-33, novembre- décembre 1990
Kunang, Helmi F., « A decade in retrospective », Art Aurea, n° 3, 1990
Loyer, Béatrice, « Le VIA fête ses dix ans », Techniques et architecture, n° 390, juin-juillet 1990
Regairaz, Anick, « Les années VIA au musée des Arts décoratifs », Le Courrier du meuble et de l'habitat, 23 février 1990
Tasma-Anargyros, Sophie, « J.-C. Maugirard : du design de création comme jeu des formes au design comme enjeu d'une nouvelle économie », Intramuros international design magazine, n° 28, janvier-février 1990
« Les années VIA. Ses dix ans fêtés au musée des Arts décoratifs », L'Architecture d'aujourd'hui, n° 268, avril 1990

1991
Benaïm, Laurence, « Dilemme fin de siècle : le VIA et la galerie Gastou-Haguel défendent un marché d'avant-garde divisé désormais entre clients et collectionneurs », Le Monde, 26 janvier 1991
Tasma-Anargyros, Sophie, « Marc Berthier au VIA. Dix ans de création », Intramuros international design magazine, n° 35, mars-avril 1991
Tasma-Anargyros, Sophie et Newson, Marc, « Marc Newson, des objets virtuoses », Intramuros international design magazine, n° 36, mai-juin 1991
« De l'architecture au design : un enseignement en mutation », Architecture intérieure - CREE, n° 244, août-septembre 1991
« "Je suis un designer italien" - Philippe Starck », Mobilis Agencement, n° 14, septembre 1991

1992
Duhalde, Bénédicte, « La création française à l'étranger, les institutions : une politique fédératrice ; les fabricants : des initiatives indépendants », Intramuros international design magazine, n°s 40-43, janvier-février 1992
Duhalde, Bénédicte, « Collection tropicale, une mission de reconnaissance », Intramuros international design magazine, n° 44, septembre-octobre 1992
Lemoine, Sophie, « La déco selon Castelbajac : le créateur expose au VIA ses nouvelles collections non pas de mode mais de lampes, de tapis et de poteries », Le Figaro, 9 octobre 1992
« Le VIA présente sa récolte », Le Courrier du meuble, 6 février 1992
« Visions littéraires », BàT – Bon à Tirer, n° 145, septembre 1992

1994

« Le VIA prend un nouvel élan », *Intramuros international design magazine*, n° 56, décembre 1994-janvier 1995

1995

« Christophe Pillet, créateur de l'année », *Intramuros international design magazine*, n° 56, décembre 1994-janvier 1995
« Recentrage au VIA », *Design Chronique*, n° 36, mars-avril 1995

1996

Duhalde, Bénédicte et Bullivant, Lucy, « Design de mobilier, une nouvelle génération », *Intramuros international design magazine*, n° 63, février-mars 1996
Duhalde, Bénédicte, « Thibault Desombre, une réussite constante », *Intramuros international design magazine*, n° 67, octobre-novembre 1996
« Salon : Paris », *Intramuros international design magazine*, n° 63, février-mars 1996

1997

Duhalde, Bénédicte, « Quelle place pour la création française », *Intramuros international design magazine*, n° 70, 1997
Fitoussi, Brigitte, « Matali Crasset, rites domestiques », *Architecture d'aujourd'hui*, avril 1997
Lavabre, Sylvie, « Les matières plastiques font antichambre », *Caoutchoucs et plastique*, avril 1997
Moreau, Cédric, « Thibault Desombre : "Je suis un bébé du VIA" », *Revue de l'ameublement*, novembre 1997
« La maison du XXIe siècle », *Le Figaro/Aurore*, 9 janvier 1997
« VIA : Homo domus. Variations sur le confort de l'homme », *Revue de l'ameublement*, avril 1997

1998

Byars, Mel, « What Ever Happened to French Design », *Graphis*, n° 315, mai-juin 1998
Colonna-Césari, Annick, « Les enfants de Boulle », *L'Express*, supplément du 11-17 juin 1998
Lasnier, Jean-François, « L'Actualité vue par Gérard Laizé », *Le Journal des arts*, 19 juin 1998
« Émergences et croisements, un foisonnement à la française », *Architecture intérieure - CREE*, n° 281, février-mars 1998
« VIA les écoles », *Le Courrier du meuble et de l'habitat*, 1er juillet 1998

1999

Lemoine, Sophie et Roignant, Christelle, « Salon du meuble de Paris. La maison se met en scène », *Le Figaro/Aurore*, 14 janvier 1999
« Ça bouge dans le meuble », *Maison française*, février 1999

2000

Billaud, Jean-Pascal, « Design, génération fraîcheur », *Marie-Claire Maison*, avril 2000

Doze, Pierre, « Prototypistes », *Intramuros international design magazine*, avril-mai 2000
Fèvre, Anne-Marie et Rivoire, Annick, « Assis sur du virtuel », *Libération*, 25 mars 2000
Trétiack, Philippe, « Azambourg, spécial made in France », *Intramuros international design magazine*, n° 88, avril-mai 2000
Vacher, Gaëlle, « Portrait de quatre créateurs qui montent », *Fashion Daily News*, 8 juin 2000
Wuilmot, Éric, « Christian Biecher. Cuillère et gratte-ciel », *Architecture à vivre*, septembre-octobre 2000

2001

Alessandrini, Marjorie, « L'empire des objets », *Le Nouvel Observateur*, 4-10 octobre 2001
Lemoine, Sophie, « La galère des jeunes créateurs », *Le Figaro*, février 2001

2002

Fèvre, Anne-Marie, « Paris bien en lignes », *Libération*, 12-13 janvier 2002
Monza, Florence de, « La percée du design », *Le Journal du dimanche*, mai 2002
Reybaud, Fabienne, « L'ère translucide », *Le Figaro*, 8 novembre 2002

2003

Brasseur, Béatrice et Vignal, Marion, « La French Touch à la cote », *L'Express*, supplément *L'Expressmag*, 9-15 janvier 2003
Dougin, Yves, « Les industriels préparent la cuisine de demain », *L'Usine nouvelle*, n° 2874, 5-11 juin 2003
Doze, Pierre, « Starck président », *Intramuros international design magazine*, février-mars 2003
Michel, Florence, « Dépasser les standards », *Intramuros international design magazine*, juin-juillet 2003
Vignal, Marion et Prothery, Louise, « Mode-design : l'union sacrée », *L'Express*, supplément *L'Expressmag*, 29 janvier-4 février 2003

2004

Abet, Catherine, « Le duo gagnant du design », *Fashion Daily News*, 17 décembre 2004
Donnedieu de Vabres, Renaud, « Un musée du design n'est peut-être pas approprié », *Le Figaro*, 22 octobre 2004
« Meubles polymorphes », *Stratégies*, supplément du 2 septembre 2004
« VIA > production », *Azimuts*, n° hors-série spécial Biennale Internationale de Saint-Étienne, 2004

2005

Hamaide, Chantal, « Le VIA, une exception française », *Intramuros international design magazine*, juin 2005
Marie-Douce, Albert, « Les Docks de Paris entament leur nouvelle vie », *Le Figaro*, 23 août 2005
Séron-Pierre, Catherine, « Design, les Français au Salon du meuble de Milan », *Moniteur architecture AMC*, mai 2005, n° 152

2006

Albertazzi, Liliana, « État des lieux des aides institutionnelles », *Intramuros international design magazine*, janvier-février 2006
Cauhapé, Véronique, « Le mobilier de la génération vautrée », *Le Monde*, 3 janvier 2006
Fayolle, Claire, « Mathieu Lehanneur. Design exploratoire », *Beaux-Arts Magazine*, février 2006
« Le XXIe siècle », entretien avec Gérard Laizé, Jean Nouvel, Chantal Hamaide et Alexandra d'Arnoux, *L'Express*, 26 janvier-1er février 2006
« Le design accro à la techno », *À nous Paris*, 27 février-5 mars 2006

2007

Fèvre, Anne-Marie, « Les scénarios de Massaud », *Libération*, 19 janvier 2007
Salanne, François, « VIA : une année bien remplie et de nombreux projets », *Le Courrier du meuble et de l'habitat*, n° 2246, 14 septembre 2007
Siliec, Yann, « Carte blanche Inga Sempé, géant de papier », *Intramuros international design magazine*, septembre-octobre 2007
Leboulanger, Clémence, « Mathieu Lehanneur, le plein d'oxygène », *Ideat*, décembre 2007- janvier 2008

2008

Daumas, Cécile, « Un pavé dans le design », *Libération*, supplément *Next*, 6 septembre 2008
Corradi, Mara, « Il sostegno francese ai giovani designer », *IO architetto*, avril 2008
Fèvre, Anne-Marie et Daumas, Cécile, « Quatre pistes pour le design de demain », *Libération*, supplément *Next*, 9 février 2008
Langrand, Charlotte, « Le triomphe du beau et du naturel », *Le Journal du dimanche*, 9 mars 2008
Roulet, Sophie, « Prisunic aux soleils d'aluminium fleuris », *Architecture intérieure*, juin-août 2008

2009

Briard, Clotilde, « L'intérieur de demain, un terrain de jeu à personnaliser », *Les Échos*, 26 janvier 2009
Cocco, Alexandre, « Sensoriel et immatériel : le design atmosphérique de Philippe Rahm », *D'architectures*, mars 2009
Duhalde, Bénédicte, « La fibre Azambourg », *Intramuros international design magazine*, n° 141, mars-avril 2009
Langrand, Charlotte, « Le meuble change d'air », *Le Journal du dimanche*, 11 janvier 2009
Michot, Alexandra, « Quelle cuisine pour demain ? », *Le Figaro et vous*, 4 mai 2009
Siliec, Yann, « Philippe Nigro. Propriétés universelles », *Intramuros international design magazine*, n° 144 septembre-octobre 2009

À consulter :
les archives du *Courrier du meuble*, qui a couvert toute l'actualité du VIA depuis son origine.

3. Archives audiovisuelles

Le Home cinéma, « Intérieurs », n° 6 ; réal. : Ronan Sinquin ; prod. : TV Only, 2004, 12'03''
Les Cuisines : pièces à vivre, « Intérieurs », n° 9 ; réal. : Ronan Sinquin ; prod. : TV Only, 2004, 12'35''
L'Appartement par Frédéric Ruyant au Salon du meuble de Paris, « Intérieurs », n° 10 ; réal. : Ronan Sinquin ; prod. : TV Only, 2004, 12'15''
Tout ranger, « Intérieurs », n° 11 ; réal. : Ronan Sinquin ; prod. : TV Only, 2004, 12'41''
Les Créateurs de demain au Salon du meuble, « Intérieurs », n° 12 ; réal. : Ronan Sinquin ; prod. : TV Only, 2004, 12'51''
TV, « Intérieurs », n° 26 ; réal. : Ronan Sinquin ; prod. : TV Only, 2004, 12'00''
Le Bois, « Intérieurs », n° 27 ; réal. : Ronan Sinquin ; prod. : TV Only, 2004, 12'23''
Les Lumières, « Intérieurs », n° 33 ; réal. : Ronan Sinquin ; prod. : TV Only, 2005, 12'07''
Les Nouvelles Façons de s'asseoir, « Intérieurs », n° 40 ; réal. : Ronan Sinquin ; prod. : TV Only, 2005, 12'45''
Nouvelles Façons de recevoir, « Intérieurs », n° 42 ; réal. : Ronan Sinquin ; prod. : TV Only, 2005, 10'00''
Un objet, une histoire : le lustre, « Intérieurs », n° 51 ; réal. : Ronan Sinquin ; prod. : TV Only, 2005, 12'19''
Travailler à la maison, « Intérieurs », n° 59 ; réal. : Ronan Sinquin ; prod. : TV Only, 2005, 12'27''
Osez le design, « Intérieurs », n° 36 ; réal. : Ronan Sinquin ; prod. : TV Only, 2005, 12'57''
Le Classique revisité, « Intérieurs », n° 71 ; réal. : Ronan Sinquin ; prod. : TV Only, 2006, 12'00''
Optimiser l'espace, « Intérieurs », n° 73 ; réal. : Ronan Sinquin ; prod. : TV Only, 2006, 10'00''
Le Style français en Chine, « Intérieurs », n° 82 ; réal. : Ronan Sinquin ; prod. : TV Only, 2006, 10'14''
Design pour enfants, « Intérieurs », n° 110 ; réal. : Ronan Sinquin ; prod. : TV Only, 2007, 10'00''
Déco coquine, « Intérieurs », n° 97 ; réal. : Ronan Sinquin ; prod. : TV Only, 2007, 10'30''
Mode et décoration, « Intérieurs », n° 44 ; réal. : Ronan Sinquin ; prod. : TV Only, 2007, 10'00''
Matières de demain, « Intérieurs », n° 602 ; réal. : Thomas Rouard ; prod. : TV Only, 2008, 10'00''
Le Design des années 1970, « Intérieurs », n° 604 ; prod. : TV Only, 2008, 10'00''
La Hifi, « Watcha », n° 1 ; réal. : Benjamin Guillaume ; prod. : TV Only, 2008, 7'53''
Dossier : les bibliothèques, « Intérieurs », n° 129 ; réal. : Cécile Nicouleaud ; prod. : TV Only, 2008, 10'00''
Le Bureau de demain, « Intérieurs », n° 614 ; réal. : Thomas Rouard ; prod. : TV Only, 2009, 10'00''
Dossier : le dressing, « Intérieurs », n° 613 ; réal. : Thomas Rouard ; prod. : TV Only, 2009, 10'00''

4. Travaux universitaires

Guillon, Julia, *L'Exposition des 30 ans du VIA au Mnam-CCI : le design du cadre de vie face à l'institution culturelle*, mémoire de l'École du Louvre (Master 2), juillet 2009, sous la direction de Bernadette Dufrêne

II. Archives Mnam-CCI

1. Archives des directeurs du CCI

Archives de François Mathey et de François Barré
Dossier 1977001/005 : études, 1968-1976
Dossier 1977001/010 : correspondance avec les associations, instituts, collectivités locales et industriels, 1969-1976
Dossier 1977001/011 : Conseil supérieur de la création esthétique industrielle, 1970-1975

Archives de Jacques Mullender
Dossier 1977001/016 : organisation et structure du CCI, 1970-1981
Dossier 1977001/020 : recherche, 1977-1981
Dossier 1977001/049 : relations avec les organismes professionnels et culturels, 1969-1983 : design
Dossier 1977001/052 : la SAD (Société des artistes décorateurs)
Dossier 1977001/052 : l'UFDI (Union françaises des designers industriels)
Dossier 1977001/057 : pédagogie et formation, 1977-1982

2. Boîte d'archives « VIA », bibliothèque Kandinsky

Bulletin de l'Union française des designers industriels, n° 5, 1980
Porte H, lettre d'information illustrée des membres de la SAD, n° 10, février 1980
Colin, Christine, « Atelier mobilier de l'ENSAD », *Intramuros international design magazine*, n° 16, janvier-février 1988
Dalem, Didier, « La création française renaît de ses cendres », *L'Usine nouvelle*, n° 16, 16 avril 1981
Lemoine, Sophie, « Le VIA, imprésario de la création française », *Le Figaro*, 12 juin 1990
Michel, Florence, « Le VIA, le bilan d'une décennie : entretien avec J.-C. Maugirard », *Architecture intérieure - CREE*, février 1990
Pinault, Caroline et Beaumont, Thierry de, « Ils voient le VIA en rose », *L'Atelier*, n° 2, avril-juin 1990, Bibliothèque Kandinsky, Centre Pompidou, Paris
Alessandrini, Marjorie, « L'état des meubles : catalyseur d'un renouveau de la création française, le VIA fête au musée des Arts décoratifs son dixième anniversaire », *Le Nouvel Observateur*, 26 avril-2 mai 1990
« Recentrage au VIA », *Design Chronique*, mars-avril 1995

VIA. Les imagiers associés, Paris, Les Industries françaises de l'ameublement (IFA), 2002

III. Publications *VIA presse, VIA informations* et autres publications VIA

1980
VIA presse, juin 1980
VIA presse, juillet 1980

1981
VIA presse, janvier 1981

1982
VIA presse dernières, 23 mars 1982
VIA presse, septembre 1982

1983
VIA presse, Bilan d'activité, septembre 1981-septembre 1982, 1983
VIA presse, janvier 1983
VIA presse, mai 1983
VIA presse, septembre 1983
Amic, Yolande, *Le Mobilier français, 1945-1964*, Paris, Les Éditions du Regard/VIA, 1983
Anargyros, Sophie, « Intérieurs. Le mobilier français 1980... », Paris, Les Éditions du Regard, 1983
Bures, Gilles de, *Le Mobilier français, 1965-1979*, Paris, Les Éditions du Regard/VIA, 1983

1984
VIA presse, janvier 1984
VIA presse, juin 1984
VIA presse, septembre 1984
Labels VIA : collections, Paris : impr. Marchand, 1984
Recréation. Styles et techniques du passé pour créer aujourd'hui, Paris, VIA, 1984

1985
VIA presse, août 1985

1986
VIA presse, mars 1986
VIA presse, n° spécial « Habiter 86 », 1986
VIA presse, 1986
VIA Paris-France, carnet de cartes « produits » des Labels VIA [conception graphique : Grapus ; imprimeur Marchand], 1986
Barré-Despond, Arlette, *Union des artistes modernes*, Paris, Les Éditions du Regard/VIA, 1986
Vellay, Marc, *Pierre Chareau : architecte, meublier. 1883-1950*, Paris, Les Éditions Rivages/VIA, 1986

1987
VIA presse, janvier 1987
VIA presse, septembre 1987
Coll-Part, cat. expo. Galerie VIA ; Paris, VIA, 1987
Martin Szekely : meubles édités 1983-1987, cat. expo. Galerie Neotu ; Paris, Éditions Neotu/VIA, 1987

1988
VIA informations, n° 1
VIA informations, n° 2
VIA informations, n° 3
Jean-Philippe Gleizes, cat. expo. galerie du VIA, Paris, VIA, 1988

1989
VIA informations, n° 4
VIA informations, n° 5
VIA informations, n° 6
VIA informations, n° 7
VIA informations, n° 8, numéro spécial : « La création dans les stratégies de développement des entreprises »
Un café avec..., cat. expo., Paris, VIA, 1989
Patchwork (Garouste et Bonetti), cat. expo., Paris, VIA, 1989

1990
VIA informations, n° 10
VIA informations, n° 11
VIA informations, n° 12
VIA informations, n° 13
Les Années VIA. 1980-1990, cat. expo., musée des Arts décoratifs, Paris ; Paris, Union centrale des arts décoratifs, 1990

1991
VIA presse, numéro spécial publié à l'occasion du déménagement du VIA pour Saint-Germain-des-Prés, 1991
VIA informations, n° 16
VIA informations, n° 19
VIA informations, numéro spécial pour l'exposition « Surexpositions », galerie du VIA ; Paris, VIA, 1991

1992
VIA informations, n° 21
VIA informations, numéro spécial pour l'exposition « Surexpositions » à Tokyo
Wagner-Vriz, Nicole (dir.), *Décoration de l'imaginaire*, cat. expo. « Abitare il tempo », 15- 19 octobre 1992, Vérone ; Paris, VIA/Michel Aveline, 1992

1993
Maugirard, Jean-Claude (dir.), *Les Villages*, Paris, VIA diffusion, 1993 ; en collaboration avec Christine Colin
Carte blanche, Christophe Pillet, Paris, VIA, 1993
Two Man Show: Christian Ghion et Patrick Nadeau, cat. expo., Paris, VIA, 1993
Mass Production. Bruno Borrione, cat. expo., Paris, VIA, 1993
Meubles à mouvements. Jean-Michel Wilmotte, cat. expo., Paris, VIA, 1993
Meubles de collectionneurs. Nestor Perkal, Paris, VIA, 1993
Hommage à Alvar Aalto. Cherif, cat expo., Paris, VIA, 1993

1994
Appels permanents, Paris, VIA, 1994
Carte blanche, Paris, VIA, 1994
Le Paris des créateurs, cat. expo. du VIA et du GEM au Salon du meuble de Paris, Paris, VIA Multimedia, 1994
Meubles d'en France, cat. expo., Paris, VIA/GEM, 1994 ; texte de Nicole Wagner-Vriz
Modernité et modestie, Paris, Mardaga/IFA, coll. « Les Villages », 1994

1995
Gazette du Salon du meuble de Paris, Paris, VIA, janvier 1995
Christian Astuguevieille. Strates, cat. expo., Paris, VIA ; texte de Sophie Tasma-Anargyros
Commodes comme mode, cat. expo., Paris, VIA, 1995 ; textes de Nicole Wagner-Vriz
Pascal Bauer et Philippe Daney, cat. expo., Paris, VIA, 1995
Pierre Casenove, cat. expo., Paris, VIA, 1995
New Faces of French Design in Hong Kong, cat. expo., Hong Kong, Seibu Department Store/VIA, 1995
Appels permanents. Cartes blanches - 1995, Paris, VIA, 1995
Autentik, Paris, Mardaga/IFA, coll. « Les Villages », 1995

1996
Laizé, Gérard (dir.), *La Maison des cinq sens*, brochure de l'exposition présentée au Salon du meuble, Paris, VIA, 1996
W at hôm, Paris, VIA/Matali Crasset, 1996 ; brochure de la Carte blanche de Matali Crasset
Sylvain Joly, cat. expo., Paris, VIA, 1996
Thibault Desombre, cat. expo., Paris, VIA, 1996
Fonction et fiction, coll. « Les Villages », Paris, Mardaga/IFA, 1996

1997
Laizé, Gérard (dir.), *Homo domus. Variations sur le confort de l'homme*, Paris, VIA, 1997 ; brochure de l'exposition du VIA au Salon du meuble
Laizé, Gérard (dir.), *Les Quinze Prix des créateurs de l'année*, Paris, VIA, 1997
Chafik, cat. expo., Paris, VIA, 1997
Bois du Limousin, Paris, VIA, 1997
Objets-types et archétypes, Paris, IFA, coll. « Les Villages », 1997

1998
Laizé, Gérard (dir.), *: 00. Et si on remettait les compteurs à zéro ? Hypothèses pour des futurs probables*, Paris, VIA/Les Éditions de l'Imprimeur, 1998 ; en collaboration avec Frédéric Loeb et Sophie Tasma-Anargyros
Appels permanents 1998, Paris, VIA, 1998
Arts décoratifs, arts appliqués, métiers d'art, design. Terminologie et pataquès, Paris, IFA, coll. « Les Villages », 1998

1999
Laizé, Gérard (dir.), *Son, image et confort*, cat. expo., Paris, VIA, 1999 ; texte de Vesta Mauch-Lassalle
Laizé, Gérard (dir.), *Esprit d'en France, arts décoratifs et art de vivre. Ces valeurs qui fondent cet inimitable goût français*, Paris, IFA/Les Éditions de l'Imprimeur, 1999
Wagner-Vriz, Nicole, *Esprit d'en France, arts décoratifs et art de vivre. Ces innombrables histoires qui forment les styles*, Paris, IFA/Les Éditions de l'Imprimeur, 1999
Cartes blanches 1999, Paris, VIA, 1999
Confort et inconfort, Paris, IFA, coll. « Les Villages », 1999

2000

Appels permanents VIA 2000, Paris,
VIA, 2000
*Christian Biecher. Intérieur
supermoderne. Carte blanche*, Paris,
VIA, 2000 ; texte de Pierre Doze
Design et utopies, Paris, IFA,
coll. « Les Villages », 2000
L-Design. Composite. Carte blanche, Paris,
VIA, 2000 ; texte de Claire Fayolle

2001

Colin, Christine, *Design & gammes*, Paris,
IFA, diff. Hazan et Medifa, 2001
Matières en lumières. Appels permanents,
Paris, VIA, 2001 ; texte de Brice d'Antras
Radi Designers. Carte blanche VIA 2001,
Paris, VIA, 2001 ; texte de Claire Fayolle
Regards intimes, cat. expo. « Pascal
Mourgue », Paris, VIA, 2001

2002

Colin, Christine, *Design et étalages*, Paris,
IFA, diff. Le Seuil et Medifa, 2002
*Appels spécifiques et Aides à projet VIA
2002*, Paris, VIA, 2002 ; textes de Gérard
Laizé, Michel Bouisson et Frédéric Hubin
Stéphane Bureaux. VIA. Carte blanche 2002,
Paris, VIA, 2002 ; texte de Brice d'Antras
François Bauchet. Carte blanche, Paris,
Éditions Grégoire Gardette, 2002
*Le Design de la légèreté. Elium studio :
Marc Bertier, Frédéric Lintz, Élise Bertier,
Pierre Garner*, Paris, VIA, 2002
*VIA : Valorisation de l'innovation dans
l'ameublement. Valorization of Innovation
in Furnishing*, Paris, IFA, 2002
Mobi-découverte : les enfants designers,
cat. expo., Paris, VIA/CNDP, 2002

2003

*Les Aides à la création. Nous sommes faits
pour habiter...*, Paris, VIA, 2003 ; textes
de Gérard Laizé, Michel Bouisson,
Anna Bernagozzi, Christine Colin
Design et communication, Paris, IFA, diff.
Le Seuil et Medifa, 2003
Les Labels VIA 2003, cat. expo., Paris, VIA/
IFA, Paris, 2003

2004

Colin, Christine (dir.), *Design et prix*,
Paris, IFA, diff. Le Seuil et Medifa, 2004
Colin, Christine (dir.), *Design et Sic.
Stocker, inventorier, classer*, Paris, IFA/
Medifa, 2004
Les Aides à la création, Paris, VIA, 2004 ;
textes de Lionel Blaisse, Sylvie Tosolini
et Frédéric Hubin
*Design et sièges de collection. Le Fonds
national d'art contemporain au Salon du
meuble de Paris*, Paris, IFA/Medifa, 2004

2005

Bellanger, François et Laizé, Gérard,
Confort(s), la génération vautrée, Paris,
VIA, 2005
Les Aides à la création, Paris, VIA, 2005 ;
textes de Philippe Louguet, Pierre-
Emmanuel Nyeborg

2006

Laizé, Gérard et Loeb, Frédéric,
*Domovision 2005-2010. Les courants
d'évolution du cadre de vie et leur mode*

d'emploi, Paris, VIA, 2006
Les Aides à la création, Paris, VIA, 2006 ;
textes d'Alexandra Midal et Pascal
Rousseau, avec la collaboration
de Marie-Virginie Berbet, Geoffroy
Gazeau, Pierre-Emmanuel Nyeborg
Design et imitation, Paris, IFA, 2006

2007

Les Aides à la création, Paris, VIA, 2007 ;
textes de Philippe Louguet et de Thierry
de Beaumont
Design et designers français, Paris, VIA/
IFA, 2007
Laizé, Gérard et Loeb, Frédéric,
*Domovision 2007-2012. Les courants
d'évolution du cadre de vie et leur mode
d'emploi*, Paris, VIA, 2007

2008

Bony, Anne, *Prisunic et le design*, Paris,
Éditions Alternatives, 2008
Laizé, Gérard et Loeb, Frédéric,
*Domovision 2008-2013. Les courants
d'évolution du cadre de vie et leur mode
d'emploi*, Paris, VIA, 2008
Les Aides à la création, Paris, VIA, 2008 ;
textes de Jean-Paul Robert, Annie Gentès
et Marie-Catherine Dolhun
*Intramuros international design
magazine*, n° spécial *Paris/Design en
mutation*, décembre 2008 ; sous la
direction de Michel Bouisson

2009

Laizé, Gérard et Loeb, Frédéric,
*Domovision 2009-2014. Les courants
d'évolution du cadre de vie et leur mode
d'emploi*, Paris, VIA, 2009
Les Aides à la création, Paris, VIA, 2009 ;
textes de Jean-Paul Robert, Annie Gentès
et Marie-Catherine Dolhun

IV. Publications Mnam-CCI

Qu'est-ce que le design ?, cat. expo., Paris,
CCI/musée des Arts décoratif, 1969
Matériau, technologie, forme, cat. expo.,
Paris, CCI/musée des Arts décoratifs, 1974
Architectures d'ingénieurs, XIXe-XXe siècles,
cat. expo., Paris, CCI-Centre Georges
Pompidou, 1978
Créer un produit, Paris, CCI éditions, 1983
Mobilier national. Vingt ans de création,
Paris, CCI-Centre Georges Pompidou,
1984
Lumière je pense à vous, Paris, CCI-Centre
Georges Pompidou/Éditions Hermé, 1985
Burkhardt, François, *Nouvelles
Tendances : les avant-gardes de la fin du
XXe siècle*, Paris, CCI-Centre Georges
Pompidou, 1987
*Design français 1960-1990 : trois
décennies*, Paris, APCI/CNAC/CCI-Centre
Georges Pompidou, 1988
Jousset, Marie-Laure (dir.), *La Donation
Kartell, un environnement plastique,
1949-1999*, cat. expo., Paris, Centre
Pompidou, 2000 ; textes d'Élisabeth
Vedrenne et de Valérie Guillaume
Dufresne, Bernadette (dir.), *Centre*

Pompidou, trente ans d'histoire, Paris,
Centre Pompidou, 2007

V. Essais et focus : sélection bibliographique

1. Essais

**Du mode d'existence des prototypes
(Valérie Guillaume)**

Billings, Scott, « Prototyping Stamp;
Modelling », *Design Week*, vol. 23, n° 15,
avril 2008, p. 4-5
Doze, Pierre, « Protoypistes », *Intramuros
international design magazine*, n° 88,
avril-mai 2000, p. 50-53
During, Elie, « Du projet au prototype
(ou comment éviter d'en faire une
œuvre ?) », *Panorama 3, Salon du
prototype*, Le Fresnoy, Studio national des
arts contemporains, 15 juin-6 juillet 2002,
p. 16-28
Eloueini, Ammar, « Du virtuel au
prototype », *Techniques et architecture*,
n° 450, octobre-novembre 2000, p. 45-47
Feirer, Mark, « Prototypes in industrial
design: Once a design goes digital, all sorts
of things are possible », *The Technology
Teacher*, vol. 61, n° 5, 2002, p. 24
Hartman, Hattie, « A 1:1 prototype is an
enactment of a thought », *Architects'
Journal*, vol. 225, n° 22, juin 2007, p. 40-41
Hummels, Caroline, « Gestural design
tools, prototypes experiments and
scenarios », thèse de doctorat, TU Delft,
Pays-Bas, 2000
Kanki, Hirokuni, « The world of 2.5
dimensions: what 3D visualisation brings
us », *Axis*, août 2008, n° 134, p. 112-115
Keller, Ianus ; Sleeswijk Visser, Froukje ;
Lugt, Remko van der ; Stappers, Pieter
Jan ; Mastenbroek, Bjarne ; Snitker,
Michaël ; Katik, Elif et Gameren, Dick van,
Prototype > experiment, Amsterdam,
O10 Publishers, 2001
Moon, Karen, *Modeling Message:
The architect and the model*, New York,
The Monacelli Press, 2005
Quinn, Anthony, « Produce », *Blueprint*,
n° 249, décembre 2006, p. 83-87
Parkes, Brian, « The slow prototype »,
Object, août 2008, n° 56, p. 18-23
« Collecting with cabinet: or how
designers organise visual material,
researched through an experiential
prototype », *Design Studies*, vol. 30,
n° 1, janvier 2009, p. 69-86
Tommasini, Maria Cristina,
« Salone 2008 », *Domus* n° 915, juin 2008,
p. 52-55

**Recherche et création : nouveaux
paradigmes (Michel Bouisson)**

De Bure, Gilles, *Le Design fait école*,
Paris, Gallimard, coll. « Découvertes
Gallimard », 2007
Thackara, John, *In the Bubble*,
Saint-Étienne, Éditions Cité du design
de Saint-Étienne, 2008
Les Langages de l'espace, Valenciennes,

Éditions École des beaux-arts/Ville
de Valenciennes, 2009

**VIA, une évolution stylistique
(Patrick Favardin)**

Habermas, Jürgen, *Morale et
communication. Conscience morale
et activité communicationnelle*, Paris,
Éditions du Cerf, 1996
Mc Guirk, Justin, « Design
atmosphérique », *Les Aides à la création
VIA 2009*, 2009

**Les questions du style
(Olivier Assouly)**

Char, René, *Fenêtres dormantes et portes
sur le toit, Œuvres complètes*, Paris,
Gallimard, Bibliothèque de la Pléiade,
1983, p. 607
Simmel, Georg, *Secret et sociétés secrètes*,
Paris, Circé, 2000, p. 56
Valéry, Paul, « Corot (1932) »,
Pièces sur l'art [1938], Paris, Gallimard,
Bibliothèque de la Pléiade, t. II, p. 1321
Valéry, Paul, *Sur la crise de l'intelligence*
[1925], Paris, Gallimard, Bibliothèque
de la Pléiade, t. I, p. 1044

**L'économie de l'immatériel
(Paul Morand)**

Assouly, Olivier, *Le Capitalisme
esthétique, essai sur l'industrialisation
du goût*, Paris, Éditions du Cerf, 2008
Baldwin, Richard, *Globalisation: The great
unbundling(s)*, Prime Minister's Office/
Economic Council of Finland, 2006
Baudrillard, Jean, *L'Échange symbolique
et la mort*, Paris, Gallimard, 1976
Boyer, Robert, *Théorie de la régulation*,
Paris, La Découverte, coll. « Repères »,
2000
Cox, George, *Cox Review of Creativity in
Business: Building in the UK's strengths*,
HM Revenue and Customs, 2005
Gorz, André, *L'Immatériel*, Paris, Galilée,
2003
« L'immatériel », *Mode de recherche*, n° 3,
février 2004 ; publication semestrielle
de l'Institut français de la mode
Levy, Maurice et Jouyet, Jean-Pierre,
*L'Économie de l'immatériel : la croissance
de demain*, Paris, La Documentation
française, 2004
Moulier-Boutang, Yann, *Le Capitalisme
cognitif. La nouvelle grande
transformation*, Paris, Éditions
Amsterdam, 2007
Morand, Pascal et Manceau, Delphine,
Pour une nouvelle vision de l'innovation,
Paris, La Documentation française, 2009
Morand, Pascal et Laizé, Gérard, « La Cité
de la mode et du design. La création
comme facteur de développement de
l'industrie française et de la valorisation
de l'image France », rapport rédigé
à la demande du ministère de l'Industrie,
novembre 2002
Remaury, Bruno, *Marques et récits*, Paris,
IFM/Éditions du Regard, 2004
Rifkin, Jeremy, *L'Âge de l'accès : la nouvelle
culture du capitalisme*, Paris,
La Découverte, 2005

2. Focus

Mode et Design : divergences et convergences (Silvia Franceschini)
Branzi, Andrea, *Nouvelles de la métropole froide. Design et seconde modernité*, Paris, Centre Pompidou, 1991
Chenoune, Farid, *Jean-Paul Gaultier*, Paris, Éditions Assouline, coll. « Mémoire de la mode », 1996
D'Amato, Gabriella, *Moda et Design. Stili e accessori del novecento*, Milan, Bruno Mondadori, 2007
Gleizes, Serge, « La Mode est-elle du design ? », *L'Atelier*, n° 1, janvier-février 1989, p. 37-40
Greff, Jean-Pierre, Rossignol, Claude, *Contribution à une culture de l'objet*, Strasbourg, École des arts décoratifs, 1996
Grumbach, Didier, *Histoire de la mode*, Paris, Éditions du Seuil, 1993
Sudjic, Deyan, *Rei Kawakubo and Comme des Garçons*, Londres, London Blueprint: Fourth Estate and Wordsearch, 1990
L'Architecte et la couturière, *VIA informations*, n° 1, 1988
Le Monde selon ses créateurs : Jean-Paul Gaultier, Romeo Gigli, Vivienne Westwood, Sybilla, Martin Margiela, Jean-Charles de Castelbajac, cat. expo., musée de la Mode et du Costume-Palais Galliera, Paris, Éditions Paris-Musées, 1991

L'appel de Milan (Odile Rousseau)
Lazzaroni, Laura (dir.), *35 Years of Design at Salone del Mobile 1961-1996*, Milan, Cosmit, 1996
Regairaz, Anick, « Milan 79 : peu d'innovations mais un bon niveau moyen et une compétitivité redoutable », *Le Courrier du meuble*, n° 948, 28 septembre 1979
Regairaz, Anick, « Milan 1984 », *Revue de l'ameublement*, n° 9, novembre 1984
Regairaz, Anick, « Milan 1984 (suite) », *Revue de l'ameublement*, n° 10, décembre 1984
Vendeuvre, Éliane de, « Design et pouvoirs publics, 1979-1985 », *Art Press*, hors-série n° 7, 1er trimestre 1987, p. 62-66
« Al Salone del mobile delineate le nuove tendenze francesi », *Il Mobile*, 30 janvier 1988
Vidal, Florence, « Le Management à l'italienne », Paris, Interéditions, 1990
Ronan et Erwan Bouroullec, Paris, Phaidon, 2003 ; textes d'Andrea Branzi, Rolf Fehlbaum, Issey Miyake et Giulio Cappellini

CCI/VIA : deux histoires parallèles ? (Anne-Marie Zucchelli)
Archives du Mnam-CCI
« Design : actualité fin de siècle », *Les Cahiers du CCI*, n° 2, Paris, CCI-Centre Georges Pompidou, 1986

VI. Sites Web

www.ameublement.com
www.arts-et-metiers.net
www.centrepompidou.fr
www.ctba.fr
www.innovathequectba.com
www.lesartsdecoratifs.fr
www.via.fr
www.cosmit.it

Célébration du trentenaire du VIA
The VIA Thirtieth Anniversary Celebration

Commissariat général
Gérard Laizé, *directeur général du VIA* Executive Director
Cédric Alban, *assistant de direction* Assistant to Executive Director

Responsable du projet
Patrice Juin, *chargé de mission auprès de la direction générale*
Executive Director Deputy

Comité de programmation
Michel Bouisson, Yves Gradelet, Patrice Juin, Gérard Laizé

Identité visuelle
Fabrice Petithuguenin Graphic Design
assisté de Marion Guillaume

Mission documentaire
Hélène Hilaire, *photographe free-lance, recherche iconographique*
Freelance Photographer, Iconographic Research
assistée de
Élodie Lecerf, *documentaliste* Head of Documentation
François Bazenant, Astrid Dieterlen, Julia Guillon,
Adrien Malguy et Mickaël Simenskis,
stagiaires Interns

Communication
Patrice Juin
Pauline Lacoste, *attachée de presse* Press Attachée
assistée d'Adrien Malguy, *stagiaire* Intern
Anne Félix, *MCS Communication, directrice* Managing Director
Emmanuelle Grange, *MCS Communication, attachée de presse*
Press Attachée

Aurélie Breuil, *responsable site internet VIA, assistante relations*
créateurs VIA Website Manager, Assistant to VIA Creation Assistance Program

Exposition
Exhibition

VIA

Commissaire Curator
Gérard Laizé, *directeur général du VIA* Executive Director

Scénographie Exhibition Design
Yves Gradelet, *architecte scénographe*
Jean-Marc Merlo-Meyer, *assistant scénographe*
Guillaume Lepesant, *infographie 3D, free-lance*

Coordination générale General Coordination
Patrice Juin, *chargé de mission auprès de la direction générale*
Yves Gradelet, *architecte scénographe*

Signalétique Signage
Fabrice Petithuguenin Graphic Design
Assisté de Marion Guillaume

Régie Registrar
Laurent Roussel, *régisseur*
Philip Beroske, *régisseur free-lance pour le VIA*

Entreprise générale
Antonio Martins, One Events

Mur miroir
Olivier Mondin, Miroir Espace

Coordination sécurité Security Coordination
Martin Jouët, DÖT

Réalisations audiovisuelles Audiovisual Productions

Chronique du VIA : 1979-2009
Réalisateur : Benjamin Guillaume
Recherche documentaire : Hélène Hilaire
Production : VIA/Centre pompidou

Centre Pompidou

Commissaire Curator
Valérie Guillaume

Attachée de conservation Curator's Assistant
Odile Rousseau
Silvia Franceschini et Kimberley Dutronc, *stagiaires*

Chargée de production Production
Ludivine Rousseaux

Architecte d'opération Architect
Laurence Le Bris

Régisseur des œuvres Registrar
Isabelle Hyvernat

Services architectures et design
Architecture and Design Departments
Frédéric Migayrou, *conservateur en chef, chef de service*
Anne-Marie Zucchelli, *documentaliste principale*
Danièle Janton, *attachée de collection*
Joëlle Lavoine, *assistante*

Délégation à l'action culturelle audiovisuelle
Anne Michèle-Ulrich, *directrice* Director

Département du développement culturel
Cultural Development Department
Roger Rotmann, *directeur adjoint*
William Chamay, *adjoint au chef de service*
Romain Lacroix, *chargé de programmation*

Bibliothèque Kandinsky
Didier Schulmann, *conservateur, chef de service*
Agnès Leroux de Bretagne, *responsable des collections de périodiques*
Christiane Projetti, *documentaliste*

Action éducative Educational Programs
Yves Clerget, *pédagogie ville, architecture, design*
Odile Fayet et Nadine Combet, *chefs de projet jeune public*

Service de la restauration Restoration Department
Jacques Hourrière, *chef de service, restaurateur*
Ingrid Novion, *adjointe au chef de service*

Ateliers et moyens techniques Workshops and Technical Units
Anne-Marie Spiroux, *régisseuse des espaces*

Atelier des œuvres électriques Electrical Workshop
Jonathan Faustin Girault
Rémi Navarro

Éclairagiste Lighting
Thierry Kouache

Menuiserie Carpentry
Philippe Delapierre, *responsable d'atelier*
Patrice Richard, Pascal Dumont, Ludovic Heissler

Serrurerie Metalwork
Laurent Melloul

Peinture Painting
Mokhlos Farhat, Emmanuel Gentilhomme,
Dominique Gentilhomme, Lamri Bouaoune, Sofiane Saal

Réalisations audiovisuelles Audiovisual Productions
Gérard Chiron, *responsable artistique et technique*
Gilles Bion

Exploitation, maintenance Handling
Vahid Hamidi, *responsable*
Christophe Bechter, Emmanuel Rodoreda

Musée national d'art moderne - Centre de création industrielle

Directeur Director
Alfred Pacquement

Directeurs adjoints Deputy Directors
Brigitte Leal (Collections)
Didier Ottinger (Programmation culturelle)
Frédéric Migayrou (Création industrielle)

Administratrice Administrator
Sylvie Perras

Bibliothèque Kandinsky
Didier Schulmann

Cellule acquisitions
Raphaële Bianchi et Aurélie Champion

Chef du service des collections
Catherine Duruel

Chef du service administration et finances
Head of the administration and financial unit
Laure Rolland, *adjointe au directeur*

Chef du service des manifestations
Head of the Events and Programs Unit
Martine Silie

Chef du service de la régie des œuvres
Head of the Art Works Management Unit
Annie Boucher

Chef du service architecture et réalisations muséographiques
Head of the Architectural and Museum Production Unit
Katia Lafitte

Chef du service audiovisuel Head of the Audiovisual Unit
Laurie Szulc

Coordinateur opérationnel Coordinator
Didier Bantignie

Chargé de mission pour la prévention
David Martin

Chargé de mission pour la coordination technique
Denis Curty

Direction de l'action éducative et des publics
Educational and Public Programs Department

Directeur Director
Vincent Poussou

Adjointe au directeur Assistant Director
Cléa Richon

Chef du service de l'accueil
Head of General Information
Benoît Sallustro

Chef du service éducatif
Head of Educational Department
Marie Rouhète

Chef du service de l'information du public
Head of Public Information
Josée Chapelle

Chef du service Programmation jeune public
Head of Youth Programs
Patrice Chazottes

Chef du service des relations avec les publics
Head of Relations with the General Public
Jocelyne Augier

Direction de la communication
Communications Department

Directrice Director
Françoise Pams

Attachée de presse Press Attachée
Dorothée Mireux

Pôle image Graphics Department
Christian Beneyton

Pôle communication interne Internal Communications
Sarah Féron

Gestion administrative et financière
Administrative and Financial Management
Yann Bréheret

Direction des systèmes d'information et de télécommunications
Information and Telecommunications Systems Management

Directeur Director
Olivier Trouvé

Technicien micro-informatique Micro-computer Technician
Raffaele Docimo

Publication
Book

VIA

Direction de la publication Editor
Gérard Laizé

Coordination Coordination
Patrice Juin

Recherche documentaire et iconographie
Documentary Research and Iconography
Hélène Hilaire, *photographe indépendante*
Assistée de
Pauline Lacoste, *attachée de presse*
Adrien Malguy, *stagiaire communication*
Élodie Lecerf, *documentaliste*
Sylvine Nuret, *stagiaire*

Centre Pompidou

Direction de la publication Editor
Valérie Guillaume

Chargée d'édition et coordination
Copy Editing and Coordination
Geneviève Munier
assistée d'Elsa Rigaux
avec la collaboration d'Audrey Klébaner, Marina Lewisch
et Xavier de Beauchaine

Conception graphique Graphic Design
Fabrice Petithuguenin Graphic Design

Réalisation Layout
Marion Guillaume

Traduction vers l'anglais
Translation into English
Simon Pleasance & Fronza Woods
Gammon Sharpley
Caroline Taylor-Bouché

Secrétariat d'édition des textes en anglais
Copy Editing of the English Texts
Caroline Taylor-Bouché

Assistants de gestion Assistant Managers
Isabelle Charles-Planchet
Xavier Delamare
Danielle Malemanche

Fabrication Production
Audrey Chenu

Direction des Éditions
Publishing Department

Directeur Director
Nicolas Roche

Directeur adjoint Deputy Director
Jean-Christophe Claude

Pôle éditorial Editorial Unit
Françoise Marquet

Pôle commercial Commercial Unit
Benoît Collier, *responsable*
Vincent Letacon, *attaché commercial*

Gestion des droits et des contrats
Rights and Contracts Management
Claudine Guillon, Matthias Battestini

Gestion administrative et financière
Publications Administration
Nicole Parmentier

Pôle administration des ventes
Sales Administration
Josiane Peperty

Service Multimédia Multimedia Department
Guy Morvan
Frédéric Nassar

Communication Communication
Évelyne Poret

Crédits photographiques
Photographic Credits

© Les Arts décoratifs - Jean Tholance : p. 70 (ill. 2)
© Asa/Efet : p. 143 (ill. 3)
© Bina Baitel : p. 178
© Pascal Bauer : p. 164 (ill. 1)
© Bruno Borrione : p. 111 (ill. 3)
© Ronan Bouroullec : p. 133
© Michel Brunelle : p. 183 (ill. 2), 190 (ill. 2), 191
© Robert César : p. 87, 97, 107 (ill. 4)
© Marie Compagnon : p. 163 (ill. 4)
© Sylvia Corrette : p. 101 (ill. 6)
© CREAC : p. 55 (ill. 1)
© Delo Lindo : p. 91 (ill. 9 et 10)
© Aurélien Dupuis : p. 188
© Elium Studio : p. 84 (ill. 3)
© Dominique Feintrenie : p. 69, 101 (ill. 5), 102 à 104, 106 (ill. 2), 111 (ill. 4), 112 (ill. 2 et 3), 113 (ill. 4 et 5), 116, 117 (ill. 3), 118, 121 (ill. 2, 3 et 4), 125 à 130, 131 (ill. 3), 132, 134, 135 (ill. 2), 136 à 137, 141
© Fillioux et Fillioux : p. 142, 149 (ill. 4), 152 à 154, 155 (ill. 2), 156, 157 (ill. 3 et 4), 158, 160 à 162, 163 (ill. 5), 164 (ill. 2), 165, 170, 171 (ill. 3), 172 à 176, 177 (ill. 5)
© Marie Flores : p. 177 (ill. 3 et 4), 179, 183 (ill. 3 et 4), 186 à 187, 189 (ill. 4 et 6)
© Olivier Gagnère : p. 100 (ill. 3)
© Élizabeth Garouste et Mattia Bonetti : p. 101 (ill. 7)
© Jean-Paul Gaultier : p. 112 (ill. 1), 113 (ill. 6)
© Hélène Hilaire : p. 131 (ill. 2)
© Tous droits réservés : Intramuros : p. 55 (ill. 2)
© Bello Joffrey : p. 148 (ill. 2 et 3), 149 (ill. 5 et 6), 151
© Morgane Le Gall : p. 157 (ill. 6)
© Studio Mathieu Lehanneur : p. 35 (bd)
© Jean-Brice Lemal : p. 119
© Christian Liaigre : p. 100 (ill. 1)
© Vincent Muracciole : p. 146 (ill. 2 et 3), 147, 150
© Philippe Nigro : p. 189 (ill. 5)
© O. P. : p. 33, 155 (ill. 3)
© Guillaume Parent : p. 92 (ill. 1 et 2)
© Jean-Michel Policar : p. 159
© Philippe Starck : p. 76, 82 (ill. 3)
© Frédéric Sofia : p. 148 (ill. 1)
© Laurent Sully-Jaulmes : p. 98 (ill. 3)
© Hervé Thernisien : p. 95 (ill. 2 et 3)
© Totem : p. 74 (ill. 2 et 3)
© Georg Valerius : p. 122
© Pierre Verrier : p. 121 (ill. 5)

Droits réservés : p. 88, 111 (ill. 2)

Achevé d'imprimer sur les presses de Loire Offset Titoulet à Saint-Étienne, en octobre 2009.